本书获

北京市文化创新发展专项资金(宣统筹第一批)项目

北京市哲学社会科学基金项目

北京市社会科学院2012年度重点项目

北京市社会科学界联合会决策咨询项目

资助

The DESIGN INDUSTRY

梁昊光 著

设计服务业

新兴市场与产业升级

EMERGED MARKET
AND INDUSTRIAL UPGRADING

社会科学文献出版社
SOCIAL SCIENCES ACADEMIC PRESS (CHINA)

前　言

人类进入 21 世纪之后，国际理论界、产业界兴起了"第三次工业革命"热潮，发生了以自动化、信息化为主要特征的第三次工业革命，发达国家向发展中国家转移工业技术，一些发展中国家也迅速发展成为新兴的工业化国家。

中国正致力于现代化经济建设，产业升级和产业创新是中国经济发展的核心问题之一。设计产业在创造性产业和创意经济带动下迅猛发展，成为世界经济的朝阳产业。设计产业推动不同艺术门类和文化与科技的相互融合，设计服务业更是运用科技手段提高传统文化的表现力，运用文化和思想改造传统产业，催生出的新的产业业态。设计产业已经与经济社会发展紧密相连，成为实现快速经济增长的重要因素，因此，建立一个有效的、现代化的设计产业体系是我们的当务之急。《设计服务业——新兴市场与产业升级》旨在通过对设计服务业的研究，特别是对工业设计产业、规划设计产业、建筑设计产业和时尚设计产业的分析，研究探索设计服务业的战略新兴性与产业发展的创新性，对于强化产业经济发展的实践探索具有重要意义。

《设计服务业——新兴市场与产业升级》的成稿经历了四年多的认真研讨和社会实践调查，之所以历时良久，一方面是由于该研究领域目前尚存很多难题，包括分类模糊、测度困难、统计数据缺失等，另一方面，由于设计服务业的深广渗透性与其他现代服务产业相比，设计服务业在新兴业态培育和产业创新方面涵盖范围广大，需要进行跨学科的深入发掘。

Preface

Since the beginning of the 21st century, with the emergence of the "Third Industrial Revolution" boom in the academia and industries all over the world, developed countries technology transfer from to developing countries, which are developing into newly industrialized countries.

China is committed to building a modern economy, in which industrial upgrade and industrial innovation are two core issues. Driven by the creative industries and the creative economy, Design Industry develops rapidly and becomes one of the sunrise industries. Design industry promotes different kinds of arts to blend with culture and technology by applying science and technology to improve the traditional cultural expression and by applying culture and thoughts to reform traditional industries. Design industry has been closely linked with economic and social development, as an important factor in rapid economic growth. Therefore, the establishment of an effective, modern design industrial system is our top priority. This book has great value for the practice and exploration in strengthening the industrial economy, through the research on Design Industry, especially analyzing on industrial design, planning and design industries, industrial and architectural design, and fashion design industry, with some specific studies exploring the strategic innovation of this industry.

This book is based on careful discussions and investigations lasting more than 4 years. Due to the problems in this field, including fuzzy classification, measurement difficulties, lacking of statistical data and so on, this book runs into difficulties when researching the industrial innovations, the market environment, the developing trends and the international comparison. Therefore, this book tries to describe the main directions and features of this industry. Compared to other modern service industries, due to the pervasiveness of design services, the design industry covers a larger scope in industrial innovation and the fostering of new industries.

目　录

导　论 / 1

第一部分　基础篇

第一章　设计服务业产业创新 / 13

　　第一节　设计的概念 / 13

　　第二节　设计服务业的特征、分类与政策环境 / 15

　　第三节　设计服务业基础创新 / 25

第二部分　市场篇

第二章　设计服务业发展的外部环境 / 37

　　第一节　工业化、城市化背景下的设计产业 / 37

　　第二节　全球设计服务外包 / 42

　　第三节　设计服务业——生产性服务业战略

　　　　　　新兴业态 / 49

第三章　设计服务业发展现状与趋势 / 71

　　第一节　创意设计产业发展趋势 / 71

第二节　工业设计产业的发展趋势／98

第三节　北京市设计服务业发展现状与特征／106

第四节　北京市工程勘察设计行业发展态势／111

第五节　国际环境下北京市建筑设计行业

发展现状／115

第三部分　应用篇

第四章　设计服务业制度创新

——勘察设计服务业制度创新国际比较／149

第一节　勘察设计产业的市场准入制度／149

第二节　工程项目管理制度／153

第三节　企业经营管理制度／161

第四节　招投标管理与市场监管制度／164

第五节　北京勘察设计测绘行业制度创新措施／167

第五章　设计服务业文化创新

——规划设计服务业与软实力的融合／175

第一节　设计文化创新／175

第二节　城市文化与城市规划设计／178

第三节　北京市城市规划设计的发展与演变／184

第四节　城市规划设计与文化元素／224

第五节　国外城市规划设计和建筑设计文化发展／233

第六节　设计产业与文化软实力提升／240

第六章　设计服务业管理创新

——勘察设计服务业行业诚信体系建设／249

第一节　市场与行业自律／249

第二节 行业诚信评估指标体系构建原则与方法／261

第三节 诚信评估工作机制／271

第七章 设计服务业产业发展模式创新

　　——建筑设计事务所企业形式可持续发展研究／276

第一节 建筑设计的机会、市场与发展／276

第二节 我国建筑事务所存在的问题／288

第三节 建筑事务所行业可持续发展／294

第八章 设计服务业与创新要素市场

　　——打造城市设计品牌／303

第一节 工程勘察设计行业科技创新与市场激励／303

第二节 打造城市设计产业的市场环境／309

第三节 城市设计产业的品牌与推广／313

后 记／320

Contents

Introduction / 1

Part I Foundation

Chapter 1 : Innovation of Design Industry / 13

The Concept of Design / 13

Characteristics, Category and Political Environment

of the Design Industry / 15

Innovation of Design Industry / 25

Part II Market

Chapter 2: Environment Analysis of the Design

Industry / 37

The Background of Industrialization and

Urbanization / 37

Global Design Outsourcing / 42

New Formats of Productive Service Industry / 49

Chapter 3: Current Status and Trends of the

Design Industry / 71

Trends of the Creative Design / 71

Trends of the Industrial Design / 98

Current Status of the Design Industry in Beijing / 106

Current Status of the Investigation and Design

Industry in Beijing / 111

Current Status of the Architectural Design Industry in

Beijing / 115

Part Ⅲ Applications

Chapter 4 : Institutional Innovation of the Design

Industry / 149

The Market Access System / 149

The Project Management System / 153

The Enterprise Management System / 161

Bidding Management and Market Supervision

System / 164

The Institutional Innovation Measures / 167

Chapter 5 : Cultural Innovation of the Design

Industry / 175

The Cultural Innovation of Design / 175

Interaction between Urban Culture and

Urban Planning / 178

Development and Evolution of Beijing Urban

Planning and Design / 184

Cultural Elements in Urban Planning and

Design / 224

Development of Urban Planning and Architecture

Planning in Foreign Cities / 233

Design Industry and Cultural Soft Power

    Enhancement / 240

Chapter 6: Management Innovation of the

    Design Industry / 249

Market and Industry Self-regulation / 249

Principles and Methods of Industry Credit

    Evaluation Index System / 261

Integrity Assessment Mechanism / 271

Chapter 7: Developing Mode Innovation of the

    Design Industry / 276

Opportunities, Market and Development of

    Architectural Design / 276

Problems of Chinese Architects / 288

Sustainable Development Architects Industry / 294

Chapter 8: The Design Industry and Innovation

    Elements Market / 303

Technological Innovation and Market Incentives of the

    Investigation and Design Industry / 303

Create Urban Design Industry Market

    Environment / 309

Urban Design Brand and Promotion / 313

Postscript / 320

图表目录

图目录

图 3 - 1 北京工程勘察设计产业企业数量 / 112

图 3 - 2 北京工程勘察设计产业从业人数 / 113

图 3 - 3 2001~2011 年北京工程勘察设计产业营业收入 / 114

图 3 - 4 全球建筑设计企业所在地分布 / 120

图 4 - 1 国际建筑业准入管理权限 / 152

图 4 - 2 BIM 河洛图 / 155

图 4 - 3 BIM 应用的三个维度 / 157

图 6 - 1 行业诚信体系建设研究框架 / 262

表目录

表 2 - 1 2004~2010 年北京市第三产业和生产性
服务业比重变动情况 / 52

表 2 - 2 2003~2010 年北京市第三产业和生产性
服务业产业增加值增长情况 / 53

表 2 - 3 2004~2010 年北京市生产性服务业
各行业产值 / 54

表 2 – 4 2004～2011 年北京市生产性服务业各行业占
          GDP 比重变动情况 / 54

表 2 – 5 2004～2010 年北京市生产性服务业
          各行业增长速度 / 55

表 2 – 6 2004～2010 年北京市各行业就业人口占
          总就业人口比 / 56

表 2 – 7 2004～2010 年北京市生产性服务业产业
          结构偏离度 / 58

表 2 – 8 2004～2010 年北京市生产性服务业
          比较劳动率 / 59

表 2 – 9 第二、第三产业对生产性服务业及其内部子
          行业的直接消耗系数 / 61

表 2 – 10 第三产业和生产性服务业及其内部各行业
           部门的影响力系数 / 64

表 2 – 11 第三产业和生产性服务业及其内部各行业
           部门的感应度系数 / 65

表 3 – 1 使用"创意产业"概念的国家和地区的
          行业范围与分类 / 73

表 3 – 2 我国主要城市和地区创意产业分类 / 74

表 3 – 3 北京市文化创意产业分类 / 75

表 3 – 4 文化创意产业与文化产业分类对比 / 81

表 3 – 5 2011 年工程勘察设计产业单位
          业务完成情况 / 113

表 3 – 6 中外全过程合作设计分工及设计费分配 / 131

表 3 – 7 《服务贸易总协定》服务部门分类 / 135

表 4 – 1 中国政府有关部门对工程咨询不同阶段的
          市场准入管理 / 151

表 4 – 2 BIM 业务需求分类 / 156

表 4 - 3　不同类型的设计产业企业 / 162

表 5 - 1　北京城市各时期建筑设计特征 / 215

表 6 - 1　建筑设计行业自律调查问卷结果汇总 / 253

表 6 - 2　建筑设计行业有关的行政主管部门网站

　　　　诚信信息渠道 / 258

表 7 - 1　国际间设计产业协作分工 / 285

表 7 - 2　全球主要国家和地区建筑设计产业分类 / 289

表 7 - 3　世界设计之都的定位与发展方向 / 290

表 7 - 4　深圳和上海"设计之都"产业设计定位 / 291

表 8 - 1　北京市设计企业文化理念统计 / 317

导　论

一

作为创意产业的核心基础、创意的直接表达和实践过程的设计服务业备受世界各国的重视，并被视为本国国际竞争力的衡量标准之一。设计作为产业的形成，始于 20 世纪初的第二次工业革命时期，1870 年以后，科学技术的发展突飞猛进，各种新技术、新发明层出不穷，并被迅速应用于工业生产，大大促进了经济的发展。到 20 世纪初，世界市场和资本主义世界体系初步形成，极大地推动了商品生产的发展，即使第一次工业革命形成的生产体系已成规模，但它依旧不能满足市场的巨大需求，需要有更强劲的生产力来满足资本主义发展的需要。因此，众多国家特别是发达国家纷纷通过设立高水准的设计产品来推动本国设计力的提升，进而增强本国的自主创新能力，促进制造业产品设计水平提高，树立企业自主品牌，带动产业升级和经济增长方式转变。

现代工业中创意设计业的发展，并不是一种新的产业"业态"，而是一种以创新、创意带动制造业，整体提升能级的制造业发展模式或形态。具体是指在制造业产业链中，各个环节广泛开展各类创造性活动，尤其是在产业链上游的设计与研发以及产业链下游的营销与服务环节，大大强化创意活动，使之成为制造业创新升级的原动力。现有的制造业将引发一场从设计、生产到销售等各个环节的革命性变化；与此同时，网络信息技术和能源系统的融合，将带来整个能源体系的变革。包括产品设计、传播设计、概念设计等多种设计门类，涉及电子消费品、医疗器械、交通工具、运动休闲产品、家居与建筑产品、装备、建筑与室内设计等多个领域，是高科技与现代设计服务业的结晶。

设计服务业主要指以先进装备制造设计、电子信息、时尚娱乐与服装设计、包装设计等为重点的工业设计和以建筑设计、规划设计、园艺设计等为重点的建筑景观设计及广告设计产业等，近年来，中国政府在设计市场发展过程中不断加强法制和市场建设，通过设计产业创造性活动，利用科技手段提升设计服务在生产、生活价值和品质方面的专业增值服务能力。设计产业对时尚业、电子信息、工业、工程建设、城市设计产业的附加值提供了更多产业支撑，是为第二产业提供全过程技术和管理服务的智力型技术密集行业。目前设计法规已经覆盖了设计工作全过程，技术标准和技术规范也较为完善。市场资质准入和清出的管理也在不断完善，任何有资质的设计单位，都可以按批准的资质等级和范围承接项目；特别是在市场竞争机制已经对设计任务的发包至关重要的情况下，我国也开始对投资商和业主的招标行为进行规范，明确了设计招投标的备案程序，为建立公平、公正、公开的竞争有序的市场秩序做出了积极努力。

二

20 世纪初到 20 世纪 50 年代，德国包毫斯提出现代设计服务业的概念。从那时到现在的信息革命，应该说是西方设计业发展最蓬勃的时期，而且是为西方国家赚取极大利润的时期。

从设计产业孕育发展的一百多年来看，设计的具体门类虽不是同时产生、同时发展的，但大致呈现一定规律，即开始于视觉设计、建筑设计，之后是环境设计，最后以工业设计的成长壮大为标志，进入设计产业发展的成熟阶段。据统计，全世界设计产业现在每天能创造220亿美元的经济价值。作为工业化、信息化和现代化的产物，一个国家和城市的设计水平已经成为其产业竞争力的重要体现。全球很多国家和城市都非常重视设计产业的发展，并将设计产业作为其创新战略的重要组成部分。

英国是政府支持设计产业发展的典范。1944年，英国政府成立了工业设计协会，70年代初又将其更名为设计委员会，主要负责推动设计产业的壮大发展，政府每年都为其提供上亿英镑的运作经费。始于2003年的"伦敦设计节"是享誉全球的"设计节日"。截至2005年，英国约有1.25万家企业、18.5万人从事设计产业及相关工作，世界上最大的10家设计公司有8家在伦敦设有办事处，工业设计产值达到116亿英镑。工业设计业既是英国五大创意产业门类中产值最高的行业，也是仅次于英国金融业的第二大服务业。

美国设计产业的发展以社会推动为主，主要由一些基金会和协会组织进行，其中最著名的是美国工业设计师协会。目前该协会已建立全国性的设计促进网络，其与《商业周刊》联合主办的优秀工业设计奖在全球拥有极高知名度；其下设的教育委员会，具体负责全美设计教育的促进。截至2011年，美国从事设计与出版行业的企业14.6万家、人员92万人，是美国六大创意产业部门中从业人员最多、营业收入最高的行业。

德国早在20世纪初就实施了工业设计振兴计划，依托成熟的工业基础，德国设计产业链的各个环节均已进入相对成熟的发展阶段。创设于1955年的"红点设计奖"已经成为世界最具影响力的设计奖项之一。涵盖工业设计等11大产业门类在内的文化创意产业，已成为德国仅次于机械制造和汽车工业的第三大产业。鲁尔工业区变身"欧洲文化创意之都"，柏林废弃机场变身"柏林时尚节"永久会址，莱比锡老工厂变身创意设计艺术区，等等，无不折射出设计产业助推区域产业发展转型的影子。

日本第二次世界大战后曾因国内企业大量仿冒他国产品一度在国际上被视作设计小偷。为此，政府提出"设计立业"的发展方针，大力促进本国企业从模仿向创新转化。日本工业设计振兴会是该国唯一一个从事设计活动促进的组织，由其主办的 G-mark 设计奖是当今世界最著名的设计奖项之一。借助高科技与高设计融合制造出的日本产品，以轻、薄、小、巧、美著称世界。

韩国在 1998 年亚洲金融危机之后，提出了"设计韩国"的发展战略，以此谋求国家经济转型。国家产业资源部下属的韩国设计振兴院负责全国设计产业的促进工作。自 1994 年起，该院连续制定了三个工业设计促进五年计划。2001 年，韩国成功举办世界设计大会，同年还成立了产业设计特别委员会，建成韩国设计中心，搭建起了完善的设计协作体系。首都首尔 2010 年还荣膺国际设计协会颁布的"世界设计之都"称号。在韩国，只有荣获了"好设计奖"的产品，才被允许使用国人认可度极高的 GD 标志。

此外，由联合国教科文组织 2004 年 10 月始创的"创意城市网络"，也是全球最负盛名的创意称号。该网络主要分为设计、文学、音乐、电影、民间艺术、媒体艺术、烹饪美食七个创意主题，至今已有 20 多个城市先后加入。其中"设计之都"的竞争最为激烈，大约有 1/3 的城市将目标定位指向这一头衔。截至目前，全球已有 8 个城市获得"设计之都"称号，分别是柏林、布宜诺斯艾利斯、蒙特利尔、名古屋、神户与我国的深圳、上海和北京。

国内设计产业作为一个独立产业的时间很短，至今不到 30 年。1984 年成立的深圳市工业设计协会，是全国最早的设计行业协会；同年组建的深圳市装饰协会，也是中国第一个室内设计行业组织。1987 年，全国首家中外合资设计企业——嘉美设计有限公司在深圳正式创办。从目前来看，国内设计产业相对发达的城市主要有深圳、上海和北京。

深圳设计产业的发展在全国一直处于领先地位，国内平面设计行业主要发轫于深圳，全国近半数标志性建筑设计作品均出于此，工业设计的产业规模也占据全国的半壁江山。截至 2008 年底，全市约有 6 万多名设计师和 6000 多家有实力的设计企业，涵盖平面设计、工业设计、建筑设计、动漫设计、软件设计等 10 余个领域。2008 年 12 月，深圳成为国内首个、全球第六个设计之都后，该市先后制定出台了《设计之都品牌运营 1 + 6 规划》《全民创意行动纲领》和《促进创意设计业发展的若干意见》等重要文件，并提出建设国际创意文化中心的响亮口号。

上海 2010 年 2 月获批加入全球创意城市网络，并成为国内第二、全球第七个设计之都。近年来，该市创意产业发展迅速，2009 年，创意产业总产出达到 3900 亿元，其中研发设计增加值增长 23.6%，建筑设计增加值增长 18.9%，基本形成了以研发设计和建筑设计为主的创意门类，建成 82 家总建筑面积逾 250 万平方米的创意产业集聚区，入驻企业超过 5000 家，吸引了来自世界 30 多个国家和地区的从业人员 8 万余人，累计吸引数百亿元社会投资。目前，该市创意产业发展若干意见、创意大师培育计划等重大文件也都在加紧制定之中。

北京全市工业设计产业约有 3 万多家各类所有制类型的企业机构，从业人数超过 30 万人，据最新统计数据显示，2012 年，北京设计服务收入超过 1200 亿元；各类设计专业院校 112 所，在校学生 3 万余人。为培育创意设计产业，该市认定了 21 个市级文化创意产业集聚区，每年设立 5 亿元的产业扶持专项资金，大力推进了设计创新提升计划的实施，近年来，北京设计产业通过建设北京 DRC 工业设计创意产业基地、中国设计交易市场、创办中国创新设计红星奖、建立设计技术服务联盟等一系列举措，出台《北京市促进设计产业发展的指导意见》，有效地推动了设计服务业的发展。

在新的历史时期，北京发展将呈现新的阶段性特征。随着开放竞争格局深刻调整，经济发展方式深度转变。目前北京设计产业形成了三方面的显著特点，一是主体市场形成了开放的、高水平竞争的产业形态，并逐步与国际市场接轨；二是产品投资多元化和设计单位组成部门多元化，具有新旧体制共存与创新转型的特点；三是北京作为国家历史文化名城，拥有首都的政治文化特殊地位，要求北京的设计产品具备高质量、高水平、高标准，要在全国起到示范作用，由此赋予建筑师、规划师、设计师更大的时代责任，即对人力资源、技术应用和文化创新有更高的要求。

为通过"买、卖方式"推动设计投资，吸引企业采购设计服务，2010年，北京市科学技术委员会和西城区政府依托北京工业设计促进中心设立了国内首家设计交易市场。设计交易市场作为一个以集成全球设计资源与需求资源、加工商（OEM企业）的设计要素市场，搭建基于信息化的电子商务平台。通过网络数据库为设计供应商（设计院、设计公司、设计院校、设计师等）、设计需求方（品牌企业、房地产公司、政府等）和加工者（OEM企业）寻找合作伙伴。依托设计合同登记制度，实现设计服务的合理交易，形成规范化的设计市场交易环境。

实施文化创意产业提升工程，率先建成现代文化产业体系。需要以积极培育现代设计服务业产业为重点，进一步巩固壮大出版发行、影视制作、印刷、广告、演艺、娱乐、会展等传统设计产业。以加大研发投入、健全产业链条、促进产业协作为重点，加快发展软件设计、工业设计、建筑设计、服装设计等，提升设计产业国际化水平。

在今天，仅仅是技术革新是不够的，成功的企业会借一系列的设计规则和用户调查，将技术转化为异乎寻常的用户体验。那些最为成功的跨国公司也在通过对设计的理解和实践来进行品牌领导和创新，如苹果、三星、波音等公司业已证明设计的魔力，而联想成为中国领先的电脑公司，部分归功于其为中国市场量身定制合适的产品。

市场准入是保证市场秩序的前提，它促进企业之间建立创新协作关系，适应专业化分工的需要，以及建立大中企业按照FIDC条款运作机制。把市场之中的法律责任、经济责任，以及职业道德等落实到人，才能从根本上建立起良好的市场秩序。在此过程中，政府还要继续整合市场中的信息资源和促进行业技术进步的导向，通过建立起企业资信制度，促进市场的发展。

加入 WTO 后，我国设计市场的开放度将越来越大。从现代企业经验来看，国内外的成功企业对设计都极为重视。国外的企业比如三星，它的手机为什么能在我们的市场上占有那么大的份额，源于它设计的精良。三星在东京、旧金山和伦敦成立设计中心来打造全球设计网络。它们将本地化的设计和生活潮流反馈到韩国总部，从而制造出适应不同市场需求和品位的本地化产品。三星产品研发经费的 30%都作为工业设计的投入，这样的设计投入比例在全球都是非常高的。

在中国，联想和海尔 10 年前就有了自己的工业设计研发中心，但过去只是一个部门；现在它们设计部门的主管都升任到公司的副总裁一级，这意味着，设计在企业由一个从属部门成为决策层，也从一个侧面反映出设计的重要性。优秀的品牌离不开精良的设计。工业设计对于帮助中国企业提升产品价值、实现产业结构调整，从"中国制造"走向"中国创造"发挥着积极作用。

三

在经济全球化的今天，继 20 世纪 70 年代开始的制造业全球转移之后，服务业的全球转移成为新的浪潮。"离岸外包"已经成为新一轮全球经济一体化的重点，新的机遇和挑战同时出现在中国企业面前。政府也明确要大力推进中国服务外包产业的发展，并已经出台了相应政策，对服务外包企业进行扶植。

现代服务业是现阶段世界经济与社会发展的核心力量，也是我国经济社会发展的客观要求。而工业设计作为现代服务业的重要内容，具有高端、高效、高辐射以及高附加值的特点，是国家自主创新的核心环节与重要标志。服务业的发展水平是衡量现代社会经济发达程度的重要标志。我国正处于全面建设小康社会和工业化、城镇化、市场化、国际化加速发展时期，已初步具备支撑经济又好又快发展的诸多条件。

工业设计在我国转变经济发展方式的大背景下被寄予厚望，在"中国制造"迈向"中国创造"进程中，设计产业将发挥越来越重要的作用。在以工业和技术领导的世界里，存在的诱惑是尽可能多地为消费者提供技术上可行的功能和选项。消费者不想要技术，他们想知道的是他们可以用技术来做什么，并且想知道怎么用。设计的精神是使复杂变得简单，并且愉悦消费者。

纵观全球，国际上有影响的大城市，几乎无一例外都是创意产业最集中和最发达的地区，也以富有特色的创意产业而闻名遐迩。创意产业作为源于个人创造力、技能与才华的活动，是大城市特别是国际大都市真正拥有的比较优势，也是一个城市综合竞争力的精髓所在。

目前，我国经济发展进入以创新驱动为发展主动力的阶段。我国发展制造业创意产业，可以推动城市功能再造，使我国成为制造业订单的策源地，产品交易的结算地，时尚创意的展示地，创新产品的集聚地。

中国设计交易市场将加快设计要素聚集与流转速度，打造资源聚集、交易活跃、服务创新、高效便捷的国际化设计交易服务平台，进一步解决困扰中国设计产业发展的资源分散、产业创意氛围不浓、设计交易对接渠道不畅等瓶颈问题；同时吸引和培养一批国际一流的设计大师和优秀设计企业，推进设计与制造业融合。

以往，设计产品的人们有灵感时，就会去画一张草图，设计师通过这些草图进行信息交换并改进设计。20 世纪 80 年代推出了 AutoCAD，人们通过计算机可以把设计的灵感绘制成设计蓝图，于是，一个二维的 AutoCAD 时代来临了。到了 80 年代晚期和 90 年代初期，人们开始做参数设计，这是一个新兴的设计方法，它改变了很多设计师的工作习惯。近 15 年，参数设计一直都是占主导地位的设计方式。当时，市场上很多设计者都用这个方式，工程师在几何图形的设计上花费了很多时间。但产品功能的设计很难用软件来实现。

现在，我们即将进入以功能导向为主的时代。当设计师用我们最新的设计软件进行创意设计时，主要任务不再是绘制和建立平面或者立体的几何模型。设计师做三维的参数设计时，只要设计出一个三维的设计原形，计算机就会自动生成对应的二维设计蓝图；设计师以二维方式做出设计初稿时，通过计算机和软件的处理，也可以非常方便地生成三维设计模型。这使得工程师可以从繁重的绘制几何图形的重复性劳动中解放出来。随着技术和设计软件的发展，设计师可以更轻松地去做创新性的功能设计，无疑会大大提高设计师的生产力和价值。

一位设计师现在要建立一个三维的设计模型，无论是设计汽车还是手机，设计人员首先要了解这个产品应该具有的性能、规格、产品尺寸以及耐用性等要求，所有初始产品要求会决定最终的设计结果。在清晰地了解对产品的要求后，设计师会做三维的设计，生成很多模型，之后验证这些模型的功能是否合格，一旦模型不满足耐用性或者其他要求，所有的模型都需要重新设计。在这个反复修改的工程中，工程师在建模上花费了大量的时间和精力，在这些重复的工作环节中，生产力并不能得到提高。

以功能为主导的设计，与现在的设计方式在设计目标上并没有不同，都是为了设计出杰出产品。但设计师在用计算机设计时，可以直接调用功能模块。比如设计一个传动装置，通过现在最新的设计软件，设计师只要考虑结构是不是坚固耐用，是不是符合产品的尺寸要求即可，其余的工作都将由电脑来完成。用户还可以通过可视化的模拟过程，来验证这个产品的功能表现是不是优秀，这大大缩短了产品设计的周期。这种改变也可以帮助商业公司用更少的时间将新产品推向市场，赢得市场竞争的先机。值得相信，以功能导向为主导的设计方式将迎合市场需求，因为它会让工程师的设计工作变得简单高效。

作为世界上最大的 CAD 软件供应商之一，Autodesk 公司一直致力于研究如何帮助设计师将创意付诸实施，如何简化设计师的设计工作。采用以功能为导向的设计方式后，在产品设计的整个流程中，设计师都可以轻松地设计出外形更美观、功能更丰富的产品，而且还可以有效地进行产品成本的控制。功能导向的设计方式，将改变三维参数设计方式。

未来二维设计升级三维，升级至多维，但参数设计不会消失，以往主流的设计方式依然很重要，但最有价值的设计将是功能导向的方式。企业的持续性创新是强大竞争力的保证，将创意简单高效地实现，会给设计公司带来巨大的商业价值。

推动产业融合与组织模式创新是现代设计服务业发展的关键。推动产业融合，强化生产性服务业对其他产业的支撑能力。推进生产性服务业与现代制造业等其他产业融合发展，增强对其他产业研发、生产、商务、运营、管理等全过程的服务供给能力。创新组织模式，强化产业高端服务环节竞争优势。推动以资源集成、服务集成为重点的组织模式创新，增强龙头企业集团对行业服务资源的集成能力和市场竞争力。

设计服务业能够有效地降低市场交易成本，提高城市经济运行效率。未来，设计服务业需要继续向高端迈进，以技术创新和体制创新为先导，引领产业发展；要坚持与新兴工业化相结合，推动城市经济增长方式转变和产业结构升级；要以空间集聚形成集合效应，合力打造城市服务品牌；要以开放促进集成创新和消化吸收再创新，积极参与区域合作和国际分工。

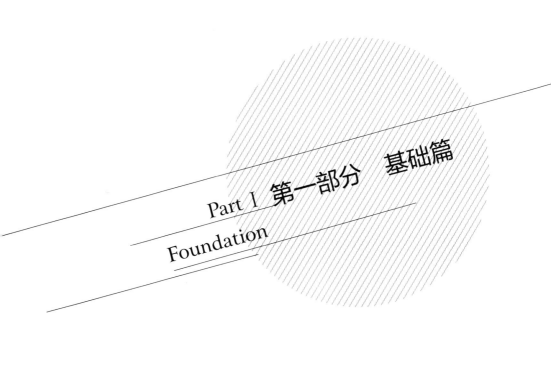

Part Ⅰ 第一部分　基础篇

Foundation

第一章　设计服务业产业创新

第一节　设计的概念

一　不断发展的设计概念

设计（design）作为动词意为：发明创造，为制作某物制订计划、绘制略图或制作模型，在头脑中构想筹划，为达到特定目的而做计划，产生企图。[①] 它是工业革命带来的技术创新理念，因此设计曾被誉为以工业设计为核心的技术美学。

美国设计管理学会创始人彼得·劳伦斯认为，设计是一种手段，通过这种手段可以提高生活质量，能有效地满足人类的需求。丹麦设计研究院院长詹·伯恩森认为，好的设计意味着给人及工具和环境之间带来和谐。苏联设计师学会主席尤里·索洛维耶夫认为，设计是生命，而且设计能够并且应当成为改善人类生活、保护自然和弘扬优秀民族传统的手段。日本 GK 设计事务所总裁荣久庵宪司先生认为，"设计是这样一项工作，即把人们的思想转化成物质的东西和确切的实体。这个工作还把无形的欲望转化为有形的、美丽的东西。所有这些工作完成以后，人们会发现世界进入一个新的模式。"[②] 王受之认为，所谓设计，指的是一种规划、设想、问题解决的方法，通过视

---

① 韦氏英语词典，1989。

② 王晓红：《中国设计：服务外包与竞争力》，人民出版社，2008，第 17 页。

觉的方式传达出来的活动过程。它的核心内容包括三个方面，即计划构思的形成、视觉传达方式、计划通过传达之后的具体应用。

然而，随着社会的发展，设计的外延、内涵也在发生着变化。本书所指的设计不是广义上的一切人造物或造物活动，也不是具体的某一项造物活动的技能或人造物的产品，如工业设计、服装设计等；而是作为一种产业、一门学科，对其产品有目标有计划的创新行为，是各种具体设计思维、设计技能、设计产品、设计师和设计活动的总称。

随着时代的进步、创新形态的嬗变，设计也正由专业设计师的工作向更广泛的受众参与演变。受众需求、受众参与、以受众为中心被认为是新条件下设计创新的重要特征，受众体验也被认为是知识社会环境下创新模式的核心。

从上面我们可以看出，设计，它伴随着人类文明的产生而产生，通过自身的发展推动着人类文明不断向前发展。设计已经成为人类创新、创意的思维活动的总称。

二 设计的分类

现代设计是现代经济和现代市场活动的重要组成部分，因而，不同的市场活动，也造成不同的设计范围。如果从全面的情况来看，现代设计一般来讲包括以下几个大的范畴：

——现代建筑设计，现代勘察设计，现代室内和环境设计；

——现代工业产品设计，或者称为现代工业设计；

——现代平面与视觉设计，包括产品包装设计、一般外部平面设计、视觉设计以及企业理念形象设计；

——广告设计，包括品牌设计、风格设计、标识设计；

——服装设计，包括服装造型设计、结构设计、工艺设计；

——纺织品设计，包括产品开发、工艺设计和实施、成品检测、生产操作、技术管理以及纺织新料与纺织新技术、纺织品服用性能；

——为平面设计和广告设计服务的几个特殊的技术部门，即摄影、电影与电视制作、商业插图。①

设计同时具有"事实要素"和"价值要素"双重含意。事实要素说明事态的客观状况，价值要素则运用理论和审美命题来进行价值表述。

现代设计类型多元化对设计侧重的思维类型往往有所差异。例如，工程勘察设计注重理性分析；产品设计和工业设计则重视产业和产品整体的过程，需要运用形象思维的创新和创造因素；服装设计和时尚设计则以"美感"和"流行"为主要考量；等等。

设计的任务不仅仅要满足个人需求，同时需要兼顾社会、经济、技术、情感、审美的需要。由于这些众多的需要中本身存在一定的矛盾，所以设计工作本身包括各种需要之间是统一协调和抽象对立的关系。现代人们对设计理念的创新创造日益加强，满足个体和满足某些特定族群的设计产品层出不穷，所以对设计的规范，要考虑满足这众多的"需要"。

设计是物质生产和文化创造的首要环节，是在市场经济条件下、商品生产过程中人类进行商品生产的知识技能、手段工具、方式方法等因素综合的重要环节，是文化形态的物质化。

第二节 设计服务业的特征、分类与政策环境

一 设计服务业的基本特征

设计服务业是随着产业专业化分工程度不断深化，逐渐从制造业中分离出来形成的新兴产业业态，其产业创新是源于个人创造与创意，利用自然、工程、管理及信息科学等专业知识或技能，进行各种设计活动，包含产品设计、平面设计、流行时尚设计、包装设计、建

---

① 王受之：《世界现代设计史》，中国青年出版社，2002，第13页。

筑环境设计、工程勘察设计、工艺美术设计、广告设计等。

从产业基本特征来看，设计服务业是由于制造业专业化分工加深而衍生、分化、独立出来的新的生产性服务业态，因此，设计服务业具备生产性服务业的基本特征。除了服务业的一般特点以外，中间投入性是生产性服务业，也是设计服务业最基本、最重要的特征。它是指生产者对生产性服务的消费不是最终消费，而是为了生产并创造更大价值而进行的中间性消费，这是生产性服务业与一般服务业的最大区别，也是生产性服务业之所以重要的最主要原因。

同样，设计服务业还以其高知识、高技术含量占据了产业链的高端环节，具备了典型知识经济产业的特征，OECD 在 1996 年《科学技术和产业发展》的报告中正式使用"知识经济"概念，定义为："建立在知识和信息的生产、分配和使用之上的经济"，即以知识为基础的增长方式，在经济学的思想中，知识一直占有重要的地位。[1]20 世纪 80 年代后期，美国经济学家保罗·罗默认为，知识的有效传播以及对知识的提炼是经济增长的核心，知识与投资和消费存在良性循环关系，投资和消费促进知识，知识促进投资和消费；以受教育年限衡量的人力资本和以专利衡量的新思想是经济增长四要素中的两个重要要素[2]。克鲁格曼 1988 年说明了设计服务业是知识经济的重要组成部分，他认为，"在现代经济生活中知识至少和其他生产要素如劳动力、资本和原材料一样重要。在高度创新的产业形态中，知识的作用更加凸显"。

综上所述，设计服务主要是通过设计师的知识和技术创造，使产品品质和附加价值得到迅速提升，使企业得到较高的利润回报，通过市场化的程序，根据消费者的需求来定位发展方向与方式，在市场化运作中找到需求点，以满足这些需求点为目的来进行的创新创造。因

---

① 苏东水主编《产业经济学》，高等教育出版社，2000，第 509 页。
② 陈胜昌：《知识经济专家谈》，经济科学出版社，1998。

此，设计服务业主要依靠智力资源投入，具有知识密集、产品科技含量高、产出率高、无污染等现代服务业特点。

二 设计服务业的分类

综合国内学者对于设计服务业的研究，虽然对发展文化创意产业已达成共识，但就设计服务业内涵与外延的界定来说，目前理论界尚未形成统一的标准。当前，我国并没有相关产业分类标准对设计服务业进行严格的定义与分类。一般认为设计服务业主要是指以先进装备制造设计、服装设计、包装设计等为重点的工业设计和以工程勘察设计、园艺设计等为重点的建筑设计及广告业等。2012 年，为深入贯彻落实党的十七届六中全会关于深化文化体制改革、推动社会主义文化大发展大繁荣的精神，建立科学可行的文化及相关产业统计制度，国家统计局制定了《文化及相关产业分类（2012）》（以下简称《分类》）。《分类》将文化创意与设计服务划为一类，包括广告服务（广告业）、文化软件服务（软件开发、数字内容服务）、建筑设计服务（工程勘察设计）与专业设计服务（专业化设计服务）四部分①。我国台湾地区将设计服务业分为产品设计与服务设计两大类②。综合多方理论成果，本书所讨论的设计服务业采用以下分类标准。

设计服务业，主要是由以先进装备制造设计、服装设计、包装设计等为重点的工业设计业，以建筑设计、规划设计、园艺设计与城市色彩设计等为重点的建筑景观设计和以软件研发设计、数字内容设计等为重点的文化软件设计及广告业组成。具体包括：建筑装饰业（行业代码5010）；工程勘察设计（行业代码7482）；规划管理（行业代码7483）；工程管理服务（行业代码7481）；专业化设计服务（不包括动漫制作业，含工业设计、服装设计等）（行业代码7491）；

---

① 资料来源：国家统计局 2012 年 7 月 31 日发布的《文化及相关产业分类（2012）》，http://www.stats.gov.cn/tjbz/t20120731_402823100.htm。

② 资料来源：台湾地区于 2004 年 12 月发布的《设计服务业发展纲领及行动方案》。

广告业（行业代码 7240）；市场调查（行业代码 7232）；社会经济咨询（行业代码 7233）；软件开发（行业代码 6510）；数字内容服务（行业代码：6591）；其他专业咨询（行业代码 7239）；知识产权服务（行业代码 7250）；其他未列明的商务服务（行业代码 7299）。①

三　全球设计服务业发展政策环境

设计服务业由于具有高知识、高附加值和强辐射等特点，逐渐成为全球产业竞争的焦点，已经成为发达国家和地区重点发展的战略产业之一。各国纷纷制定相应的发展政策与战略，推动设计服务业健康可持续发展。②

1. 发展总体目标

纵观各国对设计服务的发展政策实践，推动设计服务业创新发展的政策目标不只是停留于对经济增长的推动，越来越多的国家将设计服务应用于创造舒适、便利、安全的社会生活环境，打造国家形象与建立终身学习的设计教育体系。发达国家设计服务业发展政策的目标，主要聚焦经济发展、教育体系、社会环境与福利。

促进经济发展的政策目标体现在产业和国家两个层面。在产业层面，设计服务的创新政策目标包括：提高公众对设计的认识，使工业和商业界完全了解设计的重要性，如芬兰的设计论坛、中国工业设计周（无锡）、德国设计奖、匈牙利设计周、日本最佳设计奖与设计商务论坛、韩国设计奖等；提高设计师数量和设计基础设施投资；提升设计质量，形成用户导向的设计；提高设计开发投资，尤其是中小企业的设计开发；促进设计知识的创造，在设计领域产生高标准的技术诀窍；提高设计企业的出口能力、市场占有率与客户满意度；促使设

---

①　资料来源：国家统计局，《国民经济行业分类（GB/T 4754－2011）》，http://www.stats.gov.cn/tjbz/。

②　郭雯：《设计服务业创新政策的国内外比较及启示》，《科研管理》2010 年第 5期。

计成为企业战略的基本组成部分。在国家层面，创新政策的核心目标包括：提高设计产业的竞争力；将设计战略整合到国家创新战略之中；通过设计的应用提升国家的视觉形象识别、文化形象识别，如韩国在设计产业的第三个五年计划（2003~2007）中就提出要通过设计加强国家的创新形象。

在教育层面，创新政策的目标主要体现在四方面：一是提高设计教育与研究的标准，即建立符合设计师对跨学科人才需求的课程设置、教育模式、研究方法等标准，如韩国 Capstone 设计项目促进企业与大学设计部门联合申请项目；二是帮助设计管理者成为该行业的领导者，即加强对设计管理人才的培养和企业家精神的形成；三是形成强大的专业的设计教育群体，促使行业协会、中介服务机构、设计服务公司、科研机构、政府等组织建立并完善对设计师和设计管理人才的教育体系；四是建立完善、系统的设计人才教育体系，即在中小学的课程设置、大学设计专业的设立的基础上，注重在企业实践过程中的继续教育和终身学习的教育、培训体系的建立。

在社会层面，政策目标的核心是通过设计提高产品与服务质量，培育高质量的具备艺术性和物理特性的、别致的生活环境，提高人民的生活质量，加速创造就业的机会，创建良好的社会福利基础等。如英国的 Dott 07 计划通过鼓励设计在五个方面的应用来提高人们的生活质量及学校、社区的食品与环境安全。美国的 LEED 项目则是国家认证的第三方评估项目，促使设计并建造保证人类与环境健康的全绿色建筑。

2. 发展政策及其核心

通过对欧盟 28 个国家的设计产业政策作用点进行归纳，发现设计产业创新的政策焦点主要聚集在八个方面，即"提高设计意识，促进本地和国际的影响""实施教育培训""构建研究网络""资助与税收激励""对私有部门提供有偿或无偿服务""公共咨询与民主开放机制""设立规制、准则""建立评价机制"。其中，"设立规制、准则"是唯——项被 29 个国家和地区都采用的政策工具，主要体现在各国出台的知识产权保护法案与行业标准。如"加拿大工业设计法案"规定，对产品形状、结构、外观装饰的设计或这些特征的组合设计可申请注册工业设计版权，并为其提供 10 年的版权保护。芬兰国家专利与注册委员会（National Board of Patents and Registration）通过专门针对设计保护的法律条款对其进行 5 年的注册版权保护，并且可以在到期后的 25 年中，每 5 年里延续 4 年保护期。法国也在各项法律框架中从设计专利权、作者权利、商标权等方面对设计活动进行保护。丹麦还专门制定了 ISO 设计师标准（ISO Designer）来控制设计产品的质量。可见，对设计产业的知识产权保护与行业标准的规范是促进产业发展与创新的核心政策焦点。

3. 发展政策主体构成

在政策制定与实施进程中，无论是广义的框架政策，还是专项政策都涉及不同政策层面、不同政策领域的政策制定组织与各股份持有者的合作。不同政策层面与领域之间的各政策主体的合作可以保证总体政策的协同一致，也可以确保政策实施不会相互抵触。根据对各国设计服务业创新政策的分析，在政策制定、实施到评价的进程中，各国已基本形成了多主体的网络治理结构。

从主体的构成来看，国家及区域政府部门、行业协会、投资机构、专家学者、研究机构、工会组织、慈善机构等各类主体都成为参与政策制定与实施的重要网络节点。不仅如此，这些主体在共同的政策目标下形成了动态有机的合作网络，包括政府各部门之间的合作、公共部门与私人部门的合作、国家政府与区域政府的合作等。如丹麦的"文化与体验经济——设计部分（2003～2006）"，该项目是由文化部、教育部、研究部、商业部四个部门共同资助的。英国的"设计的商务需求"项目由设计委员会和区域政府及相关机构共同组织实施；"创意经济项目（Creative Economy Programme，2004）"由英国文化、媒体与体育部（Department for Culture Media and Sport，

DCMS）下属的事业单位（Non Departmental Public Bodies，NDPBs）以及原商业、企业与规制改革部（Department for Business，Enterprise & Regulatory Reform，BERR）和原创新、大学与技能部（Department for Innovation，Universities and Skills，DIUS）、区域发展组织等共同管理实施。而在实际操作层面，英国的"红色计划（Red Program）"工作组则是由政府部门、本地组织、设计服务提供企业、志愿者机构和私人部门共同组成。

四 设计服务业在国民经济发展中的作用与地位

大力发展设计服务业，对推动城市经济发展方式转变和产业结构升级、改善城市形象和优化城市品位、辐射带动区域经济发展等都具有重要意义，越来越多的大城市逐渐将其作为提升城市综合竞争力的一项重要战略产业。

1. 设计服务业能够提升产品价值，增强产业竞争力

世界产业发展趋势表明，优秀的产品设计和领先的技术创新是提升产品价值的关键。首先，设计已经成为提高企业赢利能力的关键。基于对产品的功能、特性、品质、品种与式样等所产生的认知，综合考虑成本、工艺、技术、原材料等因素，对产品的构成、产品、价值的要素以及各种要素进行创意设计，大幅度提升产品的品位和价值，提升其产业竞争力。

其次，设计能够推动企业不断进行自主创新。设计创新将直接影响技术创新，从而大大提高产品对市场需求的适应程度，对于企业形象的塑造和产品品牌的形成有重要意义。如"亚洲四小龙"的韩国、中国台湾、中国香港和新加坡自20世纪90年代以来，设计服务业渗入现代制造业，很多企业积极追求自主设计和自主品牌，涌现了许多从制造型企业向设计创新型企业成功转型的范例，奠定了亚洲制造业产品在国际市场上的品牌竞争优势和突出地位。

设计服务能够提高产品价值。设计创新既是用户的要求也是企业追求的目标，但是企业不能单纯地追求提高功能，更不能片面地降低成本，而应在产品设计和产品改进设计中，运用提高价值的途径，探索一切可以提高价值的方法，以满足用户的实际需要，同时提高企业的技术经济效益。比如，许多生活用品，由于人们对其要求不断增加，那些样式陈旧、设计乏味的产品是不受人们欢迎的，如对其进行适当的重新设计，使其式样和颜色都适应时代的变化，则无须增加成本，就可以提高它们的功能（尤其是美学功能），从而提高产品价值。例如，新材料、新工艺的出现，在完全可以满足对原有产品功能要求的前提下，而使成本降低。比如产品中有些零部件的过剩寿命，而保持产品的总体寿命，适当地减少零部件寿命（总体功能不变），可以使产品成本降低，价值提高。

2. 设计服务业能够推动城市制造业转型和整体产业结构升级

产业结构优化升级的根本出路在于创新，大量事实表明，哪个产业的技术创新活动越活跃，对创新成果的吸收和融合能力越强，创造能力越强，创新成果的商业化、产业化速度越快，适应市场需求的能力越强，这个产业的发展速度就越快，产品附加值也就越高。

影响产业结构的主要因素有：国民产品的需求结构、消费倾向与消费结构、投资结构、消费和投资的比例、劳动力和资本禀赋情况、技术进步及技术结构、国际贸易、产业政策和经济制度等，其中最主要的因素是技术。创意设计与某行业增长之间的关系，也可能受该行业大小、规模、研发技术成熟程度、外生的创新机会等因素的影响，而且也可能受该"行业的技术变化是否是累积的"特性所制约。很明显，这些因素在不同产业或行业中的分布是不相同的。这样，科技创新和创意设计的行业差异就会导致一定时空条件下的主导产业变更，从而使产业结构处于不断的调整或变革过程中。在其他条件不变的情况下，这是一种科技创新或创意设计推动型的产业结构变革。当然，这种变革的范围、深度及速度到底有多大还需要实证检验，最终受社会需求的制约。

在全球范围内，劳动力、土地、资源等要素成本不断提高，全球水资源、能源等短缺现象日趋严峻，资源、生态、环境压力不断加大，大城市制造业发展遭遇越来越多的瓶颈。而设计服务业对于制造业发展具有引领作用，设计新材料、新工艺等上游产业的应用与创新，推动企业技术进步与创新，提高市场占有率，创建自主品牌，这种作用在手机、家电、汽车、医疗器械以及日用消费品等领域十分明显，因此，对于那些工业后发国家和资源匮乏地区，其制造业发展仍处于全球产业价值链的中低端环节，设计服务业作为改变产品附加值低、竞争力弱等现状的重要途径，往往被当作振兴制造业的重要突破口。

需求结构是连接科技创新和创意设计与产业结构的有效纽带，创意设计与需求结构之间存在极强的互动关系，要实现从简单模仿设计到具有中国民族特色和出口地民俗文化特点相融合的设计转变，就要求专业设计师不能跟随消费者的步伐，而是应该引领时尚，带动消费者需求导向，改变需求结构，使居民用于文化娱乐、教育培训等享受和发展需要的支出比例上升，带动服务业发展；设计的新产品或新工艺能够满足投资需求升级的需要，拉动固定资产投资，从而改变生产技术基础和生产结构；促进产业之间和产业内部相互转换能力的提高。它使传统产业改造升级，并使产业出现融合趋势。这种融合的结果就是使各产业的知识、技术集约化程度和趋势加强，产业界限趋于模糊，特别是某些产业如高科技产业的渗透性和扩散性使原来的传统产业高级化，注入了文化创意要素的新经济形态不断迸发，各产业向价值链高端不断迈进，从而促进了产业之间和产业内部的更迭和转换，产业结构整体朝高级化迈进。

3. 设计服务业有利于发挥城市高端资源优势

设计服务业对人才资源、技术应用、信息网络、服务配套等高端资源要求较高。发展设计服务业可以发挥我国大城市高端资源较为丰富的优势，规避其城市生态环境资源不足的劣势。

设计服务业可以改变与周边区域在制造业领域激烈竞争的态势，依托专业设计服务市场的综合优势，发展具有明显指向性的设计与现代制造及有关轻工业的产业集群，在产业链周边形成经济区，使传统工业区与创新服务区双重功能统一。比如 2007 年上海市提出在"同济设计产业带"发展基础上，积极推动建设节能与新能源科技城、新材料科学园、软件园等十大新的产业载体，实现"设计产业带"与周边区域的互动发展。

实用价值是设计文化的基本价值，它能够满足人们生活的基本需要——实用需要。人们在实用需要得到满足的同时，也要满足对审美价值的渴求。在物质文明高度发达的现代社会，精神价值变得越来越不可缺少，现代设计服务业所表现出来的强烈的人文美感追求就是明证。现代工业产品设计、现代建筑设计、现代环境设计等都包含很高的经济附加价值，同时又具有艺术和人文价值。设计文化关系社会伦理、社会道德，要以正确的、有弹性空间的伦理道德观念引导和创造合理的、先进的设计文化，造福于人类，造福于社会。如"适度消费""适当设计""绿色设计""可持续发展"等设计理念，都有助于实现设计文化的社会伦理价值。设计文化能够创造出经济附加价值，这是不争的事实。设计是观念、设计是智慧、设计是生产力，设计参与的经济就是知识经济。知识经济与自然经济、农业经济、工业经济相比，最突出的特点就是知识经济的附加价值高。

4. 设计服务业提升城市软实力

从韩国、日本、中国台湾等东亚国家和地区的发展实践来看，设计与文化和技术之间的交叉与融合，构成了当代文化发展的新景观——设计文化的蓬勃发展，并促进新的产业集群的形成。新的消费观念下，人对产品创新的惯性需求，对于设计服务业的需求不仅仅局限于物质的、技术的、理性的层面上，在精神、情感、心理、适应性等层面上，"以人为本"的设计思想也开始深入其中。设计文化是一种鲜活的文化类型，其价值是多层面、多维度的，既有物质价值又有精神价值，既有实用价值又有审美价值，既有技术价值又有艺术价值，既有社会伦理价值又有经济附加价值。设计文化的物质性决定了它能够创造出物质价值；设计文化的精神性，决定了它能够创造出精神价值。

一个城市的软实力不仅体现为支撑经济发展的外部环境优势，还体现为它的文化辐射和影响力优势、内部实践环境优势、体制优势等综合优势。大力推动设计服务业发展，打造设计文化品牌，对于提高大城市的社会文化及环境生活品质具有独特的不可替代的作用。特定的设计文化，如建筑设计风格、环境设计理念等，与提高城市的品位和档次息息相关，这些行业以其工业外贸产品形象、建筑形象、市政设施形象、城市空间形象、城市精神、社会团体形象等城市行为体的巨大创意设计，将促进城市文化形象的提高，提高市民的审美能力和创意水平，从而对整个城市的发展产生积极影响。

第三节　设计服务业基础创新

一　创新的基本原理

奥地利经济学家约瑟夫·熊彼特1912年发表《经济发展理论》一书，该书最引人注目的特色是提出了"创新理论"（Innovation Theory），提出了"创新"的含义和作用，认为所谓"创新"就是"建立一种新的生产函数"。[①] 创新包括五种情况：①采用一种新产品；②采用一种新的生产方法；③开辟一个新的市场；④掠夺或控制原料或半成品的一种新的供应来源；⑤实现任何一种工业的新的组合。

创意经济是近年来经济发展的推动模式，就产业创新而言，其基

---

① 约瑟夫·熊彼特：《经济发展理论》，商务印书馆，1990。

本流程是：发现未被满足的潜在需求—找到解决路径及其方案—整合经济社会资源—项目孵化和培育—最后到市场流通和经营。一些大的集团公司能独自完成所有的流程，但绝大多数中小企业依靠产业协作来完成，创新的基本原理是整个流程的各个步骤要尽可能地分离，充分发挥社会分工的力量。

二　服务业创新

服务业创新是指有别于传统制造业创新的一种产业创新形式，其产业属性较传统制造业产品创新丰富得多，从形式、方法、路径到内容都与制造业创新有较大差异，是一个较技术创新更为复杂的过程，包含了相当丰富的内部需求和外部环境交互作用。

现代服务业创新的范畴包括三个层面：行为活动的创新，服务产品的创新，服务业体系的创新。行为活动的创新是强调通过创新性的服务活动来达到创新的目的，偏重于创新的过程。服务产品的创新是通过创新条件的改变实现服务产品自身的创新和创造，偏重于创新的产品。服务创新就是使潜在用户感受到不同于从前的崭新内容，是指新的设想、新的技术手段转变或者改进的服务方式。在市场服务中，通过多元化服务功能的创新来拓展其自身的功能。最后现代服务业创新则是服务业的服务创新。

服务创新的经济效益是通过非物质制造手段所进行的增加有形或无形"产品"附加价值的经济活动。这种活动在信息化时代表现得尤为突出。信息技术飞速发展，使得产品技术和功能的同质化水平越来越高，通过提高产品质量、降低产品生产成本来竞争的空间越来越狭窄，因而服务成为企业进行市场竞争的核心。

服务创新的技术革新是以满足人类需求为目的的软技术的创新活动。这种活动可分为围绕物质生产部门的管理、组织、设计等的软技术创新活动，围绕文化产业、社会产业推动社会和生态进步，丰富精神生活的软技术创新活动以及围绕传统服务业和狭义智力服务业的软技术创新。

　　服务创新的社会需求是创造和开发人类自身价值，提高和完善生存质量，改善社会生态环境的活动。因此，服务创新通过满足物质、精神和心理需求，并提供解决问题的能力，保障人们的精神和心理上的健康，得到满足感和成就感。传统的技术一直把"人心"排除在外，随着物质文明程度的提高，人们更在乎生活的感觉（视觉、听觉、味觉、嗅觉、触觉、直觉），更希望自己的心情、情绪、感情、伦理道德和人的尊严得到尊重。这就要求未来的技术不能单纯强调"效率第一""效益第一"，还要研究和发展那些牺牲一点效率而使我们的生活和工作变得更容易，更舒适和方便，尊重人的情绪、感情和道德的技术，即重视人"心"的技术。反过来，人们对人类自身价值和能力的认识也远远不够。这些因素就是使很多硬技术"软化"的动力，是制造业服务化的动力，是提高软技术附加价值的重要内容，因而是服务创新的重要课题。这在社会服务业和文化服务业的创新中体现得尤其明显。

　　服务创新的方法论是指开发一切有利于创造附加价值的新方法、新途径的活动。这些途径可分为围绕物质生产部门的管理、组织、设计等的软技术创新活动，围绕文化产业、社会产业的文化娱乐、体育、媒体等丰富精神生活的技术创新，围绕传统服务业和狭义智力服务业的软技术的创新，即服务创新是指发明、创造或开发、应用新的服务方法、服务途径、服务对象、服务市场的活动。

1. 消费性服务创新

　　消费性服务创新的目的是满足广大人民群众日益提高的生活质量的需要。因此，如何实现消费性服务创新，关键是如何有效地发现、挖掘和引导。

　　要满足人们深层次的消费需求并不是一件容易的事，因为人们的行为动机大多是受本能支配的，而同时又不了解本能的运行逻辑与规律，只有当产品出现后，在真正使用时，人们才确定自己的需求。因此，在实际的服务过程中，我们无法确定市场上对于服务的需求情况，那么又如何创新深层次的消费性服务呢？潜在需求的产生规律是怎样的呢？这就要依靠概念设计。

概念设计，就是设计师代表客户对潜在需求所做的描述，总设计师就是需求的描述者，总工程师就是问题的解决者。设计师挖掘的是人们心底的未被描述的渴望，除了基础研究外，还要有天赋与灵感，当然也有一定的技法，而市场是检验设计产品成败的唯一标准。以概念设计为先导是新的业态创新的流程，而一般的个体则以发现补缺性的细分市场空缺为需求。理论上，市场总有短暂的需求空缺，一般的创业者重在敏感地快速发现这些机会，不过这种发现的总量是一定的，无助于社会服务总量的扩大。

2. 经营性服务创新

经营性服务需求通常都是显在的，购买者希望通过购买服务更好地赚钱。所以经营性服务重在能否真的解决问题，这类服务的创新重点在于有效地团结各类研究资源为经营活动提供真正的有价值的服务。

经营性行为主要分为两种：普通商业行为与投资金融行为。普通商业行为是有利润溢值的，而投资金融行为的利润是减去投资损失后的净收益，某些经营行为是两种行为的叠加。尤其要指出的是，普通商业金融与投资金融虽形式差不多，但本质完全不同。在普通商业行为中，可以创新的服务点有：商业机会，商机是企业最需要的"产品"，如果能提供关于商业机会的服务，需求是一定旺盛的；协同技术攻关，企业有时不具备所需的产品开发技术，甚至有时不知从何下手，需要协同其他社会技术资源服务；商业元素交易服务，商业元素的交换、交易和整合是现代商业行为的主要内容；商业金融，企业需要多层次的金融服务，包括多层级的股权、债权、夹层资本，政府日益开放的金融政策将提供巨大的创新空间；市场营销，主要包括通路服务和各促销分支的细分服务，这其中的结构是很丰富的；管理咨询，包括生产管理、内部物流、人力资源、财务咨询、法律顾问等多个方面。深入有效的服务是企业无止境的需求。

三　服务业创新工程的前端

新技术的开发、应用和产业化具有高不确定性和高风险性，因此，完整的技术创新很难由一个单体（企业）单独完成，企业往往采用合作研发模式，联合其他企业、学校、科研机构，共同开展创新活动。在这一过程中，技术创新主体、知识创新主体以及创新资源逐步构成具有互补性和结构性的系统，这也是 20 世纪末以来创新活动的一个显著趋势。系统创新通过其技术体系对社会经济的可持续发展起到推进作用。

设计服务业创新是系统性的，需要社会的协同。实践中复杂的系统创新往往是最有生命力的。只是在系统创新中每个单体要注意产业群的协同进化，不可盲目冒进。当然也需要前瞻性的创新，作为系统创新进化的先导。同时，政府要做好正确的节奏引导，减少创新的风险与成本。

服务业创新必须分工实现。一方面我们不鼓励理论研究者直接创业，另一方面我们反对不基于理论研究的盲目创新。

在实际的经济生活中，人们经常会忽视创新的前端研究，甚至不知道创新研究为何物。其实国际上有许多专业的创新研究机构，例如国际社会创新与可持续设计联盟（DESIS）是一个基于设计高校和实验室的学术联盟，旨在支持和推动可持续变化和发展。该联盟成立于 2009 年，受联合国环境署的认可。目前成员包括米兰理工大学、艾因霍芬理工大学、麻省理工大学、斯坦福大学等来自欧美、非洲、亚洲、南美各大洲 20 多个国家的 50 多个国际一流设计院校。其中中国的成员包括清华大学、湖南大学、江南大学、同济大学、广州美院和香港理工大学。该联盟与其他联盟形成紧密伙伴关系，以有效合作发展。这些联盟包括"社会创新交流（SIX）""可持续的每一天

(SEP)""可持续学习网络（LeNS）""责任化生活的教育和研究网络（PERL）""国际设计院校联盟（Cumulus）"等。

推动现代服务业的创新必须和研究机构紧密合作，加强创新链的前端研究，这样才能引导全社会的创新资源和创新热情有效发挥。

四 设计服务业创新的政策扶持方向

1. 政策目标的构建要注重经济、社会与教育的协同发展

设计产业的发展目标不仅要注重经济目标的实现，即促进设计服务业自身的经济规模，以及促进相关产业通过采用设计来提高产业竞争力；同时还要注重设计服务的社会目标，即通过设计产业发展提高社会福利，创造劳动就业机会，改善生活环境等；而要达到这些目标，应建立适合设计产业发展需求的人才教育与培训目标，包括建立义务教育、高等教育、继续教育与再教育的终身学习机制，促进设计师的理论知识与实践知识相结合，提高设计师对科学技术知识和艺术知识的综合掌握等。

同时，要注重政策目标在国家、区域、产业层面的协调统一。如国家层面，设计应成为提升国家形象的重要工具；在区域层面，培育形成区域特色的设计产业集群，从而提高区域竞争力；而在产业层面，设计服务业的政策目标则是提高设计产品的质量，提高具备跨学科背景的设计师的数量，加强对中小设计企业的资助，扩大设计企业的市场占有率，增加出口，提高客户满意度，从而提高商业和工业的竞争力。

2. 政策焦点的布局要符合设计服务业的发展特征

从发达国家政策实践中可以看出，虽然以教育培训、研究与网络、公共采购、商务服务、资助与税收激励、知识产权与标准、政策评价为政策焦点的设计服务业政策与制造业创新政策的作用点极为类似，但就各项政策的具体内容而言，都是针对设计服务的自身发展需

求制定的。如设计服务业的知识产权政策更强调版权的保护而非发明专利；公众对设计服务本身的理解和设计重要性的认识不足，致使各国在"提高设计意识，促进本地和国际的影响"方面都制定了相应的政策。因此，结合我国设计产业当前的发展需求，应加强对设计服务的宣传、推广，举办国际设计论坛，设立国家级设计奖项等；应建立符合设计服务业发展的统计指标体系；促进掌握科学技术知识与艺术知识、具备设计管理能力与市场分析能力的跨学科背景的设计人才培养；建立设计从业人员与设计机构的资质认证体系；设立推动设计产业发展的专项资金，制定适应设计服务企业的税收优惠政策等。

3. 政策实施要基于多主体联合治理的网络体系

我国应首先明确各类设计产业的特定管理部门，并以此为核心，开展公共部门与私人部门、政府与非政府组织、非营利组织、国家与区域、产业之间的相关机构的组织协调工作，以及设计企业、具有设计专业与研发项目的大学及科研院所和区域设计产业促进组织的结合。以工业设计产业为例，在国家即将出台的《关于促进工业设计发展的指导意见》的指导下，充分发挥中国工业设计协会的组织协调作用，联合北京工业设计中心、上海工业设计促进会、广州工业设计促进会、北京工业设计促进会、深圳工业设计促进中心等社会团体与事业单位、大学及科研院所、设计服务提供企业与采用设计的领先用户，共同开展学术交流、宣传普及、教育培训、展示竞赛、国际合作、设计示范、课题研究、咨询诊断、商务服务、政策建议等活动。

同时，要促使政策主体形成网络的治理模式。保证政策行动者在资源交换过程中通过协商途径实现所共享的政策利益，避免由于政策主体自上而下的层级结构、缺乏平等、协商与交互机制而带来的利益冲突与实施障碍。这种网络治理的核心价值在于包含了"权力的多主体、多中心""责任性""回应性""参与性""互动""公开性"

"公正""有效性"等要素，不仅有利于保证各政策主体在互利的基础上实现公共服务的提供，而同时又形成寻租和权力滥用的约束机制。

4. 政策制定要实现具体产业政策与水平政策的延伸相结合

在现阶段我国以制造业为主导的创新政策框架体系下，一方面要注重发布针对具体服务业，如工业设计、环境设计、平面设计、品牌设计等产业的具体政策；另一方面，更要注重对现有水平政策，如知识产权保护政策、人力资源政策、需求政策、规制政策、教育政策等向设计服务业的扩展和延伸，以及通过水平政策向设计服务的延伸促进设计服务与制造业的有效融合，共同提高设计服务业与制造业的创新能力与竞争水平。

现代服务业的核心就是服务业创新。它包含了传统服务业的进化，但更多的是根据市场需求的变化而创新形成的新的服务内容与服务形态。创新并不是随意的，它是有逻辑、结构、方法与流程的，只有研究清楚创新的科学原理，才能有效创新。

参考文献

王晓红：《中国设计：服务外包与竞争力》，人民出版社，2008。

王受之：《世界现代设计史》，中国青年出版社，2002。

陈胜昌：《知识经济专家谈》，经济科学出版社，1998。

苏东水主编《产业经济学》，高等教育出版社，2000。

郭雯：《设计服务业创新政策的国内外比较及启示》，《科研管理》2010 年第 5 期。

约瑟夫·熊彼特：《经济发展理论》，商务印书馆，1990。

欧雅捷、林迎星：《战略性新兴产业创新系统构建的基础探讨》，《技术经济》2010 年第 12 期。

朱焘等：《设计创造财富》，中国轻工业出版社，2006。

Jones, J. Christopher, *Design Method: Seeds of Human Futures*, 1980 edition, John Wiley & Sons. New York de Noblet, Jocelyn, (ed.) Industrial Design-

Refllection of a Century, Flammarion/APCI, 1993, Paris.

Cooke P. , Uranga M. G. , Etxebarria G. *Regional systems of innovation*: *an evolutionary perspect ive* [J]. Environ Planning, 1998, 30: 1563 – 1584.

Hugo Thenint, *Design as a tool for innovation* [R], A PRO INNO Europe project: Global Review of Innovation Intelligence and Policy studies, Oct, 2008.

Taewan Kim, Kroean Design Policy 2008 – *To be one of world's design leaders in the* 21*C* [R], 2008.

Part II 第二部分 市场篇

Market

第二章　设计服务业发展的外部环境

第一节　工业化、城市化背景下的设计产业

设计产业是城市化建设的先导，是科技转化为现实生产力的关键环节。设计产业是国家转变发展方式、调整产业结构、培育新兴产业的一支重要力量，是衡量国家工业现代化水平的一个标志。

一　设计产业以软实力提升应对挑战的战略调整

在 21 世纪国家经济重大战略性转变过程中，自主创新实力的增强是转变的主轴。在产业链中，以研发为主的知识型生产性服务将越来越占据要位，并以拥有自主创新的核心技术占领产业前沿，提高我国的核心竞争力。这是我国从"制造业大国"走向制造业强国的必由之路。

以研发为主的知识型服务大发展不仅仅必然会促进第三产业全面地提升，同时，由于知识在第一、第二产业生产要素中比重的扩大，也将大大提高我国的现代化水平。设计产业是生产性服务业的高端业态，也是科技服务业的重要组成部分，对提升国家自主创新能力、加快产业结构调整升级与经济发展方式转变具有积极的促进作用。

另一方面，特别提起注意的是，以文化复兴为先导的全面复兴也提上了日程。文化是人类文明的体现。文化的复兴意味着我国全体人

民整体文化素质以及"软实力"的提升。从文化复兴上来进一步解读我国上述重大战略调整是十分重要的。

新中国成立以来，我国的设计产业经历了几次改革，对传统的旧的设计模式产生了较大的冲击，设计服务的职能和效率不断改善和提高，推动了城市的现代化发展。但从整体层面上看，设计服务水平滞后于社会经济发展的要求，设计服务管理工作在创新超前理念、管理机制和创新模式方面不能满足飞速发展的城市现代化建设需要，也不能满足市民对低碳、人文、绿色、有序等方面日益增长的需求。随着我国城市化建设的全面展开，国际化的进一步升级和国际合作向纵深发展，设计服务的行业规模和水平在未来20年将达到一个新的高峰。

从我国三次产业结构的变化趋势来看，服务业的比重和制造业的比重缩小，设计产业从服务高端化战略出发，按照应用主导、面向市场、网络共建、资源共享、技术创新、竞争开放的发展思路，加速推动设计企业高新技术化，提高设计产业在国民经济中的比重。

二　工业化和城市化成为带动设计产业发展的两大主导力量

在对我国经济发展阶段背景分析的基础上，以最终需求为支撑，即从投资需求和消费需求出发，考虑新增城市化投资及基础设施投资乘数效应引发的新增消费因素，推算出设计产业等相关指标的变化，可以分析出未来设计产业经济总规模与结构的动态。

预计到2030年，我国设计产业将进入一个高速增长期。以勘察设计行业为例，截至2012年，我国勘察设计行业共有1.65万家企业，从业人员达到172.8万人，全行业人均产值达到74亿元。我国的城镇化发展正处在快速发展期，预计从现在到2030年，我国的城镇化速率平均每年为1~1.3个百分点，每年约新建20亿平方米建筑。

设计产业所提供的服务和所创造的价值占服务业总产值的很大一部分，随着产业的发展，高附加值的设计服务占据了越来越重要的地位。设计产业是一个市场导向十分明显的行业。设计项目在哪里，设计公司就到哪里。根据 P. L. Knox 与 P. J. Taylor 的研究，北京和上海已经成为设计行业的亚太中心。

随着我国成为当代城市建设最为活跃的地区，市场面临前所未有的机遇和竞争，巨大的市场吸引着世界各地设计大师来中国实现梦想。以建筑设计市场为例，国外建筑师和建筑设计公司为中国建筑市场带来了新的活力，设计风格的交叉与融合，无论是设计理念、设计文化，还是施工工艺，各方面都在外来力量的推动下关注度进一步得到提升。经过近 10 年的过渡，建筑设计服务行业成为对外开放最彻底的一个行业。

根据钱纳里的经济发展阶段理论以及我国的产业结构特征判断，我国目前处于工业化中期的加速阶段。预计到 2030 年左右仍将在产业结构调整与升级中保持稳定的高速增长。

三 创新驱动的设计行业是国家工业现代化水平的重要标志

设计产业属于典型的高附加值、低资源消耗产业，其在产业转型中的地位更加突出，成为我国变"世界工厂"为"设计之都"的重要媒介。牢牢把握加快转变经济发展方式这条主线，坚持以经济结构战略性调整为主攻方向，坚持以科技进步和创新为重要支撑，坚持以保障和改善民生为根本出发点和落脚点，坚持以建设资源节约型、环境友好型社会为重要着力点，提高国家的软实力。

以自主创新战略推动产业结构的进一步调整。我国在近 30 年的产业结构调整中，增长方式已经逐步由外延型转向内涵型。这种转变表现在产业结构方面，正在逐渐从以劳动密集型的扩张为主转向以提高质量和效率为主。应该说，这是经济发展的必然规律。在我国增长方式战略转变的过程中，以北京为例，以自主创新知识性服务业的优势，率先实现了这一转型，并对所在区域和全国的转型起到积极的推动作用。

加入 WTO 以来，设计产业成为综合国力竞争的重要因素，丰富创意设计已成为人民的热切愿望。以北京为例，城市发展正处在工业经济后期，设计行业正在逐步超越行业、区域，成为新的重要生产要素。设计产业的发展日益成为北京软实力的重要组成部分。

从高技术产业比重大的特点出发，以实现高新技术产业和设计行业互动融合为突破口，改造提升当前具有相对优势的设计重点企业，以点带面，全面繁荣设计行业。

加快促进产业升级，综合运用政策、项目、公共服务平台等多种手段，建立设计产业创新体系，增强深度研发能力、增值能力和市场营销能力，使创新成为设计行业发展的灵魂。

创新引领设计产业作为转变城市经济增长方式、优化产业结构、提升城市综合影响力和竞争力的重要方面，利用设计行业外包程度高和国际设计产业联盟联系密切的特点，加快国际化进程，积极探索面向国际外包市场的设计产业创新发展模式，充分发挥行业高技术产业比重大和城市文化创意多元的特点，强化创意、创新、创造的城市精神，引领区域设计产业发展的新趋势，坚持经济效益和社会效益相协调的原则，在充分发挥设计产业对城市经济带动的同时，引导设计产业走创新创造之路，不断满足人民群众日益增长的物质和精神文化需求。

创新驱动发展已经成为创新型城市先决条件。当前，世界经济一体化趋势加快，政治和军事格局面临新变化，全球科技创新孕育新突破，我国转变经济发展方式取得新进展，设计产业承担着国家产业结构转型的重要任务，也是其发展的不竭动力，设计产业创新是城市创新的先导，城市创新要求设计产业理念创新、技术创新和精细化方法创新。

四 设计产业在国民经济社会发展中需要重新定位

世界经济和产业在第三次工业革命的推动下进入自主创新主导期。进入 21 世纪后，信息技术、生物技术、航空航天技术和新材料技术逐步进入成熟期，我国设计产业须紧跟产业发展的新动向，在当前一代和未来几代之间的自主创新发展链中蕴含着大量的机遇，在产业聚集、配套互补，龙头互动的趋势下，设计产业的集聚更引发服务经济的高端化。

中国的设计产业集群，就是利用其地理上的集中性，把大量相关产业的设计机构相对集中在特定的地域范围内。由于地理位置接近，产业集群内部的竞争自强化机制将在集群内形成"优胜劣汰"的自然选择机制，刺激企业创新和企业衍生。如联合开发新产品，开拓新市场，建立生产供应链，由此形成一种既有竞争又有合作的合作竞争机制。这种合作机制的根本特征是互动互助、集体行动。通过这种合作方式，中小企业可以在培训、金融、技术开发、产品设计、市场营销、出口、分配等方面，实现高效的网络化的互动和合作，以克服其内部规模经济的劣势，从而能够与比自己强大的竞争对手抗衡。

总之，我国以新兴工业化和城市现代化为坐标系定位发展，在更高层次上参与全球分工与竞争，经济总量和质量将大幅度提升，后工业社会特征将逐步显现，国际化程度将进一步提高。设计服务业面临发展动力转换、产业结构调整和升级的任务，将更加注重创新驱动、高端引领；同时，也将更加重视数字化、精细化设计管理在城乡建设中的基础作用，更加重视行业的顶层设计、战略规划和制度创新，进一步确立设计产业在国民经济社会发展中的定位。

第二节　全球设计服务外包

一　全球设计服务外包的发展

设计是企业核心业务的重要组成部分，长期以来，跨国公司为了保持自身的核心能力，通常将设计工作保留在本公司。然而，进入21世纪后，全球经济一体化的大背景对企业新产品开发提出了更高的要求，因此，企业想要进入国际市场，关键环节在于设计。但是，随着全球新技术的不断产生，一个公司越来越难以拥有全部知识的设计团队，尤其是在一些尖端技术领域，更多地需要全球设计团队协作完成。因此，设计服务外包逐渐成为了全球服务外包发展的重点领域，呈现跨国公司的设计服务大量离岸，并快速向中国、印度等发展中国家转移的趋势。这一趋势不仅反映跨国公司全球战略的重大调整，也为我国承接国际设计服务外包带来了历史机遇，把握好这一机遇，对于推动国内设计服务业发展，加快制造业结构升级都具有重要意义。

1. 全球服务外包与设计外包

国际服务外包是随着经济全球化深入和互联网技术发展而出现的新兴产业。按照地理区位划分，服务外包可以分为在岸外包（境内）和离岸外包（境外）两种。全球服务外包通常指离岸外包，主要指跨国公司充分利用国外资源和企业外部资源，为了降低生产成本，提高效率，实现效益最大化，将生产经营中的一些服务环节转移到海外其他企业。这些企业通常把非核心业务交给专业公司去做，以便集中力量做更擅长的事。

目前，全球服务外包广泛应用于IT技术、人力资源管理、金融、现代物流、会计、客户服务、研发、产品设计等现代服务业中的高端产业，在扩大知识型人才就业，优化产业结构、促进服务业发展，增加财政税收，提高外资质量、优化外资结构等方面都具有重要作用。

　　设计是重要的生产性服务业，也是提升企业自主创新能力、塑造自主品牌的关键环节。在国际服务业离岸外包中，设计作为企业核心业务，大量发生全球离岸外包已经成为一个持续快速成长的行业。所谓的设计外包，就是客户将全部或部分平面设计工作按每年包给专业性公司完成的服务模式。客户整合利用其外部最优秀的专业化资源，从而达到降低成本、提高效率、充分发挥自身核心竞争力和增强客户对外环境的应变能力的一种管理模式。目前，已经有60%的美国企业借助专业的设计外包服务迅速扩展自身的业务。据统计，通用汽车、惠而浦集团等世界知名500强，均采用了亿柏国际提供的技术设计服务。

　　市场竞争的加剧，使专注自己的核心业务成为了企业最重要的生存法则之一。从管理角度分析，设计外包是一种战略性的商业创新方案。对许多企业来讲，专业化程度的增加、在品牌建设中对外形象的需求，使得企业越来越难以实现既满足商业目标，又要控制品牌设计建设费用的愿望。在这种情况下，资源外包开始发挥其固有的优势。纵观企业选择外包策略的内外部推动因素，主要包括以下几方面：业务、财务、技术、企业战略、人力资源等。在当前金融危机形势下，积极发展设计服务外包，对于实现加工贸易升级转型，全面提升我国制造业的国际竞争力，尤其具有重要意义。

2. 全球设计服务外包的发展现状

　　进入21世纪以来，全球设计服务外包快速发展，设计服务外包市场迅速扩大，设计产业参与全球分工的程度不断深化。据咨询公司的数据，全球设计研发服务业占全球服务业离岸外包总量的26%左右。2002~2008年，全球的数据处理和软件设计业务离岸外包每年增长30%~40%。2007年全球ODM（Original Design Manufacturer，原始设计制造商）企业销售额相当于2000年的4倍。设计已经成为离岸意识较强的行业。

目前，设计外包市场充满活力，主要表现在以下三个方面。①设计外包渗透到各个不同的行业，涉及芯片、电子消费品、汽车、飞机等工业产品以及大型工程、建筑设计等诸多领域。在电子产业，美国除外包芯片设计外还外包了许多其他设计。从手机行业来看，目前中国手机制造商都采用了不同程度的设计外包，少则 20%，多则100%。②不同规模的企业都在使用设计外包。不仅大企业外包设计，小企业也同样将设计作为外包战略的重要部分。过去只有拥有多个项目的大公司才会考虑外包部分设计，而现在规模较小的客户也有外包需求，至少外包部分设计。③企业外包设计从非核心设计业务已经发展到核心设计业务。从汽车行业来看，过去，欧美跨国公司外包汽车设计业务只涉及一些简单的工作，但近年来，越来越多的汽车制造商和一级零部件供应商开始把全部设计和开发工作外包。

全球设计服务外包形式的不断发展，使得制造商通过与专业设计公司的协作，缩短了新产品开发周期，提高了创新效率。同时，服务外包使不同运作形式、规模和专业的设计公司都能在产业链上占据一席之地，从而更充分地参与全球产业分工。并且，由于成本因素，跨国公司在设计分包时将设计业务不断向低成本国家转移，使发展中国家获得了市场机会，赢得了设计服务业的发展机遇。

二 全球设计服务外包的主要原因

近几年来，信息技术空前发展，产品市场向国际市场发展，消费群体由较单一的国内消费群体向多国消费群体发展，不同地区的消费者需求多元化，使得国际市场竞争加剧，对企业新产品开发速度、形式及质量提出更高的要求。因此，设计创新作为企业参与国际市场竞争的关键环节发挥着越来越突出的作用，企业必须加快设计创新速度，以适应不同国家的市场需求，这是促进设计服务离岸的根本原因。

全球信息技术的发展为设计服务外包提供技术支持。现代网络信息技术的出现及广泛运用，消除了国际分工的地理距离，使设计这一个性化的服务得以外包。通过网络不仅能够解决设计离岸的服务质量等技术问题，而且能够有效地控制接包公司的人力资源、工作效率、财务管理等问题。

设计外包是企业降低创新成本、节约人力资源、提高国际竞争力的重要手段。一方面，发达国家制造商长期面对产品质量不断提高和价格相对下降的双重压力，因此设计服务全球外包主要是基于节约成本的考虑。跨国公司不仅要向成本较低的地区采购零部件，也加速向发展中国家外包设计，以便尽量缩短设计周期。另一方面，中小企业一般不具备国际化的设计团队，也难以承受高级设计团队带来的高额人力成本，因此，实施外包设计战略是中小企业提升国际竞争力的重要手段。

强化和构建企业核心竞争力是设计服务外包的重要因素。对于将设计业务部分外包给专业设计公司的企业来说，可以借助外部资源构建企业的核心能力，保持快速、可持续的新产品开发能力。例如，降低建筑设计成本最好的选择就是把那些重复性、劳动密集型的过程外包出去，集中精力于设计创作等高利润的工作。

各国不同的比较优势加速了设计服务离岸外包全球化发展。发达国家与发展中国家设计服务各自具有不同的比较优势，产生了相互发包的现象，加速了设计服务外包全球化的发展。发达国家主要利用发展中国家的成本优势外包设计，发展中国家则通常由于缺乏设计能力，利用发达国家的技术优势外包设计，尤其体现在汽车、飞机以及电子产品的核心设计、大型建筑项目设计等领域。

三　全球设计服务外包的主要特点

发达国家在设计服务外包中仍占据主导地位。目前，全球设计离岸外包的发包方主要来自美国、欧洲、日本等发达国家。发达国家在高端设计中有着绝对优势，决定了其在全球设计产业中的主体和控制地位。一方面，全球设计服务市场的份额主要为发达国家所瓜分。目前，全球设计服务业的主要出口国仍然是英国、美国、意大利、德国、芬兰等发达国家。另一方面，设计离岸对发达国家就业没有明显影响。

设计服务离岸外包向发展中国家转移趋势明显。全球设计服务外包加速向发展中国家转移，主要基于以下原因。第一，突出的设计成本优势。设计工作被转移到印度、中国等低成本国家的海外设计中心，主要就是为了降低劳动力成本。第二，高素质的设计服务人才。设计是知识密集型的创意产业，对专业化人才的需求很重要，而发展中国家的设计人才较高素质和较低工资水平的结合，恰恰为跨国公司设计服务外包提供了技术人才条件。第三，设计服务外包市场环境日趋完善。发展中国家对外开放水平不断提高、城市基础设施建设不断改善、文明程度不断提高、政府效率和质量不断改进，为吸收国外设计外包提供了良好环境。

四 发展中国家承接全球设计服务外包的现状

目前，在新一轮的全球服务业离岸外包中，设计外包迅速发展。发达国家利用发展中国家的成本优势外包设计，对发展中国家来说，积极承接国际设计服务外包，能够利用外资所带来的技术、知识、人才、观念、管理等方面的优势，增强自身的自主创新能力，从而实现产业的快速升级。同时，还可以达到公司业务规模扩大、为本土制造企业服务能力增强、学习掌握新知识速度加快、设计产业链向高端延伸，以及开拓国际市场速度加快、创建公司品牌速度加快等多方面的巨大收益。

各个发展中国家承接全球设计服务外包有着自己的特点与优势。例如，在中东欧国家，捷克政府确定优先吸引服务外包的重点在设计中心、生物制药和通信技术研发中心等方面。在亚洲地区，菲律宾由于有众多具有大学以上文化程度，懂英语的建筑、图形设计人才，在建筑设计领域具有明显的竞争优势。目前，跨国公司的设计业务基本上大量地向以中国、印度为主的发展中国家转移。与印度相比，中国具有同样的一些优势，但在发展过程中又各有许多不同之处。

1. 印度承接全球设计服务外包

印度承接离岸服务外包产业是以软件业的迅速发展为主要特点的，进入 21 世纪，印度承接离岸服务外包更是成为全球服务贸易发展的典范。印度设计外包工作刚开始时渠道很窄，后来慢慢扩大，近年来，跨国公司相继在印度建立设计机构，从包装设计、绘图设计到以芯片为主的高端产品设计都逐渐外包给印度。从而，印度承接全球设计外包的范围越来越广泛，包含了航空、汽车、纺织等工业设计和建筑设计各个领域，而且其承接的设计外包业务大部分面向全球市场，为本土消费者设计的产品仅占很小的比例。

印度承接全球设计服务外包业务，主要有以下几方面优势：①政策环境良好。2007 年，印度政府制定了国家设计政策，明确提出通过"印度制造"和"印度服务"打造"印度设计"，使印度设计品牌定位在全球的目标，并且针对目标制订了具体的行动计划。同时，印度的知识产权保护制度不断完善，是全球设计外包业务转移印度的重要因素。②人才成本与资源。众所周知，印度人力成本非常低，加上印度设计公司非常注重高素质的设计人才的培养，因此，印度具备了跨国公司急需的两大人力优势，成为全球设计外包服务的重要承接地。③基础设施建设优良。印度政府重视建设国际一流的基础设施，从而促进了网站设计、平面设计、软件设计等外包业务的迅速发展。①

2. 中国承接全球设计服务外包

与印度相比，中国具有同样的劳动力优势、成本优势以及基础设

---

① 王晓红：《印度承接国际设计外包的发展与启示（上）》，《中国高新区》2008 年第 9 期。

施建设、法制环境优势，此外，在设计专业人才数量、设计教育规模以及专业设计公司数量上更具有比较优势，因此，中国完全有可能成为国际设计外包的理想目的地。但总体来看，中国承接国际设计服务外包仍然处于初始阶段，存在诸多问题。例如，设计公司普遍规模较小，设计外包人才普遍缺乏，承接高端设计业务能力较弱；缺乏有序规范的外包市场，设计外包公司仍然处于散乱状态，没有形成具有国际影响力的设计外包品牌企业等。

由此看来，第一，我国应加强产业政策支持，加快制定设计产业促进政策，制定设计产业的发展目标、发展路径，同时，加强知识产权保护，建立规范有序的设计服务市场，为中国设计产业承接国际服务外包提供有利的政策环境和制度保障。第二，应该加快适应国际设计外包业务人才的培养，更好地解决设计外包人才的接续问题。第三，要积极培育国际设计外包企业，中国设计公司尚未能够形成像印度塔塔技术中心等具有国际知名度的设计公司，因此，很难得到大型国际设计外包项目。

五　全球设计服务外包的发展趋势与前景

全球设计服务外包市场将进一步扩大。针对不同国家、地区市场的本土化设计将成为产品创新和国际竞争力的主流，这一趋势必然使跨国公司大量向东道国外包设计服务，加速设计服务离岸的发展。

设计服务离岸外包向发展中国家转移将呈现加速趋势。由于发展中国家的成本优势、技术人才优势明显，以及吸引外资环境不断改善等，将继续吸引设计服务离岸外包。

设计服务离岸外包将促进发展中国家设计产业大发展。通过承接国际设计服务外包获得外溢效应将缩短发展中国家与发达国家的差距，尤其是中国、印度、俄罗斯等国家设计的产业规模、出口规模将迅速扩大，设计产业国际竞争力将进一步增强。

国际设计服务外包将推动全球设计产业水平的提升。设计服务不断离岸的过程，不仅将扩大全球设计产业规模，而且将有力地推动东西方文化的快速融合，推动东西方设计师的交流互动，由此使全球设计创新水平得到提升。

第三节　设计服务业——生产性服务业战略新兴业态

进入 21 世纪以来，全球产业结构进入由"工业经济"主导向"服务经济"主导转变的新阶段。特别是金融危机以来，世界主要发达国家为重塑国际竞争优势，不断加大对科技创新的投入，大力发展高附加值的生产性服务业，积极抢占后金融危机时代经济发展的战略制高点。随着信息网络技术的深度全球化，现代服务业的快速细分，推动新兴服务业态和服务模式不断涌现，为生产性服务业提供了更大的发展空间，对产业结构的调整升级和区域经济发展的作用更为突出。

从根本上说，现代服务业是由于科技发展导致了社会进步而产生产业结构升级，进而引发了新服务业态的产生和成长。它既包括随着技术发展而产生的新兴服务业态，也包括运用现代技术对传统服务业的改造和提升。当前，作为现代服务业的核心，生产性服务业不断呈现的创新性服务业态主要概括为以下三类：第一类是由于技术进步而直接产生的新的服务业态，特别是随着技术创新水平的不断提高和高新技术制造业的快速发展而演进形成的新型服务业态，如软件产业、通信服务、信息服务、数字文化、网络游戏、移动网络服务等；第二类是由于制造业专业化分工加深而衍生、分化独立出来的新的生产性服务业态，如研发、工业设计、咨询、技术转移与技术交易等；第三类主要指由于科技进步特别是网络和信息技术发展，使传统服务业的质量和水平得到提升而形成的相对独立的服务业态，如电子银行、电子商务、现代物流以及网络化远程服务等。这些新型生产性服务业态以其高知识、高技术含量占据了产业链的高端环节，具有高端、高效、高辐射力的特性，不仅有助于促进服务业结构优化升级，还能有力促进区域自主创新能力的提升和创新型城市建设。①

通过上文中对设计服务业特征的分析，我们已经清晰地认识到，设计服务业具备了生产性服务业的基本特征，是由制造业专业化分工加深而衍生、分化独立出来的新的生产性服务业态。因此，本书通过对生产性服务业产业发展现状及产业内部结构分析，结合产业关联度分析，全方位考察北京市生产性服务业自身及其内部子行业对北京经济发展的影响，通过具体实证研究，确定设计服务业已经成为北京市生产性服务业发展的主要增长点和主导行业，判断设计服务业发展趋势及其相关功能与地位，从而更加清晰了解设计服务业在国民经济发展中的地位与作用。

经过多年发展，北京市已经率先在全国形成了以服务经济为主导的产业结构，其中生产性服务业成为引领首都经济快速发展的主导行业。北京市生产性服务业始终保持着较快的发展速度，在信息服务业、科技服务业等领域涌现一批具有较强竞争力的行业新兴业态，引领着生产性服务业不断创新发展。当前，北京正处于人均地区生产总值向高收入水平迈进和城市功能整体跃升的关键阶段，抓住机遇，大力发展生产性服务业新兴业态，是按照科学发展观要求推动首都经济社会又好又快发展的重要战略任务，对于支撑、促进北京市服务业建设，培育北京新的经济增长点均具有重要的战略意义。

一　北京市生产性服务业的分类和数据说明

北京市统计局以《国民经济行业分类》（GB/T4754－2002）中的行业大类为基础，以中间需求率作为鉴别生产性服务业的重要依据，对服务业47个行业大类逐一进行认定，出台《北京市生产性服

---

① 颜振军：《研发产业：现代服务业发展的新型业态》，《高科技与产业化》2006年第1期。

务业统计分类标准》，将北京市的生产性服务业划分为金融服务、信息服务、科技服务、商务服务和流通服务业五大行业。同时确定了北京市生产性服务业的统计范围，生产性服务业主要包含：交通运输、仓储和邮政业，信息传输、计算机服务和软件业，批发与零售业，金融业，租赁和商务服务业，以及科学研究、技术服务与地质勘查业六个行业数据。①

2011 年《北京市统计年鉴》对 2004~2010 年生产性服务业增加值进行了统计发布，本文以此为基础，根据上述分类标准，收集 2005~2011 年《北京市统计年鉴》数据，根据产业经济理论，全面分析当前北京市生产性服务业总体发展状况及内部结构，即生产性服务业所包含的六大行业具体的发展状况、行业影响力、竞争力水平等。

同时，本文选取北京市 2002 年、2005 年、2007 年投入产出表（42 个部门）以及 2010 年投入产出延长表进行分析，揭示北京市生产性服务业产业关联特性。鉴于本文研究的需要，将投入产出表合并为第一产业、第二产业、生产性服务业（包括上述 6 大产业，8 个产业部门）和其他服务业。其中，2002 年和 2005 年投入产出表中，将交通运输及仓储业和邮政业合并为交通运输、仓储和邮政业，将科学研究事业与综合技术服务业合并为科学研究、技术服务与地质勘查业；2007 年投入产出表和 2010 年投入产出延长表中，将交通运输及仓储业和邮政业合并为交通运输、仓储和邮政业，将研究与试验发展业和综合技术服务业合并为科学研究、技术服务与地质勘查业。②

二　北京市生产性服务业发展现状

生产性服务业作为从制造业内部分离、独立而发展起来的新兴服务业，本身就是实体经济的重要组成部分。作为实体经济主体的制造

---

① 资料来源：北京市统计局 2009 年 2 月发布的《北京市生产性服务业统计分类标准》，http：//www.bjstats.gov.cn/zwgk/zywj/200902/t20090203_ 135854.htm。

② 资料来源：《北京统计年鉴》（2005~2011），http：//www.bjstats.gov.cn/。

业是生产性服务业发展的基础，而制造业发展到一定水平之后，其竞争力的进一步提升更多地依靠生产性服务业的支撑。因此，生产性服务业的发育程度能反映一个国家、地区产业层次的高低。本部分通过分析北京市生产性服务业占 GDP 比重、增加值增长速度来衡量其总体发展状况；通过各细分行业增加值指标、就业值指标，生产性服务业内部结构偏离度以及比较劳动生产率四个指标进行内部结构分析；通过直接消耗系数、影响力系数、感应度系数来进行其产业关联度分析，以说明该产业对于北京市经济的影响程度。

1. 北京市生产性服务业总体发展状况分析

衡量产业发展总体状况的指标主要有两个：一个是静态指标即产业占 GDP 的比重，能够从整体上把握该产业结构的比重演变情况，反映其在整个经济中的地位；另一个是动态指标即产业增加值的增长速度。本部分通过动态跟踪北京市生产性服务业产业增加值的增长速度，反映生产性服务业发展状况。

表 2-1　2004~2010 年北京市第三产业和生产性服务业比重变动情况

单位：%

类别	2004 年	2005 年	2006 年	2007 年	2008 年	2009 年	2010 年	平均年增长率
第三产业占 GDP 比重	67.83	69.65	71.91	73.49	75.36	75.53	75.11	1.04
生产性服务业占 GDP 比重	37.48	40.21	42.00	44.94	48.18	46.70	47.50	1.43
生产性服务业占第三产业比重	55.25	57.72	58.40	61.15	63.94	61.84	63.25	1.14

如表 2-1 所示，2004~2010 年，北京市第三产业占 GDP 的比重总体呈现上升趋势，由 2004 年的 67.83% 增长到 2010 年的 75.11%，年均增长率为 1.04%；与第三产业相似，生产性服务业占 GDP 比重总体呈上升趋势，且增长幅度大于第三产业比重变化。另外，北京市生产性服务业占第三产业比重由 2004 年的 55.25% 增长到 2010 年的

63.25%，年均增长率为 1.14%，无论是占 GDP 比重还是占第三产业比重，2008~2009 年生产性服务业增长速度出现较为明显的下滑，主要原因是受金融危机和经济环境影响，对于生产性服务业的产业投资缺乏稳定性，使得其对该产业发展的带动作用不强，随着我国经济环境的进一步稳定，2009~2010 年，增速得到一定回升。

通过以上分析发现，生产性服务业占第三产业比重增长速度高于第三产业占 GDP 比重的增长幅度，说明近几年，北京市生产性服务业的发展有了质的提升，但是发展仍缺乏稳定性，如何继续实施服务业内部结构调整、实现服务业结构进一步升级、提升生产性服务业发展的稳定性，将是北京市产业结构化优化迫切需要解决的问题。

从产业增加值角度来看（如表 2-2），生产性服务业增速有较大的波动，其中，2007 年增速最快，为 29.79%；2008 年、2009 年，受金融危机和世界经济低迷影响，北京市生产性服务业发展相对往年增速有所下降，2009 年增速最慢为 5.99%；在国家和北京市"保增长、调结构、扩内需"一系列政策刺激作用下，2010 年北京市生产性服务业实现了增速的回升，达到 18.13%。

表 2-2　2003~2010 年北京市第三产业和生产性服务业产业增加值增长情况

类别	2004 年	2005 年	2006 年	2007 年	2008 年	2009 年	2010 年
地区生产总值(亿元)	6033.2	6969.5	8117.8	9846.8	11115.0	12153.0	14113.6
第三产业增加值(亿元)	4092.2	4854.3	5837.6	7236.1	8375.8	9179.2	10600.8
第三产业增加值增长速度(%)	19.101	18.623	20.256	23.957	15.75	8.752	15.487
生产性服务业增加值(亿元)	2261.0	2802.1	3409.4	4425.2	5355.3	5676.1	6705.0
生产性服务业增加值增长速度(%)	—	23.93	21.67	29.79	21.08	5.99	18.13

从上述趋势发现，北京市生产性服务业增速波动幅度较大，其内部增长缺乏持续稳定的推动力，造成的后果就是生产性服务业时快时

慢地增长,影响整个经济增长质量的惯性提供。尽管如此,就总体而言,相较服务业的增速,生产性服务业的增速要稍快些,服务业平均增速为 17.42%,而生产性服务业平均增速为 20.10%。

2. 北京市生产性服务业内部结构分析

本部分主要通过对产业各细分行业增加值指标、就业值指标、生产性服务业内部结构偏离度以及比较劳动生产率四个指标对北京市生产性服务业进行内部结构分析。

(1) 增加值指标分析

表 2 - 3　2004～2010 年北京市生产性服务业各行业产值

单位:亿元

年份＼类别	交通运输、仓储和邮政业	信息传输、计算机服务和软件业	批发与零售业	金融业	租赁和商务服务业	科学研究、技术服务与地质勘查业
2004	356.8	449.6	587.7	713.8	276.6	276.5
2005	403.3	586.6	704.3	840.2	360.7	347.4
2006	455.2	696.4	872.0	982.4	447.1	438.6
2007	497.5	870.5	1098.2	1302.6	623.6	566.2
2008	498.9	999.1	1426.7	1519.2	765.3	706.7
2009	556.6	1066.5	1525.0	1603.6	809.6	816.9
2010	712.0	1214.1	1888.5	1863.6	953.2	941.1

表 2 - 4　2004～2011 年北京市生产性服务业各行业占 GDP 比重变动情况

单位:%

年份＼类别	交通运输、仓储和邮政业	信息传输、计算机服务和软件业	批发与零售业	金融业	租赁和商务服务业	科学研究、技术服务与地质勘查业
2004	5.91	7.45	9.74	11.83	4.58	4.58
2005	5.79	8.42	10.11	12.06	5.18	4.98
2006	5.61	8.58	10.74	12.10	5.51	5.40
2007	5.05	8.84	11.15	13.23	6.33	5.75
2008	4.49	8.99	12.84	13.67	6.89	6.36
2009	4.58	8.78	12.55	13.20	6.66	6.73
2010	5.04	8.60	13.38	13.20	6.75	6.67
平均增长率	-0.16	0.15	0.44	0.07	0.30	0.25

　　研究表 2-3、表 2-4 发现，2010 年，六大生产性服务业的产值总量排名依次是批发与零售业，金融业，信息传输、计算机服务和软件业，租赁和商务服务业，科学研究、技术服务与地质勘查业，交通运输、仓储和邮政业的产值位居末位。而批发与零售业、金融业所占 GDP 的比重最大，2010 年合计达 26.58%，其中金融业占比多年来比较稳定，反映了首都良好的金融产业环境，快速健康的行业发展；另外，2010 年批发与零售业成为生产性服务业中比重最大的行业，也进一步显示了北京作为北方流通中心的作用和地位。六大行业中仅交通运输、仓储和邮政业的产值占 GDP 的比重呈负增长，由 2004 年的 5.91% 下降至 2010 年的 5.04%。其余 5 个行业增长速度最快的是批发与零售业，年均增长率为 0.44%，其次是租赁和商务服务业，科学研究、技术服务与地质勘查业位居第三，接着是信息传输、计算机服务和软件业，金融业增长幅度最小，年均增长率仅为 0.07%。

表 2-5　2004～2010 年北京市生产性服务业各行业增长速度

单位：%

年份 \ 类别	交通运输、仓储和邮政业	信息传输、计算机服务和软件业	批发与零售业	金融业	租赁和商务服务业	科学研究、技术服务与地质勘查业
2004	15.47	18.94	14.01	12.30	19.43	12.31
2005	11.53	30.47	19.84	17.70	30.41	25.64
2006	12.87	18.72	23.81	16.92	23.95	26.25
2007	9.29	25.0	25.94	32.59	39.48	29.09
2008	0.28	14.77	29.91	16.63	22.72	24.82
2009	11.57	6.74	6.89	5.56	5.79	15.59
2010	27.92	13.84	23.83	16.21	17.74	15.20
平均增长率	12.70	18.32	20.60	16.84	22.79	21.27

　　如表 2-5 所示，2004～2008 年，交通运输、仓储和邮政业增速呈下降趋势，而随着电子商务以及现代物流业的快速发展，流通服务业逐渐开始回暖，并呈现了强劲的增长势头，2010 年，该行业增长

速度最快，达到 27.92%；金融危机期间，以电子信息制造业为主的高技术制造业发展受阻，同时，国际金融危机对软件行业出口产生了一定冲击，因此，信息服务业受到了国际金融危机较大的影响，2007~2009年，该行业增长速度明显下降。金融业占比自2005年以来增长速度波动较为明显，与生产性服务业的变化趋势基本保持一致，这反映了目前北京市金融业在生产性服务业中的重要地位；潜力行业科学研究、技术服务和地质勘查业占比偏小，但是增速较快，平均增长速度仅次于租赁与商务服务业；随着北京市世界城市建设的推进、多中心城市格局的逐步形成以及商务服务业等配套设施的完善，租赁和商务服务业占比稳步提高，并持续保持了高增速。

（2）就业指标分析

随着产业结构的升级，劳动力将进一步从第一产业和第二产业中解放出来。自20世纪90年代以来，我国第一产业增加值平均每增长1%，就减少126万个劳动力；第二产业增加值平均每增长1%，可创造26万个就业岗位；而第三产业增加值平均每增长1%，能创造100万个就业岗位，生产性服务业逐渐成为我国吸纳劳动力就业的主渠道，对扩大就业的重要性进一步提高。综上所述，生产性服务业的发展不但能够推动我国产业结构升级，而且对解决就业问题也将发挥重要作用。

表 2-6　2004~2010 年北京市各行业就业人口占总就业人口比

单位：%

年份	2004	2005	2006	2007	2008	2009	2010
第三产业	65.54	66.59	68.94	69.34	72.43	73.78	74.40
生产性服务业	21.54	21.56	22.07	23.90	25.52	24.76	25.80
交通运输、仓储和邮政业	4.23	4.22	4.51	4.87	4.86	4.70	4.63
信息传输、计算机服务和软件业	2.11	2.21	2.32	3.10	3.41	3.45	3.83
批发与零售业	4.94	4.42	3.97	4.07	4.45	4.67	5.02
金融业	1.81	1.80	2.01	2.21	2.31	1.83	2.01
租赁和商务服务业	5.00	5.31	5.61	5.89	6.40	6.26	6.44
科学研究、技术服务与地质勘查业	3.46	3.60	3.65	3.77	4.09	3.84	3.87

如表 2 - 6 所示，2004～2010 年，北京市第三产业的就业人口占总就业人口的比重大幅度提高，由 2004 年的 65.54% 提高到 2010 年的 74.40%，平均每年提高 1.48 个百分点。相比第三产业，生产性服务业的就业人口占总就业人口的比重虽然有所提高，但是增长幅度较小，2010 年较 2004 年仅提高了 3.26 个百分点，年均增长率为 0.54%，较第三产业就业人口的年均增长率少 0.86%。

六大生产性服务业中，吸纳劳动力能力最强的是租赁和商务服务业，其次是批发与零售业，再次是交通运输、仓储和邮政业，科学研究、技术服务与地质勘查业位居第四，信息传输、计算机服务和软件业吸纳劳动力能力位居六大行业第五位，金融业吸纳劳动力数量最少。2004～2010 年，六大行业的就业人口数量都得到了进一步增加。其中，信息传输、计算机服务和软件业的就业人口增长最为快速，增加了 1.72%，这主要归功于近几年北京市该产业规模和结构的不断扩大及完善，以中关村为首的一批世界一流信息服务园区建设初见成效，产业集聚效应明显。另外，租赁和商务服务业提高了 1.44%，交通运输、仓储和邮政业为 0.4%，科学研究、技术服务与地质勘查业为 0.31%，金融业为 0.2%，批发和零售业为 0.08%。

综上所述，北京市生产性服务业吸纳劳动力的增长幅度远远落后于第三产业的增长幅度。其中租赁和商务服务业对劳动力的需求量最大，金融业对劳动力的需求量在六大行业中是最少的。2004～2010 年吸纳劳动力数量增加幅度最大的是信息传输、计算机服务和软件业，最少的是批发与零售业。

（3）生产性服务业内部结构偏离度分析

产业结构偏离度定义是某产业劳动力比重与该产业的比重之差，说明的是劳动力结构与产值结构之间的一种不对称状态。劳动力结构与产值结构越不对称，两者的偏离度越高，产业结构的效益就越低下。反之，偏离度越小，表明各产业发展较均衡，产业结构效益就高。一般而言，结构偏离度大于零为正偏离，即该产业的就业比重大于增加值比重，意味着该产业的劳动生产率较低，存在着劳动力转移出去的压力，负偏离则意味着产业的劳动生产率较高，该产业存在着劳动力迁入的压力，从理论上说产业结构偏离度等于零是最佳的状态。

表 2 - 7　2004 ~ 2010 年北京市生产性服务业产业结构偏离度

类别　　年份	2004	2005	2006	2007	2008	2009	2010
交通运输、仓储和邮政业	- 1.69	- 1.57	- 1.09	- 0.18	0.37	0.12	- 0.41
信息传输、计算机服务和软件业	- 5.34	- 6.21	- 6.26	- 5.74	- 5.58	- 5.32	- 4.77
批发与零售业	- 4.80	- 5.69	- 6.78	- 7.08	- 8.39	- 7.88	- 8.37
金融业	- 10.02	- 10.26	- 10.09	- 11.02	- 11.36	- 11.37	- 11.20
租赁和商务服务业	0.41	0.14	0.10	- 0.44	- 0.48	- 0.40	- 0.32
科学研究、技术服务与地质勘查业	- 1.13	- 1.38	- 1.75	- 1.99	- 2.27	- 2.88	- 2.79

如表 2 - 7 所示，2004 - 2006 年，仅租赁和商务服务业的产业结构偏离度为正，劳动生产率水平有待提高，随着就业人口向外转移，该行业的偏离度缩小；通过比较 2010 年与 2004 年的产业结构偏离度发现，交通运输、仓储和邮政业，信息传输、计算机服务和软件业，租赁和商务服务业的产业结构偏离度对称性水平提高，这三个行业的内部结构都得到了改善，结构效益较好。而批发与零售业，金融业，科学研究、技术服务与地质勘查业的结构效益有待进一步提高。

从局部角度分析 2010 年生产性服务业的产业结构偏离度发现，六大行业虽然产业结构偏离度均为负数，劳动力将向这六个行业转移，但是产业偏离度水平存在差异。这表明行业效益水平，以及各行业对劳动力的吸引力存在差异，其中行业效益对劳动力吸引力最大的是金融业，其次分别是批发与零售业，信息传输、计算机服务和软件业，科学研究、技术服务与地质勘查业，交通运输、仓储和邮政业，租赁和商务服务业。

综上所述，产业结构偏离度的分析表明，交通运输、仓储和邮政业，信息传输、计算机服务和软件业，租赁和商务服务业的行业内部结构较好。金融业的行业效益对劳动力吸引力最大，批发与零售业次之，租赁和商务服务业最小。

（4）比较劳动生产率分析

比较劳动生产率为某产业产值比重与该产业就业比重之比，是用来测度产业效益的另一个重要指标。一般而言，在产出规模一定的情况下，劳动生产率比值越高，表明该产业生产产品或服务的人数越少，人均产值就越高，这一产业的效益就越好。

表 2 – 8　2004 ～ 2010 年北京市生产性服务业比较劳动率

类别 ＼ 年份	2004	2005	2006	2007	2008	2009	2010
交通运输、仓储和邮政业	1.40	1.37	1.24	1.04	0.92	0.97	1.09
信息传输、计算机服务和软件业	3.53	3.81	3.69	2.85	2.64	2.54	2.24
批发与零售业	1.97	2.29	2.71	2.74	2.88	2.69	2.67
金融业	6.55	6.70	6.03	5.98	5.91	7.21	6.59
租赁和商务服务业	0.92	0.97	0.98	1.07	1.08	1.06	1.05
科学研究、技术服务与地质勘查业	1.33	1.38	1.48	1.53	1.56	1.75	1.72

根据表 2 – 8 可知，交通运输、仓储和邮政业，信息传输、计算机服务和软件业的比较劳动生产率呈降低的趋势；批发与零售业，金融业，租赁和商务服务业，科学研究、技术服务与地质勘查业则分别提高了 0.7%、0.04%、0.13% 和 0.39%。分析 2010 年数据发现，劳动生产率最高的是金融业，其次是批发零售业。2010 年，比较劳动生产率由高到低的排名依次是金融业，批发与零售业，信息传输、计算机服务和软件业，科学研究、技术服务与地质勘查业，交通运输、仓储和邮政业，租赁和商务服务业。

3. 北京市生产性服务业产业关联度分析

为了进一步探讨推动生产性服务业发展的内在动力，除了对北京市生产性服务业内部各产业进行横断面的效益剖析之外，还需要对各行业进行纵向的层次分析，即进行产业关联度分析。

生产性服务是指在其他商品和服务的生产中投入的中间服务，它能够满足制造业、商务活动等对服务的中间使用需求。产业关联性是生产性服务业最主要的特征之一。生产性服务业与制造业相互依赖，具有较高的关联性，制造业的结构变革给生产性服务业带来巨大的发展空间，生产性服务业的发展也促进了制造业效率和质量的提高。

产业关联是指国民经济各产业部门之间在投入与产出上的技术经济联系。在国民经济中，每一个产业既需要其他产业的产品作为要素供给，又要用自己的产品来满足其他产业的消费，产业间这种关联关系通常用直接消耗系数表示。由于国民经济各个产业部门之间存在着复杂、广泛和密切的技术经济联系，某一产业部门投入、产出等变量发生变化，除影响到与该部门有直接投入产出关系的产业部门外，还通过间接影响波及其他产业部门。通常，把一个产业影响其他产业的波及作用称为产业波及，产业波及程度通常用影响力和感应度及其系数表示。产业关联分析就是用定量的方法来研究各产业之间供给推动和需求拉动的相互影响，以确定带动国民经济发展的关键产业。

美国经济学家瓦西里·里昂惕夫（W. W. Leontief）于 20 世纪 30 年代首次提出投入产出法，借助投入产出表分析国民经济中各产业部门之间在生产、交换和分配上的相互依存和关联关系，从而为经济计划、预测及结构调整提供科学依据。本文运用直接消耗系数、影响力系数、感应度系数等投入产出分析工具，分析北京市生产性服务业内部各行业之间的关联关系。①

（1）生产性服务业的直接消耗系数

直接消耗系数又称投入系数，是指某产业生产一单位产品所直接消耗的其他产业（包括自身产业）产品的数量（生产单位 j 产品所直接消耗 i 产品的数量）。直接消耗系数反映该产业与其他产业之间存在的相互直接提供产品的依赖关系。其计算方法是依据投入产出表

---

① 邱东：《国民经济统计学》（第 2 版），高等教育出版社，2011。

数据，用各产业的总产品除以它所消耗的各种投入要素分量。其计算
公式为：

$$a_{ij} = x_{ij}/X_{ij}(i,j = 1,2,3\cdots,n)$$

其中，a_{ij}是直接消耗系数；x_{ij}表示第 j 产业或部门生产经营中直
接消耗的第 i 产业产品的数量或价值量；X_{ij}表示第 j 产业的总投入。

用矩阵形式表示为：

$$A = Q\hat{X}^{-1}$$

式中

$$A = \begin{pmatrix} a_{11} & \cdots & a_{1n} \\ \vdots & \ddots & \vdots \\ a_{m1} & \cdots & a_{mn} \end{pmatrix}, Q = \begin{pmatrix} x_{11} & \cdots & x_{1n} \\ \vdots & \ddots & \vdots \\ x_{m1} & \cdots & x_{mn} \end{pmatrix}$$

$$\hat{X}^{-1} = \begin{pmatrix} \dfrac{1}{X_1} & 0 & \cdots & 0 \\ 0 & \dfrac{1}{X_2} & \cdots & 0 \\ \vdots & \vdots & \vdots & \vdots \\ 0 & 0 & \cdots & \dfrac{1}{X_n} \end{pmatrix}$$

直接消耗系数反映了产业之间的相互依赖关系，它揭示了某产业
生产一单位产品时对各产业产品的直接消耗量。表 2 - 9 则为 2002 ~
2010 年北京市第二、第三产业对生产性服务业及其内部各行业的直
接消耗系数。

表 2 - 9　第二、第三产业对生产性服务业及其内部子行业的直接消耗系数

行业名称	第二产业				第三产业			
	2002 年	2005 年	2007 年	2010 年	2002 年	2005 年	2007 年	2010 年
生产性服务业	0.1531	0.1826	0.1183	0.2059	0.2210	0.2376	0.2161	0.4336
交通运输、仓储和邮政业	0.0241	0.0337	0.0267	0.0496	0.0348	0.0542	0.0481	0.1194
信息传输、计算机服务和软件业	0.0125	0.0194	0.0016	0.0010	0.0363	0.0617	0.0326	0.0227

行业名称	第二产业				第三产业			
	2002 年	2005 年	2007 年	2010 年	2002 年	2005 年	2007 年	2010 年
批发与零售业	0.0090	0.0234	0.0582	0.1071	0.0031	0.0101	0.0242	0.0668
金融业	0.0207	0.0173	0.0064	0.0097	0.0797	0.0468	0.0240	0.0419
租赁和商务服务业	0.0427	0.0327	0.0118	0.0168	0.0448	0.0399	0.0549	0.1258
科学研究、技术服务与地质勘查业	0.0440	0.0561	0.0137	0.0217	0.0222	0.0248	0.0323	0.0569

从表2-9中我们可以看到，北京市第二产业对生产性服务业的直接消耗系数先下降后增长，这意味着2002~2007年生产性服务业对于第二产业的影响逐渐下降，并在最近几年获得了较大的提升，表明随着第二产业向信息化、专业化方向发展，其对生产性服务业的引致需求将越来越强烈，生产性服务业对推动第二产业乃至经济的发展影响力越来越大。

第三产业对生产性服务业的直接消耗系数趋势同样如此，但是增长幅度较第二产业增长幅度更为明显，从数值来看，生产性服务业对第三产业影响较大，未来随着知识技术密集型服务业的进一步发展，第三产业信息化、国际化进程加快，都将引起第三产业对生产性服务产品的直接消耗量的上升，带动第三产业对生产性服务产品直接消耗系数的提高。

从生产性服务业的内部看，第二产业对信息传输、计算机服务和软件业、金融业以及科学研究、技术服务与地质勘查业的直接消耗系数总体来说逐渐下降，侧面反映出目前北京市第二产业对依靠信息技术提高效率的重视程度不够，金融业对第二产业发展的支撑力度不够；另外，第二产业的某些部门在科技创新、新产品和新技术研发方面存在不足。

相比第二产业对于生产性服务业的直接消耗系数，第三产业对于生产性服务业的直接消耗系数总体呈上升趋势，说明生产性服务业的发展将有力地带动北京市第三产业的发展。但是其中，第三产业对于信息传输、计算机服务和软件业的直接消耗系数大幅度下降，同样说明，目前北京市服务业对于信息服务业的投入不足，需要进一步加强。

（2）生产性服务业的影响力系数

产业影响力反映了某一产业的最终产品变动对整个国民经济总产出变动的影响能力。所谓影响力系数是反映国民经济某一部门增加一个单位生产品最终使用时，对国民经济各部门所产生的生产需求波动程度，也称为拉力系数。影响力系数为某产业的影响力与国民经济各行业影响力的平均水平之比，反映了某一产业对国民经济发展影响程度大小的相对水平。公式如下：

$$T_j = \frac{\frac{1}{n}\sum_{i=1}^{n}B_{ij}}{\frac{1}{n^2}\sum_{i=1}^{n}\sum_{j=1}^{n}B_{ij}}(i,j = 1,2,\cdots,n)$$

其中，T_j 为影响力系数；B_{ij} 为完全消耗系数，表示生产单位 j 生产品所直接和间接消耗 i 产品数量之和。

另外，完全消耗系数可以通过直接消耗系数矩阵运算得到，把 A 设为上节所求得的直接消耗系数矩阵，则完全消耗系数矩阵的计算公式为 $B = (I-A)^{-1}-I$，其中，I 为单位矩阵。

影响力系数反映了某一产业对国民经济发展影响程度大小的相对水平，影响力系数大于 1 或小于 1，说明该产业的影响力在所有产业部门的平均水平之上或之下。一个产业的影响力系数越高，它对整个经济增长的推动作用就越大，这些产业就是国民经济的主导产业。表 2 - 10 计算了北京市生产性服务业内部各产业部门的影响力系数。

从表 2 - 10 数据可以看出，北京市第三产业和生产性服务业的影响力系数小于 1，说明服务业对首都经济的影响力仍在所有产业部门

表 2 - 10　第三产业和生产性服务业及其内部各行业部门的影响力系数

年份	2002	2005	2007	2010
第三产业	0.8510	0.8811	0.8625	0.9034
生产性服务业	0.8610	0.9162	0.9139	0.8576
其他服务业	0.9230	0.8952	0.8585	1.0418
交通运输、仓储和邮政业	0.9531	0.9958	0.9239	0.8904
信息传输、计算机服务和软件业	0.9109	1.0419	1.0260	0.7579
批发与零售业	0.7488	0.8163	0.7193	0.5993
金融业	0.7999	0.5823	0.5984	0.5849
租赁和商务服务业	0.7883	1.0602	0.9515	0.8211
科学研究、技术服务与地质勘查业	0.9135	1.0971	1.0742	0.8554

平均水平之下。数据显示，2007 年北京市 42 个部门的影响力系数位居前十的部门仍以制造业为主，其中，通信设备、计算机及其他电子设备制造业（1.379364）、煤炭开采和洗选业（1.280469）、交通运输设备制造业（1.257141）、金属制品业（1.250494）、工艺品及其他制造业（1.230006）位列前五位。同时也说明了北京经济发展仍处于向"服务经济"为主导的转型阶段。从 2002~2007 年的数据来看，生产性服务业对于首都经济发展的推动能力大于服务业的平均水平，其中，信息传输、计算机服务和软件业和科学研究、技术服务与地质勘查业的影响力系数大于 1，高于全市平均水平，但是 2010 年，第三产业影响力系数超过了生产性服务业，主要原因是生产性服务业内部大部分产业的产业影响力下降，以及其他服务业的突破性发展。

（3）生产性服务业的感应度系数

产业感应度反映了国民经济体系中各产业的变动使某一产业受到的感应能力，即该产业受到国民经济发展的拉动能力。所谓感应度系数是反映国民经济各部门均增加一个单位产出品最终使用时，某一部门由此受到的需求感应程度。由于感应度系数是从生产部门出发，反映提供中间产品部门受各部门供给变动影响的状况，所以又称前向关联系数，即反映各部门对该部门引致相对需求乘数的大小。产业感应度系数越大，关联产业对本产业的需求也越大，对经济发展起着较大的制约作用，它等于某产业的感应度与国民经济各行业感应度的平均水平之比。公式如下：

$$S_j = \frac{\frac{1}{n}\sum\limits_{j=1}^{n}B_{ij}}{\frac{1}{n^2}\sum\limits_{i=1}^{n}\sum\limits_{j=1}^{n}B_{ij}}(i,j=1,2,\cdots,n)$$

其中，S_j 为感应度系数；B_{ij} 含义如上。

感应度系数计算结果大于或小于1，说明该产业的感应能力在全部产业中居于平均水平之上或之下。一个产业的感应度系数越高，国民经济发展对该产业的拉动作用越大，因而也意味着该产业在国民经济发展中不可或缺，具有基础产业和瓶颈产业的产业属性，所以应得到优先发展。表2-11即我们计算的北京市生产性服务业内部各产业部门的感应度系数。

表2-11 第三产业和生产性服务业及其内部各行业部门的感应度系数

年份	2002	2005	2007	2010
第三产业	0.9684	1.0076	0.8321	1.1519
生产性服务业	1.0526	1.1052	0.9140	1.3120
其他服务业	0.5666	0.5082	0.4747	0.4748
交通运输、仓储和邮政业	1.5870	2.0663	2.3108	4.4278
信息传输、计算机服务和软件业	1.1505	1.6336	0.6075	0.4591
批发与零售业	0.6043	0.9641	1.8352	3.0474
金融业	2.1322	1.4985	0.8701	1.0381
租赁和商务服务业	1.7582	1.5095	1.2769	1.9628
科学研究、技术服务与地质勘查业	1.5077	1.8298	0.9283	1.9073

从表2-11我们可以看到，生产性服务业感应度系数大于1，说明在经济各产业均得到发展的情况下，生产性服务业受到的拉动程度高于全部产业的平均水平。生产性服务业内部各主要子行业感应度系数也大于1，它们受到的拉动程度要高于全部产业的平均水平，其中

只有信息传输、计算机服务和软件业感应度系数小于1，说明该产业受北京经济发展的拉动作用比较低，经济发展对该服务业的中间需求和最终需求不旺，该行业发展与社会发展要求相比仍有较大差距。

从趋势性上来看，第三产业感应度系数存在一定的波动，总体变化不大，而生产性服务业感应度系数总体呈上升趋势，除生产性服务业之外的其他服务业感应度系数大幅下降，说明经济发展较好地拉动了生产性服务业发展，而对非生产性服务业的拉动作用受到削弱。生产性服务业内部，信息传输、计算机服务和软件业和金融业都有不同程度的下降，说明经济发展对这两个行业的需求通道不畅。

综合看生产性服务业的影响力系数和感应度系数，近几年，生产性服务业的影响力系数明显小于感应度系数，说明生产性服务业受到经济发展的拉动作用低于对经济发展的推动作用，因此，北京市生产性服务业应采取"主动"的发展策略，通过主动增加生产性服务业的供给来推动首都经济的发展。

三　北京市生产性服务业重点发展战略新兴业态

根据我们对设计服务业的分类标准，除建筑装饰业（属于第二产业中的建筑业）外，其余行业均属于生产性服务业分类中的租赁和商务服务业（71、72大类）、信息传输、计算机服务和软件业（63~65大类）以及科学研究、技术服务与地质勘查业（73~75大类）。通过上文分析，三大服务业产值总量较高，产值占GDP比重增速较快；科学研究、技术服务和地质勘查业行业增速较快，租赁和商务服务业增速稳定，而信息传输、计算机服务和软件业增速明显下降；租赁和商务服务业吸纳劳动力能力最强，信息传输、计算机服务和软件业就业人口增长最为快速；信息传输、计算机服务和软件业、租赁和商务服务业产业内部结构都得到了改善，结构效益较好；租赁和商务服务业劳动生产率最低；信息传输、计算机服务和软件业和科学研究、技术服务与地质勘查业的影响力系数大于1，高于全市平均水平。由此我们看出，作为知识密集型服务业，设计服务业对于国民经济起着强大的支撑作用，设计服务业也已成为生产性服务业中重点培育的对象。

近年来，我国的工业设计、建筑设计、广告设计、城市规划设计、服饰设计、平面设计等设计服务业行业发展高于其他生产性服务业的发展，在亚洲地区具有一定的竞争优势。

1. 工业设计

工业设计是以工学、美学、经济学为基础对工业产品进行设计。工业设计分为产品设计、环境设计、传播设计、设计管理四类。从传统体制出发，我国区域性中心城市的工业设计服务产业比较发达，以北京为例，北京工业设计人才资源丰富，各种设计类专业的院校集中，目前，北京工业设计业的产业规模和技术服务水平均居国内领先地位，有各类独立工业设计公司几百家，主要集中在石油石化、铁路和轨道、通信设备、航空航天等高新技术产业领域，特别是通信产品设计服务领域已经产生具有很高专业技术并能提供系统解决方案的专业设计公司，在西亚、非洲等国家和地区开展了多项国际项目。国内规模以上企业集团建立的设计中心或设计总部也是北京工业设计产业的主要力量，如联想、中航工业、中国机械、北京汽车以及在互联网、装备制造、新材料等现代制造业领域的相关产品设计等。逐步形成了工业设计创意产业基地、集成电路设计园两大工业设计产业聚集区。

2. 建筑设计

建筑产业是近年来经济发展的支柱性产业，在大型的公建项目和商业项目中，建筑设计主体多元化趋势在境外建筑机构和建筑师的带动下影响非常明显，从产业实体来看，既拥有中国建筑设计研究院等一批国内顶尖的国有设计机构，以及一大批适应市场生存的机制灵活的民营建筑设计机构，也吸引了日本、加拿大、英国、美国等西方国家的著名建筑设计公司和设计事务所的进入。此外，中国的建筑设计市场涉及领域广泛，业务范围涵盖城乡规划、投资咨询、市场策划、大型公共建筑设计、民用建筑设计、室内装饰设计、园林景观设计、工程概预算编制、建筑智能化系统工程勘察设计、工程总承包、工程监理等多个领域。

建筑设计的未来发展重点是公共建筑设计、民用建筑设计、室内装饰设计、园林景观设计等行业，在新的生态文明和节能减排的战略条件下，绿色建筑是我国建筑设计发展的重要方向。

3. 工程勘察设计

工程勘察设计行业在引领城市建设、服务社会经济方面做出了巨大贡献。工程勘察设计属于第三产业的"技术服务"类，为市政、建筑、交通、冶金、能源等行业工程建设提供全过程技术和管理服务。近几年，北京市勘察设计行业在全国范围内积极开展相关服务，在世博场馆、高速铁路、载人航天等国家的重点工程中发挥了不可替代的作用，对促进国民经济发展和综合国力的增强发挥了积极有效的功能。从行业规模来看，北京市工程勘察设计全行业及外地分支机构营业收入总额达到2469亿元，成为行业的总部基地，在整个建筑设计服务行业中占据核心地位。同时，北京市工程勘察设计企业在行业制度创新、技术能力创新、行业文化创新和企业自身管理水平创新等方面也取得了显著的突破，走在全国同行前列，成为全国工程勘察设计同行业发展的风向标。

4. 研发设计

研发设计服务业利用自然、工程、管理及社会科学等专业知识或技术，提供产业技术创新所需的研究开发和设计服务的产业，是知识密集型和创新密集型的现代服务业新兴业态。其服务内容主要包括以下两类。①研究开发服务：以知识或技术提供技术开发、产品开发、实验、检测等相关服务。②设计服务：提供各类工程、建筑设计、产品设计和文化创意。

研发设计服务企业一般来说依赖制造业而生存，故而从研发服务业的构成看，自然科学及工程类研发服务业占据主体地位，这主要是由于制造型企业中工程类占大多数。1997～2002 年，美国物理、工程、生命领域研发服务业产业增加值占行业总增加值的 98.3%；2006 年，日本自然科学研发服务业产值占行业总产值的 92.67%。

　　研发设计服务业符合北京资源特点，对于推进北京产业结构升级，辐射带动全国技术创新具有重要作用。发展研发设计服务，需要引导科技资源密集区域，将研发设计作为战略性新兴产业重点领域，积极鼓励研发服务外包、合同研发组织等研发服务新业态的发展，培育集聚一批社会化投资、专业化服务的第三方研发机构，形成研发服务集群。面向区域特色产业集群需求，整合建设一批专业公共研发服务平台，为中小企业提供仪器、数据、文献共享和专业技术服务。鼓励成立研发服务联盟，开展技术和服务模式创新，制订行业技术标准。积极培育第三方工业设计机构，将工业设计服务支持范围扩展到产品生命周期全过程。建立重点行业产品设计通用数据库、试验平台及设计服务平台，促进设计资源的共享利用。建立专业化设计服务标准和管理体系，促进各类专业性设计机构的集聚发展。推进检测服务市场化进程，积极支持第三方检测服务机构发展，培育一批综合性检测服务机构。规范检测服务，研究制定技术检测服务行业标准。吸引国外检测机构在我国开展业务，加强品牌建设。

参考文献

　　邱东：《国民经济统计学》（第 2 版），高等教育出版社，2011。

　　景体华主编《首都经济发展报告 2006～2007》，社会科学文献出版社，2007。

　　江帆：《中国第三产业发展研究》，人民出版社，2005。

　　谢文蕙、邓卫：《城市经济学》（第 2 版），清华大学出版社，2008。

　　王受之：《世界现代设计史》，中国青年出版社，2002。

　　陈丽娜、马瑞、朱元甲：《北京市生产性服务业内部结构研究》，《中国市场》2011 年第 12 期。

王晓红:《全球设计离岸外包的主要特征及趋势分析》,《国际贸易》2007
年第 11 期。

王晓红:《印度承接国际设计外包的发展与启示（上）》,《中国高新区》
2008 年第 9 期。

Loewy, Raymond, Industrial Design-Raymond Loewy, 1984.

Shelp R. K. , Ascendaney of the Global Service Eeonomy, New York Praeger
Publishers, 1981.

钟韵、闫小培:《西方地理学界关于生产性服务业作用研究述评》,《人文地
理》2005 年第 3 期。

王亚菲:《北京市生态足迹的变动与预测分析》,《城市发展研究》2010 年
第 11 期。

邱秀琴:《基于投入产出表的北京市产业关联度分析》,《合作经济与科技》
2011 年第 18 期。

何喜军:《基于投入产出系数的北京产业依存关系演化及制造业对经济的拉
动研究》,《工业技术经济》2010 年第 3 期。

第三章　设计服务业发展现状与趋势

第一节　创意设计产业发展趋势

一　创意产业的概念

创意产业较早出现在 1998 年出台的《英国创意产业路径文件》报告，该文件明确提出，"所谓创意产业，就是指那些从个人的创造力、技能和天分中获取发展动力的企业，以及那些通过对知识产权的开发可创造潜在财富和就业机会的活动"。依据该定义，创意产业具有四大核心本质，即重点强调个人的创造力、受知识产权保护、具有文化内涵以及对财富的巨大创造能力。文化创意产业（Cultural and Creative Industries），是一种在经济全球化背景下产生的以创造力为核心的新兴产业，强调一种主体文化或文化因素依靠个人（团队）通过技术、创意和产业化的方式开发、营销知识产权的行业。文化创意产业主要包括广播影视、动漫、音像、传媒、视觉艺术、表演艺术、工艺与设计、雕塑、环境艺术、广告装潢、服装设计、软件和计算机服务等方面的创意群体。①

创意产业，是信息时代知识经济的产物，是在全球产业结构调整和升级的背景下发展起来的新型经济形态，已成为衡量一个国家或地

---

① DCMS (2001)，*Creative Industries Mapping Document* 2001 (2ed.)，London，UK：Department of Culture，Media and Sport，retrieved 2007 – 05 – 26.

区产业结构、经济活力、城市功能和消费水平的重要标志之一，也是当今发达国家和地区产业发展的一个重要趋势。创意产业是人的智力、思想、技术、创造力在产品中的体现，许多创意工作已经形成了一种产业业态的形式。创意产业的高附加值和高渗透性使得创意产品呈现智能化、个性化和艺术化等多方面的特征。

从国际上创意产业的发展来看，英国、美国、日本、澳大利亚、韩国、丹麦、荷兰、新加坡等国都是创意产业的典范国家，它们都有自己的发展特色，并产生了巨大的经济效益。

创意产业在国外发展了十余年，但在我国近几年才得到认识和重视。我国创意产业起步较晚，目前在国民经济中的比例还比较低，但因其对推动区域产业结构调整和增长方式转变的巨大作用，越来越为政府部门和经济学者所关注。从当代世界文化与经济的发展来看，作为知识高度密集、高附加值、高整合性的产业形态，创意产业对于当前以及未来中国的全面、协调与可持续发展必将具有越来越重要的作用。

二　创意产业与设计产业分类关系

按照创意产业的基本概念，设计产业包括在创意产业中。从这两个行业的主要构成看，二者交集的部分很大。但同时也存在一定的差异。通过论述文化创意产业的构成及分类，认识文化产业与文化创意产业的差异，有助于明确设计产业的行业构成。

文化创意产业的发展源于创意产业理念的提出。英国是最早提出创意产业理念并率先进行经济实践的国家。此后，许多国家和地区都以英国文化创意产业划分标准为依据，制定各自的产业发展框架。但是，各国国情、文化环境、发展保护角度不同，具体的产业划分的范围也不同。1997 年，英国政府率先提出了创意产业的概念，将其定义为"源自个人创意、技巧及才华，通过知识产权的开发和运用，具有创造财富和就业潜力的行业"。行业活动包括广告、建筑、艺术和文物交易、工艺品、设计、时装设计、电影、互动休闲软件、音乐、表演艺术、出版、软件、电视广播13个方面的内容。① 各主要国家关于创意产业的行业分类如下表。

表3-1 使用"创意产业"概念的国家和地区的行业范围与分类②

名称	国家（地区）	范围与分类
创意产业	新西兰	广告、建筑、艺术及古董市场、工艺品、设计、时装设计、电影与录像、互动休闲软件、音乐、表演艺术、出版、摄影、软件及电脑服务、电视与电台
	日本	广告,建筑与工程服务,古董市场,漆器,设计,电影与录像,音像视听产品销售与出租,音乐与表演艺术,出版,计算机软件,电视与电台,艺术家、学术研究及文化机构
	新加坡	艺术和文化(表演艺术、视觉艺术、文学艺术、摄影、手工艺品、图书馆、博物馆、画廊、档案馆、拍卖、舞台监督、遗址、艺术表演场所、节庆文艺活动支持企业);设计(广告设计、建筑设计、网页和软件设计、图形设计、工业产品设计、时尚设计、通信设计、内部设计和环境设计);媒体[广播(包含无线电、电视和有线播放)、数字媒体(包括软件、计算机服务)、电影和视频录像、已录制的音乐及出版物]

由表3-1可以看出，各国的创意产业在主要行业的构成上具有很大的一致性，这些行业活动的性质基本是一致的，主要包括文化艺术、设计、广播电视传媒服务、艺术品拍卖、计算机服务和软件服务等。

在我国，提出将文化创意产业作为产业发展增长点的主要有北京、上海、深圳、杭州等较为发达的城市，国家并未就创意产业研究制定相应的行业分类标准，在此情况下，几个城市在创意产业的划分上做了许多探讨，借鉴国际上一些国家的划分类别，结合本地的实际提出了各自的创意产业行业范围，尽管各有差别，但总体上反映出与国际各国创意产业划分的行业相近的行业构成。

---

① 引自北京市统计局、国家统计局北京调查总队《北京市文化创意产业分类标准研究》课题报告2006年12月。

② 引自《北京市文化创意产业分类标准研究》课题报告。

表 3 – 2 我国主要城市和地区创意产业分类

地区	分类
北京	文化艺术,新闻出版,广播、电视、电影,软件、网络及计算机服务,广告会展,艺术品交易,设计服务,旅游、休闲娱乐,其他辅助服务
上海	研发设计,建筑设计,文化传媒,咨询策划,时尚消费
香港	珠宝首饰及制造业,建筑测量及工程策划服务,印刷出版及相关行业,行业941(包括电视台、电台记录制室、舞台制作及表演和康乐服务),广告及相关服务,设计业,电影及其他娱乐服务业,信息科技相关服务,摄影服务,电玩中心等
台湾省	出版,电影与录像,工艺品,古董和收藏业,广播,电视,表演艺术,社会公益文化设施,广告,设计,建筑,软件及数码游戏,创意生活产业等

  2006 年,北京市统计局、国家统计局北京调查总队制发了《北京市文化创意产业分类标准》。在这个标准中,明确文化创意产业的概念是:以创作、创造、创新为根本手段,以文化内容和创意成果为核心价值,以知识产权实现或消费为交易特征,为社会公众提供文化体验的,具有内在联系的行业集群。这个标准的分类原则除了依据北京市政府关于发展文化创意产业的政策要求外,主要是以《国民经济行业分类》(GB/T 4754 – 2002)为基础,根据文化创意活动的特点,将国民经济行业分类各相关类别重新组合,同时,在行业分类标准制定中,借鉴国内外已有创意产业(包括版权产业)研究的成果,在实际确定的行业构成中包含了国内外文化创意产业及相关产业的主要行业,如广告、设计、出版、电影、电视、音乐、软件等行业都包括在文化创意产业范围,成为文化创意产业的主体和核心。这个标准参考英国、美国、加拿大等国的产业分类标准,考虑国际产业分类标准(ISIC)与我国现行的《国民经济行业分类 GB/T4754 – 2002》的衔接,从而保证《北京市文化创意产业分类标准》在国际上的可比性和实际运用中的操作性。

  《北京市文化创意产业分类标准》将《国民经济行业分类 GB/T4754 – 2002》中的 82 个行业小类和 6 个行业中类确定为北京市文化创意产业统计范围。具体分为 9 个类别:①文化艺术;②新闻出版;

③广播、电视、电影；④软件、网络及计算机服务；⑤广告会展；⑥艺术品交易；⑦设计服务；⑧旅游、休闲娱乐；⑨其他辅助服务。从分类方法上，该标准将文化创意产业划分为三层。第一层根据部门管理需要和文化创意活动的特点划分为上述 9 个类别。第二层是按照产业链和上下层分类的关系分出 27 个中类。第三层主要是文化创意产业具体的 88 个行业小类。①

具体行业详见北京市文化创意产业分类表（表 3 - 3）。

表 3 - 3　北京市文化创意产业分类

类　别　名　称	国民经济行业代码
一、文化艺术	
1. 文艺创作、表演及演出场所	
文艺创作与表演	9010
——文艺创作服务	
——文艺表演服务	
——其他文艺服务	
艺术表演场馆	9020
2. 文化保护和文化设施服务	
文物及文化保护	9040
——文物保护服务	
——民族民俗文化遗产保护服务	
博物馆	9050
烈士陵园、纪念馆	9060
图书馆	9031
档案馆	9032
3. 群众文化服务	
群众文化服务	9070
——群众文化场馆	
——其他群众文化活动	
其他文化艺术	9090

---

① 资料来源：《北京市统计局、国家统计局北京调查总队关于印发《北京市文化创意产业分类标准》的通知，2006。

类　别　名　称	国民经济行业代码
4. 文化研究与文化社团服务	
社会人文科学研究与试验发展	7550
专业性团体 *	9621
——文化社会团体	
5. 文化艺术代理服务	
文化艺术经纪代理	9080
二、新闻出版	
1. 新闻服务	
新闻业	8810
2. 书、报、刊出版发行	
（1）书、报、刊出版	
图书出版	8821
报纸出版	8822
期刊出版	8823
其他出版	8829
（2）书、报、刊制作	
书、报、刊印刷	2311
包装装潢及其他印刷 *	2319
（3）书、报、刊发行	
图书批发	6343
图书零售	6543
报刊批发	6344
报刊零售	6544
3. 音像及电子出版物出版发行	
（1）音像制品出版和制作	
音像制品出版	8824
音像制作	8940
（2）电子出版物出版和制作	
电子出版物出版	8825
——电子出版物出版	
——电子出版物制作	
（3）音像及电子出版物复制	
记录媒介的复制 *	2330
——音像制品复制	

续表

类 别 名 称	国民经济行业代码
——电子出版物复制	
（4）音像及电子出版物发行	
音像制品及电子出版物批发	6345
音像制品及电子出版物零售	6545
4. 图书及音像制品出租	
图书及音像制品出租	7321
三、广播、电视、电影	
1. 广播、电视服务	
广播	8910
——广播电台	
——其他广播服务	
电视	8920
——电视台	
——其他电视服务	
2. 广播、电视传输	
有线广播电视传输服务	6031
——有线广播、电视传输网络服务	
——有线广播、电视接收	
无线广播电视传输服务	6032
——无线广播、电视发射台、转播台	
——无线广播、电视接收	
卫星传输服务 *	6040
3. 电影服务	
电影制作与发行	8931
——电影制片厂服务	
——电影制作	
——电影院线发行	
——其他电影发行	
电影放映	8932
——电影院、影剧院	
——其他电影放映	
四、软件、网络及计算机服务	
1. 软件服务	
基础软件服务	6211

续表

类　别　名　称	国民经济行业代码
应用软件服务	6212
其他软件服务	6290
2. 网络服务	
其他电信服务	6019
互联网信息服务	6020
——互联网新闻服务	
——互联网出版服务	
——互联网电子公告服务	
——其他互联网信息服务	
3. 计算机服务	
计算机系统服务	6110
其他计算机服务 *	6190
五、广告会展	
1. 广告服务	
广告业	7440
2. 会展服务	
会议及展览服务	7491
六、艺术品交易	
1. 艺术品拍卖服务	
贸易经纪与代理 *	6380
——艺术品、收藏品拍卖服务	
2. 工艺品销售	
首饰、工艺品及收藏品批发	6346
工艺美术品及收藏品零售	6547
七、设计服务	
1. 建筑设计	
工程勘察设计产业 *	7672
2. 城市规划	
规划管理	7673
3. 其他设计	
其他专业技术服务	7690
八、旅游、休闲娱乐	
1. 旅游服务	
旅行社	7480

续表

类 别 名 称	国民经济行业代码
风景名胜区管理	8131
公园管理	8132
其他游览景区管理	8139
城市绿化管理	8120
野生动植物保护*	8012
——动物观赏服务	
——植物观赏服务	
2. 休闲娱乐服务	
摄影扩印服务	8280
室内娱乐活动	9210
游乐园	9220
休闲健身娱乐活动	9230
其他娱乐活动	9290
九、其他辅助服务	
1. 文化用品、设备及相关文化产品的生产	
（1）文化用品生产	
文化用品制造	241
乐器制造	243
玩具制造	2440
游艺器材及娱乐用品制造	245
机制纸及纸板制造*	2221
手工纸制造*	2222
信息化学品制造*	2665
照相机及器材制造	4153
（2）文化设备生产	
印刷专用设备制造	3642
广播电视设备制造	403
电影机械制造	4151
家用视听设备制造	407
复印和胶印设备制造	4154
其他文化、办公用机械制造*	4159
（3）相关文化产品生产	
工艺美术品制造	421

续表

类 别 名 称	国民经济行业代码
2. 文化用品、设备及相关文化产品的销售	
（1）文化用品销售	
文具用品批发	6341
文具用品零售	6541
其他文化用品批发	6349
其他文化用品零售	6549
（2）文化设备销售	
通信及广播电视设备批发 *	6376
照相器材零售	6548
家用电器批发 *	6374
家用电器零售 *	6571
3. 文化商务服务	
知识产权服务	7450
其他未列明的商务服务 *	7499
——模特服务	
——演员、艺术家经纪代理服务	
——文化活动组织、策划服务	

注：① "＊" 表示该行业类别仅有部分活动属于文化创意产业。
②类别前加横线 "——" 表示行业小类的延伸层。

　　北京市文化创意产业分类标准是中国内地发布的第一个关于文化创意产业的分类标准。从知识经济及知识产业划分所关心的产业构成看，《北京市文化创意产业分类标准》同前面论述的信息产业、文化产业、高新技术产业一样，总体上体现知识经济发展的要求，体现知识成为核心的经济要素、知识的生产和创意的激发成为经济增长的动力来源的特点。

　　《北京市文化创意产业分类标准》在研究评价这项标准时从五个方面概括描述该标准所反映的知识经济的特征：①从创造者、策划者、设计者的角度出发，强调个人创造力在开发和运用知识过程中的价值；②从产品自身的文化内容出发，反映知识经济浪潮中以网络高新技术、互联网与数字化为基础产生的数字类产品的文化价值；③从知识内容、市场权益出发做出的分类理念，它高度关注知识产权的归属，如版权产业就是与美国这个版权大国的国家利益有着密切的关联；④关注文化产品的传播方式，突出各类中介组织的活动和广告等传播手段的作用，体现了注意力经济、眼球产业的特点。⑤关注文化产品和服务的消费者、体验者，强调产业满足人们精神性、文化性、娱乐性、心理性需求的特质，突出文化消费、文化体验的社会及经济价值，具有体验产业与休闲产业的特点。① 本文认为，这几点特征也是本文关注文化创意产业的主要考虑。但是在肯定这个概念的同时，从具体的产业构成上就知识产业而言依然存在行业取舍的问题。

从《北京市文化创意产业分类标准》的具体划分看，文化创意产业分类标准与文化产业分类标准的关系有必要加以说明。文化产业的行业划分为 9 个大类、24 个中类、80 个小类，文化创意产业划分为 9 个大类，27 个中类和 88 个小类，这表明文化创意产业的行业范围比文化产业更宽（差异详见表 3-4）。

表 3-4　文化创意产业与文化产业分类对比

文化创意产业	文化产业
一、文化艺术	一、新闻服务
1. 文艺创作表演及场所	1. 新闻服务
2. 文化保护和文化设施服务	
3. 群众文化服务	
4. 文化研究与文化社团服务	
5. 文化艺术代理服务	
二、新闻出版	二、出版发行和版权服务
1. 新闻服务	1. 书、报、刊出版发行
2. 书报刊出版发行	2. 音像及电子出版物出版发行
3. 音像及电子出版物出版发行	3. 版权服务

---

① 引自《北京市文化创意产业分类标准》课题研究报告。

续表

文化创意产业	文化产业
4. 图书及音像制品出租	
三、广播电视电影	三、广播、电视、电影服务
1. 广播电视服务	1. 广播、电视服务
2. 广播电视传输	2. 广播、电视传输
3. 电影服务	3. 电影服务
四、软件网络及计算机服务	四、文化艺术服务
1. 软件服务	1. 文艺创作、表演及演出场所
2. 网络服务	2. 文化保护和文化设施服务
3. 计算机服务	3. 群众文化服务
	4. 文化研究与文化社团服务
	5. 其他文化艺术服务
五、广告会展	五、网络文化服务
1. 广告服务	1. 互联网信息服务
2. 会展服务	
六、艺术品交易	六、文化休闲娱乐服务
1. 艺术品拍卖服务	1. 旅游文化服务
2. 工艺品销售	2. 娱乐文化服务
七、设计服务	七、其他文化服务
1. 建筑设计	1. 文化艺术商务代理服务
2. 城市规划	2. 文化产品出租与拍卖服务
3. 其他设计	3. 广告和会展文化服务
八、其他辅助服务	八、文化用品、设备及相关文化产品的生产
1. 文化用品设备及相关文化品生产	1. 文化用品生产
2. 文化用品设备及相关文化品销售	2. 文化设备生产
3. 文化商务服务	3. 相关文化产品生产
九、旅游休闲服务	九、文化用品、设备及相关文化产品的销售
1. 旅游服务	
2. 休闲娱乐服务	

　　从表3-4可以看出，一是创意设计产业在反映技术对需求的带动作用方面对行业覆盖更广；二是文化创意产业包含设计服务的类别，其中包括建筑设计、城市规划等内容。在设计服务类别中更能反映产业经济所强调的智力、创意活动、产业属性的特点。

三 创意设计产业与设计服务业

在《北京市文化创意产业分类标准》规定的文化创意产业分类中，"设计服务"为其中一项，涉及建筑设计（工程勘察设计产业）、城市规划（规划管理）以及其他设计（其他专业技术服务）。从上文的表 3-1 和表 3-2 中可以看出，国外以及我国地区的创意产业分类中，绝大多数都包含了"设计"。可以说，创意设计业是文化创意产业的重要组成部分。

设计是艺术与技术的结合体，但是，设计的存在仅有艺术与技术是不够的，必将进入更广泛的文化层面。在文化创意产业的语境下，设计成为它的核心内容之一。尽管"设计业"从属于文化创意产业，但它与组成文化创意产业的其他部分相比，在本质、形式与运作方式上都具有较大的差别。

创意本身是文化发展的原动力，而设计是艺术与技术相结合的产物。创意设计构成产品附加值的主要来源，是形成知识产权的重要手段，同时构成产品的核心竞争力。创意设计产业的基本概念，是以艺术创意为核心、围绕文化艺术领域与制造业、服务业为服务对象、提供文化服务贸易增值与产品附加值服务的文化创意产业类型。美国、英国、德国、法国等几个主要发达国家率先发现了新"创意设计产业"的特征和发展端倪，感受到了设计产业对国家和地区的社会和经济所带来的巨大改造和增长潜力，纷纷提出"设计立国"概念，并制定"设计在内，制造在外"的国家产业发展战略，今天，创意设计产业已成为国际社会发展的主流和引擎。

目前，从国际上看，"创意设计产业"尚未达成标准统一的称谓，所包括的活动内容也各有不同。例如，我国的北京和上海地区的设计服务包括室内装饰工程勘察设计、住宅小区规划设计、风景园林工程勘察设计等工程勘察设计产业、城市规划管理和其他专业技术服务（如研发设计、产品设计、传统与现代手工艺设计等）。然而，英国则将广告和建筑列在设计服务之外。①

创意设计产业涵盖从产品与服务的文化定位、功能研发、形态设计延伸到市场销售推广的全过程，包括工业产品设计、视觉传达设计、环境艺术设计、展示设计、服装设计、现代手工艺设计等学科领域，同时逐步跨界延伸至时尚设计、品牌形象设计、城市形象设计、新媒体设计、公共服务设计以及文化艺术作品的衍生产品创意设计等相关领域。可以说，创意设计产业是知识经济时代最有活力的文化创意产业门类之一，涉及几乎所有产业和文化艺术领域，具有极大的发展空间和极强的增长潜力。

四 我国创意设计产业的发展

创意设计作为我国文化产业的核心环节，一方面涉及电影、电视、广告、网络、出版、软件、通信、会展、建筑、服装、工艺、游戏等诸多产业领域，直接推动具体产业的发展；另一方面具有高知识含量、高技术、高附加值、低能耗、低污染"三高两低"的现代产业特征和优势，贯穿文化产品的整个生产过程，成为促进文化产业结构升级的重要引擎。

1. 我国创意设计产业的发展现状

第一，艺术创意设计教育快速发展。在过去的"十一五"时期，我国艺术创意设计人才的培养规模迅速增加。改革开放数十年以来，艺术设计教育为社会培养了近千万的艺术创意设计人才，成为中国创意设计产业发展的人力资源基础。

第二，近几年来，全国较大型的各类创意设计展览、会议、艺术设计评比、学术研讨活动频繁举办。每年有近万人次的创意设计产业相关人员到国外参访考察，这些都为我国创意设计产业的发展提供了

① DCMS（2006），Creative Industries Statistical Estimates Statistical Bulletin, London, UK：Department of Culture, Media and Sport, retrieved 2007 - 05 - 26.

良好的国内外交流基础。

第三，创意设计专业机构和大企业中的创意设计部门，作为创意设计产业的核心力量，正逐步成为推动创意设计产业发展的主体。近几年来，例如海尔、海信、美的、联想、华为等制造业与科技型企业，一些大型服务业企业纷纷成立了自己的设计研发机构，它们具有很强的设计创新能力，并与国际知名设计机构合作，在提升产品与文化服务贸易的创意设计价值方面，发挥了带动作用。

第四，创意设计业态构成呈现多样化的状态与趋势。其中，自由职业的个人设计师工作室和中小型专业创意设计公司尤为引人注目。其特点是规模小但是相对灵活，市场化意识强，从业人员的平均年龄较小等。这两类创意设计业态成为目前我国创意设计业富有活力的新生力量。

2. 我国创意设计产业的发展优势

我国的广告设计和工业设计相对发达，特别是广告产业领域的平面设计、影视制作是中国设计行业的先驱；而工业设计后来居上，在汽车、家电、家具等行业成绩喜人；随着城市化进程加深，规划设计、建筑设计、室内设计空前繁荣；服装和纺织品行业拥有庞大的生产能力和消费群体，设计是时尚消费的重要推进力量；工艺美术品是我国的传统行业，产值在文化产业中占有较高比重，传统手工艺、珠宝首饰设计具有较大提升空间。

我国作为人口大国，拥有得天独厚的广阔市场，这为创意设计的产业推广和应用提供了发展空间，有利于庞大消费群体的形成。作为经济中心的长江三角洲、珠江三角洲和京津唐等地区形成第一序列的创意设计中心城市，依次为上海、北京、深圳和广州，相应的创意设计的发展水准和规模已逐步接近国际水平，成为中国设计行业的领头雁，构成本土设计直接参与国际竞争的前沿。

我国经济正处于结构调整、产业升级的关键时期，经济增长方式由原有劳动力密集型向知识密集型、智力密集型产业转型，技术创新、设计创新成为转型的重要利器。在工业设计领域，政府主导、企业合作建立的工业设计促进机构已在全国各地建立，中国工业设计协会以及各省市工业设计行业组织已成立16个，工业设计机构开始形成并呈现经营模式多样化的趋势。沿海和中部地区积累了较大规模的IT和高新技术产业，具有优秀的科技研发和创新能力，推动产品设计、交互设计、界面设计与国际接轨。

3. 我国创意设计产业发展存在的问题

诚然，我国创意设计产业如雨后春笋，蓬勃发展。但是，其发展中存在一些隐忧：我国许多企业的产品在创意设计上缺乏原创力，往往是国外有什么新产品，企业就依葫芦画瓢，照单全收。具体体现在产品创意设计缺乏理念、创意设计团队相对薄弱、创意设计教育相对滞后。

文化产业的核心包含人文性、原创性的设计理念，而并非单纯依靠高精尖工业技术和密集劳动力促成。欧美和日韩在众多设计领域遥遥领先，特别表现在工业设计、交互设计和数字技术设计等方面；而我国长期处于"世界工厂"的地位，由于缺乏独立的知识产权，无法实现产品的高额附加值，成为全球创意产业的加工基地，亟待实现"中国制造"向"中国创造"的转型。

我国整体设计行业较长时期停留在"品牌代工"阶段，造成深刻的产业依赖性。我国制造业庞大却在国际分工中处于产业链底层的主要原因之一，就是忽视创意设计，丧失自主知识产权，产业链中的设计环节日趋弱化。诸如工业产品设计、工艺品设计、玩具设计、服装设计等传统行业长期处于模仿或贴牌生产，产品的设计开发和创新能力极弱。

长期以来，本土"设计"被定位于服务性行业，企业普遍重视市场与技术，而轻视设计、创意。这种战略定位和生产模式无法获得与国外企业持久抗衡的竞争力。相应的设计市场机制的不健全，知识产权保护乏力导致设计抄袭、模仿现象严重，设计投入少和设计水准低也使中国设计创新乏力。

4. 我国创意设计产业的发展趋势

培育和发展创意设计，有利于推动文化产业结构升级，逐步搭建沟通创意与技术、思想与行为、文化与科学的桥梁与纽带。同时，加大设计创新与产业融合，推进"中国创造"的发展，将形成强劲而持久的产业竞争力，有效提升产业地位，并创造大量创新型的就业岗位。

文化创意产业的发展关键在于人才。因此，构筑具备高度的想象力、充分的创造力和一定的科学文化水平的创意人才资源成为产业发展的基础课题。

同时在市场环境中要逐步建立健全设计管理体制。设计行业具有极强的知识原创性，需要尊重和保护创意设计的知识产权，设计行业标准与准入资格审查制度也应该逐步建立健全。

并且，本土创意设计实现从低端 OEM（代工生产）走向 ODM（委托设计）进入高端的 OBM（自有品牌），必须在企业内部建立一套可服务于产品创意设计的知识管理系统，使之成为企业进行数字化、网络化、协同化、虚拟化和智能化设计与管理的平台。这样可以提高企业的产品设计质量、内在品质，以及增强企业快速而持续的创新设计能力。

五　世界城市的构想与设计之都的建设

2009 年 12 月，北京提出了"瞄准建设世界城市"的目标。在建设世界城市进程中，发展其创意设计产业是不可缺少的一环。同时，也是将北京打造成世界设计之都的重要保证。推动北京市创意设计产业发展，必须完善产业政策，立足政府引导；实现产业升级与转型，促进经济发展；依托人才优势，发展高端服务业；提高城市国际化水平，树立北京城市形象与文化品质；提升首都文化软实力，弘扬中国文化的主张。

1. 北京现代服务业中的创意设计产业

（1）服务业为主导的北京经济结构

北京以服务业为主导的经济结构与以上海为代表的长三角和深圳

为代表的珠三角地区不同，后两者的设计发展与南方家电、家具、玩具、汽车等工业的发达紧密地联系在一起，而北京地区以软件、信息服务、研发为主的高新技术服务业为主，发展以移动通信、计算机及网络、集成电路、光电显示、生物为主的高新技术制造业。因此，北京的服务业结构以现代服务业中的生产性服务业、文化创意产业为特色。

现代服务业是现阶段世界经济与社会发展的核心力量，北京的服务业特别是现代服务业发展水平居于全国领先地位。2008 年，北京服务业增加值占地区生产总值（以下称地区 GDP）的比例高达73.2%，已超过了 2006 年世界发达国家平均 72% 的水平。2007 年，北京服务业就业人数占就业总人数的比例达到 71.1%，已接近世界发达国家的平均水平。2008 年，北京现代服务业增加值占地区 GDP的比例高达 51.7%，已超过理论上界定的反映后工业社会特征的新服务经济标准。从而在我国的省级区域和国际大都市中率先迈入新服务经济行列。

（2）创意设计产业成为北京经济新的增长点

北京现代服务业的飞速发展，离不开成为北京经济支柱之一的文化创意产业。文化创意产业既是技术、经济、文化的交融，又包含了城市的创造力和文化底蕴，是一种高风险、高附加值、资源节约生态型产业。以 2007 年为例，北京市服务业占 GDP 比重达 72.1%，而以创意设计产业为代表的现代服务业实现产值 4372.8 亿元，占全市服务业产值的 68.05%，数据显示，2006~2011 年，文化创意产业增加值平均增长 21.9%，高于全市 GDP 增长率 7.5 个百分点。2011 年上半年，北京文化创意产业实现增加值 1938.6 亿元，占全市的 GDP 比重为12.6%，文化创意产业已经成为仅次于金融业的首都经济的重要支柱和新的增长点。①

---

① 数据来源：北京市统计信息网，《国民经济和社会发展统计公报（2006~2011）》，http://www.bjstats.gov.cn/。

实际上，北京现代服务业不仅已进入国际前列，而且正向生产性服务业主导的服务经济全面转型。2005～2009 年，北京市 GDP 累计增长 74.4%，其中生产性服务业的累计增长高达 109.8%，2004 年，北京市工业设计产业的产值为 100 亿元，从部分设计企业反馈的情况看，其中约 40% 的设计收入来自北京市工业企业。因此，北京市工业企业在工业设计上的投入达到了 40 亿元。创意设计产业成为拉动首都经济的强大引擎。

（3）北京创意设计产业的规模化态势

2005 年，在北京市政府的支持下，建立了全国第一个工业设计创意产业基地——北京 DRC 工业设计创意产业基地。到 2006 年的《北京市促进文化创意产业发展的若干政策》、2007 年的《北京市"十一五"时期文化创意产业发展规划》，2009 年广泛征求意见的《北京市关于支持设计创意产业发展的实施办法草案》，2010 年的申办世界设计之都和《北京市促进设计产业发展指导意见》的公布。随着北京市政府对创意设计产业的认识不断深化，不仅出台了相关的扶持政策，而且市政府还直接参与，切实促进北京设计产业的建设发展，使北京设计创意产业呈现规模化的态势，成为除上海、广东地区外国内设计力量最集中的地区。

据统计，近年来，北京市创意设计产业实现快速发展，形成了建筑设计、规划设计、工业设计、集成电路设计等优势行业，涌现一批年销售收入过亿元的龙头企业和一批高水平的专业设计机构。截至 2009 年底，北京现有包括工业设计在内的各类设计院所、设计公司两万多家，在北京的联想、方正、恒基伟业、LG 等一批高科技企业和跨国公司都建有独立的工业设计研发部门。设计从业人员约 25 万人，其中工业设计产业从业人员已达 10 万人，设计产业服务收入超过 800 亿元。在设计教育方面，北京开设设计专业的院校达 112 所，在校生 3 万余人，有 30 多所高校开设了工业设计类专业；此外，北京 DRC 工业设计创意产业基地、751 时尚设计广场等一批产业集聚区正不断发展壮大；"中国创新设计红星奖"已成为具有一定国际影响力的国内权威专业设计大奖。随着国际设计机构和企业大量涌入，制造业升级、国内设计需求不断增加，2010 年，北京还成立了首家中国设计交易市场，以提升设计产业、打造世界设计之都。

2. 推动北京市创意设计产业发展

目前，国际公认的世界城市无一不是世界设计的中心。因此，打造北京设计之都，必然成为北京总体发展战略。同时，北京创意设计产业的现状及其蓬勃的发展势头，也为向联合国教科文组织和国际设计协会申请国际"设计之都"称号打下了良好的基础。2010 年，在以工信部为首的 11 个国家部委联合发布了《关于促进工业设计发展的若干指导意见》后，北京市人民政府在 10 月 12 日批转了市科委《北京市促进设计产业发展的指导意见》，明确提出了"用 5 ~ 10 年时间，推动北京成为全国设计核心引领区和具有全球影响力的设计创新中心，将北京建设成为世界设计之都"的发展目标。2012 年北京已获得设计之都称号。

（1）北京创意设计的阶段性特点

北京设计资源汇聚。作为历史文化悠久的古都，北京迄今已有 3000 多年的建城史和 850 年的建都史，拥有故宫、天坛、长城等 6 处 UNESCO 世界遗产、8 个 UNESCO 人类非物质文化遗产代表作名录项目，各类不可移动文物 3500 余处。①

北京还是中国科技创新之都。目前，北京拥有全国 1/3 的国家级科研院所、实验室和技术中心，科技人员 47.3 万人。被誉为"中国硅谷"的中关村，以联想、普天、华旗、水晶石、新浪为代表的高新技术企业近 2 万家，高素质人才超过百万。

北京也是中国教育的中心。全市有以中国最优秀的北京大学、清

---

① 资料来源：北京市科委：《设计之都：彰显北京设计的力量》，http://www.cdic.org.cn/news_ 2012062102.html。

华大学为代表的 80 多所高校和 100 余所科研机构，在校大学生、研究生 80 多万人，各种学历教育、进修及培训超过 54 万人，外国留学生近 3 万人。其中，开设设计专业的院校（机构）112 所，每年近万名毕业生加入设计行业。清华美术学院在中国最早开设工业设计教学，中央美术学院被美国《商业周刊》评为 2009 年度全球 30 所最佳设计院校之一。

北京更是中国的文化中心。全市有国家图书馆等 47 座公共图书馆、故宫博物院等 156 座博物馆和 84 家影剧院、6 座广播电视台。245 家出版社占全国总量的 40% 以上，全市互联网用户已达到 1100 万户，网民和网站数量均居中国首位。北京是世界国际交往的大城市。北京还是全球前 10 名的国际会议城市，每年举办的国际会议 5000 余个，国际展览超过 240 个。

北京市创意设计产业生态繁荣。北京的创意设计氛围在全国最为活跃，创意设计产业链条十分完整，产业生态非常繁荣。

20 世纪 70 年代末 80 年代初，设计在北京崛起。当时，全国 80% 的高端印刷品都产生于北京，全国各地的品牌都来这里寻求最满意的包装。设计师李红兵对此评价说，因为对外开放早，吸收的先进东西多，北京不仅拥有先进的设备，还有先进的管理模式、经营模式。

随着时代变迁，创意设计概念变得普及而宽泛，并对各行各业起到了重要支撑作用。以建筑行业的创意设计中的地标建筑为例，北京的创意设计理念无处不在，"鸟巢""水立方"、国家大剧院、国家图书馆二期等具有时代特色的建筑成为全新的景观；奥林匹克公园、地铁 10 号线、地铁 4 号线等充满现代感的设计给市民带来新鲜体验；798 艺术区、宋庄艺术区、南锣鼓巷等创意街区使旅游和艺术得到双赢。

设计产业推动经济转型。近年来，北京市一直致力于调整经济结构和转变发展方式。北京市将创意设计作为调整产业结构、节能减排、推动可持续发展的重点。2006 年以来，北京关停或搬迁了一部分耗能、耗水和排污多的企业，利用一些废旧厂房，建成 DRC 工业设计基地、798 艺术区、二通厂动漫游戏城等 30 个设计产业集聚区，汇集上万家企业，生产总值占全市的 4.6%。与此同时，北京将年产 3154 万吨钢的首钢迁出北京，其工业遗址建设成为设计公园；将生态退化的永定河，建设成为绿色生态走廊；已有超过 3000 辆电动汽车在北京运行。

北京着眼于全球的战略布局，在全球制造业服务中，积极寻找世界城市的定位和资源配置，增强话语权。而设计是从制造业中分化出来的，具有高技术、高附加值的特点，是现代制造业中的高端部分。设计是提升传统产业，促进新兴产业发展的重要支撑。当前，北京市无论是在工业设计、建筑设计，还是园林设计等其他设计领域，都起着引领作用。

（2）立足市场，引导完善北京创意设计产业政策

文化创意产业政策的支持。为推动北京市文化创意产业的发展，建立规范的文化创意产业分类标准和统计体系，北京市文化创意产业领导小组、北京市统计局、国家统计局北京调查总队联合制定了《北京市文化创意产业分类标准》。该标准包含了"设计服务"大类，设计服务是文化创意产业发展的主要载体和重要支撑力量，从行业规模、行业产值、行业人才队伍、创新辐射带动城市发展方面，勘察测绘设计产业在推动文化软实力上要有更多的文化自觉和文化自信。[①]

北京市发布《北京市促进文化创意产业发展的若干政策》，立足于解决产业发展中的关键问题，立足于产业发展自身特有的规律，为文化创意产业的发展营造宽松的环境，吸引全社会资源向文化创意产业集聚。该政策共计 7 大部分，分别是"放宽市场准入，完善准入

---

① 资料来源：北京文化创意网，《北京市文化创意产业分类标准》，2007 年 6 月，http://www.bjci.gov.cn/292/2007/06/26/41@1942.htm。

机制""支持创意研发，鼓励自主创新""保护知识产权，营造创意环境""加大资金支持，拓宽融资渠道""拉动市场需求，促进内外贸易""优化资源配置，推动产业升级""实施人才兴业，强化智力支撑"。政策对于勘察测绘设计行业文化建设、行业自身发展有着极为明晰的外部环境，也势必产生重要的推动作用。[①]

文化创意产业作为北京市的战略性新兴产业和特色优势产业，已从培育引导期转入全面繁荣发展期，成为全市服务业中的第三大支柱产业，成为首都经济转方式、调结构的亮点。从结构上看，北京创新创意行业快速增长，文化内容产业活力有所显现；从布局上看，北京文化创意产业高度集聚，新兴区域发展态势喜人；从资源上看，北京文化创意产业资源转化利用效果初显，潜力巨大；从需求上看，北京文化创意产业投资、消费双放量。

2011 年全年，文化创意产业实现增加值 1938.6 亿元，比上年增长 14.2%；占地区生产总值的比重为 12.1%，比上年提高 0.1 个百分点。

北京市发展创意设计产业的政策支持。要发展创意设计产业，就需要政府完善法规、政策，通过在企业财政扶持、人才激励机制、保护知识产权、开展国际合作方面建立健全的机制，使政府控制和主导创意产业的发展方向、发展进度、发展重点，引导和推动北京创意设计产业的发展。目前，《北京市促进设计产业发展的指导意见》从目标定位、提升产业竞争力、市场建设、人才建设、组织保障等九个方面提出了一系列扶持政策。

2010 年 6 月 2 日，北京市通过《全面推进北京设计产业发展工作方案》，强调要在北京实施"首都设计创新提升计划"，并成立"申都委员会"，向联合国教科文组织申报"世界设计之都"。"首都

---

① 资料来源：北京文化创意网，北京市促进文化创意产业发展的若干政策，2007 年 6 月，http://www.bjci.gov.cn/292/2007/06/26/1@1938.htm。

设计创新提升计划"将利用三年时间，培育设计产业 50 强企业，建设 3~5 个设计产业集聚区，到 2012 年，设计产业服务收入突破 1300 亿元。城市规划、建筑设计等融合了较多创意元素，符合上述设计产业范畴，北京市打造"设计之都"，为这些设计产业企业提供了新的发展机遇。①

2011 年，中央提出"发挥首都全国文化中心示范作用"，北京市通过了《关于发挥文化中心作用，加快建设中国特色社会主义先进文化之都的意见》，确立了"发挥首都全国文化中心示范作用，建设中国特色社会主义先进文化之都"的宏伟目标。一方面大力弘扬"北京精神"，努力在认知、践行、引领上下功夫；另一方面在文化体制和文化产业方面进行改革，培养文化企业和文化人才，推动文化创业产业发展，大力建设公共文化体系。②

（3）实现产业升级促进经济发展

建设世界城市目标的提出，对北京经济增长方式的转变和产业结构升级产生了重大影响。在北京建设世界城市的产业结构调整中，创意设计产业作为生产服务业和文化创意产业的重要成员将发挥重要作用，到 2012 年，设计产业收入突破 1300 亿元。正如英国约翰·霍金斯说，21 世纪的任何产业都将是创意产业，创意和创新无所不在，并将成为一切产业的核心。

推动传统产业升级，拓展现代服务业发展。一方面，通过设计服务，使制造业加速向高端化方向发展。2008 年，以现代汽车、奔驰汽车等为代表的北京现代制造业实现增加值 832.7 亿元，占工业增加值的比重达 37.9%。但通过对制造企业的调查可以发现，要进一步提升北京制造业的竞争力和集约发展水平，将现代制造业由"中国

---

① 陈红玉：《北京打造中国设计交易所的初步设想》，《前线》2013 年第 1 期。
② 资料来源：首都之窗，《中共北京市委关于发挥文化中心作用加快建设中国特色社会主义先进文化之都的意见》，2011 年 12 月，http：//zhengwu.beijing.gov.cn/gzdt/gggs/t1210267.htm。

制造"转型为"中国创造",还有待通过设计提升产业到达价值链的高端,因为设计的价值不仅体现在它自身的服务所得到的报酬,更体现在通过设计为企业所创造的高附加值上。另一方面,在第三产业中,进一步拓展现代服务业,加快设计、金融、信息服务等生产性服务业的发展,"结合北京特点和优势,重点发展工业设计、建筑设计、工程勘察设计、规划设计等一批产业规模较大、集聚效应明显、具有一定国际影响力的设计行业"。

提升自主创新能力,推动产业结构调整。产业结构是指生产要素在各产业部门间的比例构成和它们之间相互依存、相互制约的关系。以工业设计为代表的设计创意产业不仅是北京现代服务业的一个重要组成部分,而且由于它在企业、市场中的特殊作用,在提高设计产业自主创新能力,加大设计技术和设计成果的推广应用力度方面,能够结合设计新技术的发展及行业应用特点,不断创新设计产品和服务,帮助北京实现产业结构优化升级,提升制造业和服务业整体发展水平和发展质量。依托资源优势和制造业空间布局,设计创意产业将优化北京生产性服务业空间结构;积极促进生产性服务业与现代制造业互动发展,由此扩大设计创意产业服务在全国乃至全球的影响力,促进北京城市经济的发展。

(4)依托人才优势发展高端服务业

从伦敦、纽约、东京、巴黎四个世界级设计中心发展来看,"创意设计产业"的高地形成,必须是该国家最集中、最发达、最先进的高教育、高科技、高文化、高人才地区。北京汇集了众多的高校和科研机构,集中了大量的人才,高新技术的发展在国内居于最高水平,在抢占全国创意产业中心城市地位,进而发展为国际设计中心方面拥有得天独厚的优势。

多渠道设计教育,培育人才资源。一是加大政府对创意人力资源开发的投资,加强北京高等院校设计专业的学科建设,鼓励产学研联合培养符合市场需求的实践型设计人才;二是发挥社会力量,利用多种形式、多种途径增加设计教育投入，如开展企业与院校的合作。企业为指定设计项目投入一定经费，学生得到实际锻炼，企业获得更多的创意，实现企业与院校的双赢；三是注重人才培训，树立"终身培训第一"的理念。

认定专业职称，建立人才数据库。建立设计专业技术人员职称认定，既对设计行业人才的管理进行规范，又有助于吸引国内外优秀设计人才来京创业或从事设计创新工作，有利于企业招聘国内外高端设计人才，调动设计人才的积极性。同时，通过专业职称的认定，建立起自由设计师动态数据库，为设计师更好地在设计产业集聚区、企业设计部门和设计企业工作搭建平台，为设计师成长和创业、创造便利条件。

（5）提高城市国际化水平，树立北京国际品牌形象

根据联合国教科文组织的创意城市网络章程，"设计之都"不仅可以在国际舞台上和顶尖创意城市进行交流、合作，引进国际上最新的创意理念和高端的创意活动，而且，加入创意城市网络在某种意义上是让享有"设计之都"称号的城市加入国际文化产品营销网，进入全球文化产品供应链。通过打造设计之都，使北京加入国际创意城市网络，将为北京提供一个国际化平台，使之向世界城市目标大步迈进。

建设国际合作平台，拓展产业发展空间。要想北京创意产业在国际舞台上开辟新的发展空间和市场，提高城市国际化水平，中国设计既需要请进来，吸引国际设计组织、跨国公司和境外著名设计机构来京设立设计中心或分支机构，在京举办设计创新活动和商业活动；又需要走出去，鼓励设计企业、机构和设计师积极参与国际设计领域竞争，与国际设计组织建立交流合作机制，与国际设计企业、机构及设计师建立多种形式的业务往来，参与国际标准的制定，开展国际设计项目合作，共享设计信息渠道。

树立北京品牌，增强产业辐射。为了提高北京创意设计产业的国

际地位，需要搭建国际间的创意设计展示交流平台，重点打造"北京国际设计周""北京国际设计三年展"等活动，使之成为具有专业引领性、产业推动力、国际影响的大型创意设计产业品牌活动项目，使北京加入国际品牌城市行列。同时，举办设计活动和开展设计宣传，使优秀设计得到大众的关注，通过优秀的设计产品的使用将设计意识渗透到市民的日常生活中去，增强城市对持续创新的自信，更全面地向世界展示北京城市的新形象。打造国际性的创意设计推广、品牌展示活动。

六　进一步推动北京创意设计产业发展的建议

第一，设置北京创意设计产业促进中心，作为创意设计协调管理、促进与指导机构来有力推进北京创意设计产业的快速发展。

第二，设立北京创意设计产业发展基金，用于创意设计产业宣传推广、设计管理培训、创意设计产业链与公共服务设计体系建设等。把创意设计产业企业纳入促进服务业发展专项资金、扶持中小企业发展专项资金和对外文化贸易发展基金给予支持。拓宽创意设计产业融资渠道，积极推进金融机构和创意设计产业企业开展多种方式的业务合作，探索开发适合消费需要的创意设计产品与文化服务贸易。

第三，鼓励和支持创意设计服务外包业务。积极开展国际合作，鼓励大型文化企业承接国际创意设计服务外包业务，支持创意设计产品和服务的出口业务，对企业在创意设计产品和服务出口过程中所发生的境外市场推广费用，经核定后给予支持。培育辐射国内外的创意设计产业营销网络体系。

第四，增强创意设计知识产权保护意识、诚信意识，形成尊重设计、维护设计创新的良好氛围。鼓励和扶持企业经营与管理人员、政府相关行政管理人员学习设计管理知识，提高设计审美水平。

第五，培育一批创业板上市的较大型创意设计型企业，大力扶持中小型艺术创意设计企业发展。

第六，在北京建设中国创意设计博物馆，集中收藏和展示不同时代的创意设计成果和设计文化遗产，有助于人们理解设计与生活、设计与艺术、设计与科技的关系，成为人们学习、体验设计和培育审美的场所。同时，这也将标志着创意设计在国家经济文化生活中的价值和地位，也是国家创意设计文化水平的体现。

第二节　工业设计产业的发展趋势

一　工业设计与产业化

1. 工业设计的定义

1980 年，国际工业设计协会联合会对工业设计的定义是："就批量生产的产品而言，凭借训练、技术知识、经验及视觉感受，赋予产品的材料、结构、形态、色彩、表面加工及装饰以新的品质和规格，并解决宣传展示、市场开发等方面的问题，称为工业设计。涉及包括市场需求、市场概念、产品的造型设计、工程的结构设计、快速模型模具的制造、小批量的生产直到批量化上市，以及形象品牌的策划等领域。"经过几十年的发展，2006 年，国际工业设计协会联合会对工业设计做出了最新定义，规范了工业设计的目的和任务。在这个定义中指出：设计是一种创造性的活动，其目的是为物品、过程、服务以及它们在整个生命周期中构成的系统建立起多方面的品质。

按照这样的定义，现代设计产业远远超出了产品设计的范围，从产品的前端到产品性能、外观设计延伸到生产工艺流程、生产环境、产品包装、市场推广等产品生产和流通终端的整个过程。

工业设计的本质不在于造型，而在于解决实际生活中的问题。它的核心内容是产品设计，它与我们的生活越来越密切相关，已经渗透到各行各业。因此，在市场经济条件下，工业设计是一种低投入、高收益的经济发展手段与模式，工业设计水平势必成为现代企业核心竞争力之一。

2. 工业设计的产业化发展

"工业设计产业化"的定义是，工业设计利用自身的信息资源优势和服务优势，依托高科技尤其是信息技术、网络技术、计算机技术和多媒体技术。设计产业成为新的经济增长点和国际竞争的热点产业，内容产业有着巨大的市场潜力和较快的增长速度，从各项统计数据来看，世界市场上设计内容产业的增长保持了19%的增长率。设计产业具备发展知识经济与制造业的双重意义，是促进传统产业升级转型为高附加值产业，并提升一个国家的整体产业竞争力的重要基础。据统计，设计创意产业对GDP增长具有巨大的带动作用，每个单位设计创意产业的直接收入将带来两个单位的服务业收入的直接贡献。

中国是一个制造业大国。目前，制造业仍然是中国经济的中流砥柱。制造业的持续、稳定、健康发展，关系着中国经济的兴衰，而在这其中，工业设计作为制造业发展的先导行业和在制造业中的核心地位及其关键性作用，对保持我国制造业的可持续发展有决定性的作用。在当前经济全球化的大背景下，我国必须从产业的高度在全国大兴工业设计之风，大力推进工业设计的"产业化"，才能促进整个制造业、服务业的结构调整、产业升级，促进科学技术的产业化。但是，工业设计能不能进行产业化运作，关键还是要考察工业设计作为信息产业、文化产业的一部分，自身是否真正具备产业和产业化的基本特征。

二 工业设计与创意产业的关系

从现代设计服务业发展的历史来看，工业设计是伴随着机器工业的轰鸣而产生和发展的，在100多年的历程中，工业设计始终在矛盾中寻找着自己的定位。而且这种定位在创意产业时代背景下将出现新的特征。《2001年汉城工业设计家宣言》指出："工业设计将不再是一个定义'为工业的设计'的术语。工业设计将不再只创造物质的幸福。工业设计应当是一个开放的概念,灵活地适应现在和未来的需求"。①

以创意产业重新界定的工业设计,是科技、文化与艺术的完美结合,是通过创意将艺术文化转化为生产力的核心环节,它以文化为导向,以创意为核心,以经济为目的,努力营造一种生态化的创意环境。通过这些我们可以看到,工业设计正逐渐脱离工业载体的束缚向着创意产业更广阔的范围蔓延,工业设计的外延不断地扩大,同时,工业设计的界限也变得越来越模糊,它不仅仅成为创意产业最重要的组成部分,甚至会出现跳出创意产业的圈子,与创意产业并驾齐驱的局面。

工业设计离不开创意,创意是工业设计的内在需求,是工业设计不可缺少的因素之一。发展创意产业能为工业设计提供良好的环境,促使其产生更多、更好的设计。工业设计创意,不仅能给企业带来高利润、高附加值的产品,更能提升企业品牌、增强国际竞争力。

三 国际工业设计服务业发展现状与趋势

从全球工业设计发展历程来看,工业设计孕育于18世纪60年代工业革命后的英国,诞生于20世纪20年代的德国,成长于20世纪30年代后的美国。前期经历了18世纪中叶至19世纪初的机械化萌芽时期,19世纪中期的工艺美术运动,19世纪末20世纪初的新艺术运动,20世纪90年代的国际主义设计风格,21世纪全球设计趋向个性化、多元化的设计风格。在全球化背景下,工业设计成为使产品走向世界,并保证产品持久竞争力的主要途径,各国对工业设计的重视

---

① 许喜华、陈皓:《〈汉城工业设计家宣言〉解读与设计本体论研究》,《装饰》2005年第1期。

程度也大大加强。

1. 英国

工业设计是工业革命的产物，因而英国也被称为现代工业设计的发源地。19世纪末英国的工艺美术运动被视为现代设计服务业的开端。20世纪90年代以来，随着科技文化的多元化发展，特别是计算机和网络技术的发展，英国的设计业进入了多元化时代。英国工业设计产品的出口对象主要是欧洲和美国市场。品牌图像设计、包装设计、会展和多媒体设计以及少量产品设计成为未来工业设计发展的主要内容。英国政府还专门设立了"英国设计委员会"，开展"设计顾问计划"和"扶持设计计划"，使工业设计走向产业化、集成化，保持在全球的领先地位。

2. 芬兰

在芬兰，从森林机械到高科技产品，工业设计都有着十分广阔的领域。芬兰企业使用工业设计的程度平均水平达到41%，在传统产业达到80%，芬兰所有的出口企业都拥有自主设计的产品。在现代工业设计中，注重品牌和设计质量始终贯穿于芬兰主要支柱产业发展的进程中。目前，芬兰已成为世界工业设计大国。20世纪90年代以来，国际市场的迅速变化以及新技术、新产品的竞相推出，促使芬兰的企业越来越重视设计创新。政府也从设立奖项、教育培训、项目资助等方面发挥了重要的推动作用，逐渐形成了完整的稳定的工业设计产业网。2007年，芬兰建成完善的工业设计系统，包括工程、技术、经济、文化、社会科学等多个学科方向。

3. 美国

美国的现代设计服务业与欧洲设计大国相比，起步相对较晚。作为新兴的资本主义国家，美国缺少传统文化的束缚，因此，能够快速建立起与机械化相适应的工业设计。美国现代工业设计发展迅速，并逐步形成国际主义风格，影响全世界。由于美国的工业发达、经济成熟，美国是世界上第一个把工业设计变成一门独立职业的国家。硅谷成为美国工业设计中心，先进的技术和多元化的文化精神吸引了大批设计机构的成立，欧洲和亚洲的设计企业及部门也纷纷在硅谷设立办公机构，使得硅谷成为了全球最具影响力的工业设计聚集地。美国工业设计在20世纪90年代的另一重大变化是高技术产品，包括计算机、现代办公设备、医疗设备、通信设备等成了工业设计的主要领域。工业设计在使高科技人性化、商品化的过程中起到了重要的桥梁作用。

4. 韩国

早在20世纪初期，韩国就意识到工业设计的重要性。第二次世界大战后，工业设计在韩国得到了发展，成为韩国经济发展的重要因素。韩国提出了"设计韩国"的战略。自1994年起，韩国设计振兴院连续制订了三个工业设计促进五年计划，用以指导国家的工业设计产业发展，目的是把设计概念融入韩国各个系统、体制当中，把韩国建设成东亚的一个设计中心。韩国产业资源部下设机构"设计振兴院"，每年划拨相当于3亿多人民币元的资金用于设计的示范、交流、评选等，每年评选总统大奖。

结合上述各个国家工业设计服务业发展的情况与特点，可以总结出国际工业设计服务业的发展趋势。

①设计资源配置趋向全球化。面向全球资源搞设计，许多事情如设计、交易等都可通过互联网来完成。②设计观念趋向可持续化。设计中越来越多地关注环境、资源、生态等，提出与绿色、环保等相关的要素。

四　我国工业设计产业的发展

1. 我国工业设计产业的历史沿革与现状

30多年前，也就是改革开放之初，我国的工业设计首先在教育界兴起。为了比较完整、系统地引入工业设计这个新的概念和方法，我国在20世纪70年代末派出5名青年教师分赴德国、日本学习工业设计。1978 年 10 月，成立"中国工业美术协会"，1987 年更名为中国工业设计协会。在成立大会上，著名的科学家钱学森先生说："中国工业设计协会的成立是关系到我国社会主义物质文明和精神文明建设的大事。"伴随着中国工业设计协会的成立，工业设计的理念、方法从 20 世纪 80 年代开始在全国慢慢地传播开来。

我国上海很早就开始了工业设计初探，1982 年成立了上海工业美术设计协会，其经济、技术、人才等实力已在全国同行业中处于领先地位。由于开放的先发优势，珠三角地区最早将工业设计带入国内；长三角则有后发优势，工业设计得益于近几年经济的快速发展。被誉为"中国经济双引擎"的珠三角和长三角地区同时也是中国工业设计最发达的地区。2001 年中国加入 WTO 后，长三角开始进入工业设计的集群化建设，2003 年中国第一家以工业设计为主的工业化园区在无锡成立。如今，北京、上海、深圳、杭州、无锡等城市的"工业设计与创意园区"如雨后春笋般地遍地成长起来，让人不得不感受到有着"世界制造工厂"之称的中国在迫切地呼唤着"中国工业设计"的巨大声响。

2010 年 8 月，我国工业和信息化部、工信部等 11 部委联合印发《关于促进工业设计发展的若干指导意见》（以下简称《意见》）。《意见》最早是由发改委提出的，从酝酿到发布经历了近 8 年时间。《意见》指出，到 2015 年，要培育出 3～5 家具有国际竞争力的工业设计企业，形成 5～10 个辐射力强、带动效应显著的国家级工业设计示范园区。值得注意的是，《意见》还支持符合条件的工业设计企业在境内外资北京市场上市融资，并鼓励创业风险投资机构对工业设计企业开展业务。

北京作为我国设计产业高速发展的起点和标兵，在发展工业设计产业方面具有文化、人才和科技等方面的领先优势。北京工业设计促进中心主任陈冬亮认为，北京市工业设计产业正面临前所未有的发展机遇，北京制造业的显著特点是高端化，产业类别比较集中在汽车、航空、都市工业、装饰、制药等高端产业。陈冬亮同时表示，北京建设"世界城市"的目标为工业设计的发展提供了空间。在"十二五"发展规划的准备过程中，北京市提出了建设"世界城市"的概念。对于设计业来说，通过世界城市的建设，必将吸引国际上知名的设计机构、设计公司来北京创业。他们的创业和发展，将带来一种前所未有的竞争，相互融合和相互发展将为北京工业设计产业带来提升设计水平、融入国际化竞争的机遇，这是北京工业设计产业发展前所未有的机遇。

2. 我国工业设计产业发展的主要问题

目前，我国的工业设计总体水平与发达国家还差距甚远。企业对工业设计的重视程度不足，公众对工业设计的认识也存在偏差；作为"世界工厂"的中国，自主设计和品牌能力依旧薄弱，缺乏相应的资金投入和产业扶持政策；工业设计人才匮乏，教育与市场的衔接程度不高；设计产业缺乏明确的产业统计分类等。主要问题如下。

（1）全社会特别是企业对工业设计的认知度不够高，企业对设计创新需求不足。由于我国市场还不够规范，在诸多影响企业经营业绩的因素中，影响企业竞争力的许多因素在大多数情况下比创新更为有效。

（2）我国还处于工业化中期，体制和制度的缺陷难以避免。政府部门更应该对工业设计给予大力的政策扶持。例如信用制度对技术的产业化影响很大，对于工业设计产品买卖双方权益难以保证。

（3）我国知识产权制度不完善，一些企业还没有完全从抄袭、模仿中摆脱出来。我国现行体制下，国家出资的项目，发明人不能成为成果专利权人，单位和个人对知识产权的关系缺乏合理的界定，激励制度也是向论文和成果奖励倾斜。

（4）设计教育、人才培养方式亟待改革完善。现在工业设计专业毕业生很多，但复合型、专业化设计人才缺乏，设计继续教育开展较少，无论从现实还是长远看都是突出问题。

3. 我国工业设计产业的发展对策

我国工业设计产业要真正实现产业模式转型，就要充分利用和发挥工业设计的特性，从以下几方面入手。

（1）公共服务

通过政府资金引导社会投资，搭建创意产品（项目）孵化基地、工业设计基础设施共享实验室、人才培训基地、资讯发布中心、用户体验中心、设计服务交易中心和知识产权交易中心等公共服务平台，积极开展各种公益性的设计展览展示、各种形式的交流论坛，将设计的观念融入人们的日常生活，在潜移默化中普及全民设计观念，创立一套激励全民创意设计的机制和氛围。也可以使工业设计从业者能够在一种宽松、宽容的社会文化氛围中进行创作。

（2）资金支持

资本对于设计产业化发展的意义尤为重要。在工业设计产业化的初期，国家与政府是工业设计产业的投资主体。一般说来，工业设计的企业规模较小、风险较高。应设立工业设计产业发展专项资金，设立国家级的设计奖项；对于企业采购工业设计服务的支出可纳入研发费用享受加计扣除的所得税政策；加大科技型中小企业创新基金对工业设计服务企业的资助。通过政府采购的方式促使设计在健康、交通、环境等公共服务部门的应用。

（3）人才培养教育

人才是国家创新体系中最根本、最活跃的要素。高校应从教育观念的转变、教育体制的改革、教师创新能力和水平的提高、高校的学风建设、学生实践动手能力的加强以及行之有效的国际交流等方面着手，培养创新型人才以适应国家发展的需要。同时，也要鼓励学校与企业共建实训基地，推动掌握科学技术知识与艺术知识、具备设计管理能力与市场分析能力的跨学科背景的设计人才培养；支持工业设计产业中介服务组织开展设计师的再教育与商业培训。加强国际交流，引进世界一流的设计团队。

（4）知识产权

知识产权的保护是工业设计实现产业化的重要保障。工业设计知识产权维护不仅仅是保护设计而延伸出的产物，更是为设计提供了规划性的发展空间、维护了企业利益。伴随着改革开放的步伐，中国在知识产权保护方面取得了长足的进展。中国根据国情和国际发展趋势制定和完善各项知识产权法律、法规，至今已形成了有中国特色的社会主义保护知识产权的法律体系。应继续健全和完善知识产权的法律制度，强化公民的法律意识，促进工业设计的发展。

第三节　北京市设计服务业发展现状与特征

一　北京市设计服务业发展现状

北京的设计服务产业在国家计划经济的设计事业布局中，集聚了全部国家级的设计院所，20 世纪 90 年代经过市场的洗礼和改制，经过 60 多年的发展，在经济高速增长的背景下，目前已经到了加速发展阶段。据最新数字显示，2013 年北京设计服务收入超过 1300 亿元。目前，北京拥有各类设计院所和设计公司两万家，从业人员 25 万人；各类设计专业院校 112 所，在校学生 3 万余人。

近年来，北京市通过建设北京 DRC 工业设计创意产业基地、成立中国设计交易市场、创办中国创新设计红星奖、建立设计技术服务联盟等一系列举措，并出台《北京市促进设计产业发展的指导意见》，有效地推动了设计服务业的发展。①

---

① 张林、王露菲：《北京设计服务业快速发展》，《科学时报》2011 年 6 月 1 日。

1. 中国设计交易市场：搭建设计对接服务平台

为通过"买、卖方式"推动设计投资，吸引企业采购设计服务，2010 年 6 月，北京市科委和西城区政府依托北京工业设计促进中心设立了国内首家设计交易市场。

设计交易市场作为一个以集成全球设计资源与需求资源、加工商（OEM 企业）的设计要素市场，搭建基于信息化的电子商务平台。通过网络数据库为设计供应商（设计院、设计公司、设计院校、设计师等）、设计需求方（品牌企业、房地产公司、政府等）和加工者（OEM 企业）寻找合作伙伴。依托设计合同登记制度，实现设计服务的合理交易，形成规范化的设计市场交易环境。

2009 年，中国设计交易市场推介活动首次在意大利米兰设计周举办，对联想、李宁设计团队、香港家居协会进行推介，达成交易额500 万美元，并邀请意大利 ALESSI 设计工场为北京开发高端旅游产品，将其打入国际市场。至 2011 年，北京工业设计促进中心在上海、浙江宁波、广东佛山等地举办了多场设计交易对接活动，吸引了近百家设计机构与制造企业参与。

目前，中国设计交易市场正在筹备建设，预计 2011 年下半年将建成并投入使用。意大利 RCS 传媒集团、英国特许设计师协会、德国弗劳恩霍夫工业经济与组织研究所、丹麦 CBD 设计、美国青蛙设计等 8 家国际顶级设计服务机构已与设计交易市场达成入驻意向。

2. 红星奖：助推中国设计亮相世界舞台

2006 年，在北京市科委的大力支持下，由中国工业设计协会和北京工业设计促进中心共同创办了"中国创新设计红星奖"，鼓励本土企业进行设计创新，塑造中国企业自主品牌形象，提高产品的国际竞争力。5 年来，红星奖已成为设计理念传播、国际交流推动及设计服务对接的窗口。

红星奖不仅为本土企业导入设计创新理念，也帮助众多优秀创新产品在市场上推广。2007 年起，红星奖先后在意大利米兰，韩国首尔，中国香港、上海、深圳、青岛、福州等 23 个城市和地区进行了 55 场次路演，组织了 100 家北京设计公司与当地近万家企业进行 40 余场次的对接活动。

例如，2008 年康佳集团通过红星奖与深圳无限空间设计实现了产品设计合作，共同开发了"快乐生活"营养早餐机，该产品次年荣获中国创新设计红星奖最具创意奖，康佳集团也在当年成立了自己的小家电事业部。

3. 工业设计技术联盟：搭建设计服务新平台

为支持一批市场服务意识较强的工业设计企业提升综合服务能力，2010 年中国工业设计技术服务联盟在京成立。联盟以北京市科委首都科技条件平台工业设计领域平台为基础，在北京工业设计促进中心的指导下，由北京上拓等 40 家国内外技术服务商、设备供应商、高校研发机构以及设计公司组成设计技术协作组织，以快速成型和逆向工程为核心，涵盖三维扫描、快速成型、可用性测试、人机工程、虚拟设计、数字化设计等领域，通过项目研发合作及技术推广应用，搭建起国内在工业设计技术方面的系统化服务体系。

目前，联盟已整合价值超过 4 亿元的技术设备，促成 24 个重点实验室、工程中心对社会开放，2011 年初步实现设计技术服务收入超过 5000 万元，形成工业设计技术综合服务能力，为研发设计和科技服务业的发展拓展更加广阔的空间。

此外，为加快国内设计服务业的快速发展，形成工业设计产业服务集群，2010 年底，中国工业设计协会牵头国内 26 家设计产业园区成立了中国工业设计园区联盟，北京工业设计促进中心、北京 DRC 工业设计创意产业基地是 2011 年轮值主席。

4. 文化创意产业规划中关于"设计创意"的工作重点

积极占据全国设计创意产业高端，重点发展工业设计、软件设计，大力发展建筑环境设计、工程勘察设计、平面设计、工艺美术设计，积极培育服饰设计、咨询策划，壮大设计创意产业规模，大幅提升创意能力和水平，使北京成为创意之都、时尚之都、软件之都。

支持共性技术和关键技术研发，加快设计创意产业公共平台建设，打造软件产业公共技术支撑平台、工业设计条件平台、平面设计支撑服务平台、数字版权保护平台。规划建设一批创意设计产业集聚区，促进设计资源分工协作体系的建立。培育 10 个自主创新能力强、具有较强国际影响力和竞争力的创意设计品牌企业。重点建设北京 DRC 工业设计创意产业基地、北京软件产业基地、集成电路设计园、北京时尚设计广场、百工坊工艺美术设计创意产业基地等产业集聚区，促进一批有影响力的设计企业和机构聚集，引进和培育一批具有国际影响力的知名设计大师。创办中国创新设计红星奖、北京设计创意展，举办北京设计创意产业大会、2009 世界设计大会。举办"中华民族服饰与奥运同行——迎奥运中式服装创新大赛"。

设计创意的重点，从产业规模来看，时尚设计、电影与录像、交互式互动软件、音乐、表演艺术、出版业、软件及计算机服务、电视和广播逐渐成为第三产业的支柱。此外，在旅游、博物馆和美术馆、遗产和体育等产业领域，创意设计的比重也逐渐提高。从产业经济角度来看，西方理论界也率先掀起了一股研究创意经济的热潮。从研究"创意"（creativity）本身，逐渐延伸到以创意为核心的产业组织和生产活动，即"创意产业"（creative industry）、"创意资本"（creative capital），又拓展到以创意为基本动力的经济形态和社会组织，即"创意经济"（creative economy），逐渐聚焦在具有创意的人力资本，即"创意阶层"（creative class）。

二　北京市设计服务业发展特征

通过上面的数据和事件可见，近年来北京设计服务业得到了快速发展，主要呈现以下特点。

1. 行业整体发展水平逐步提高，优势领域呈增长态势

依托良好的资源条件和产业发展基础，北京设计服务业初步形成了工业设计、建筑设计、环境设计、广告设计等优势领域。

随着设计在产业价值链环节中地位和作用的逐步提升，设计部门负责公司设计管理和市场调研和产品跟踪工作，根据市场需要对现有产品、工艺进行改进，寻找新型原材料，开发、设计新产品；研究市场和用户的潜在要求，长期规划及资金预算；及时提出设计开发方向和设计课题，并负责对提出的开发方向或课题组织评审，保证课题具有前瞻性、可操作性和现实性。

制造型企业设计服务在价值链的前端，是为了实现公司战略目标，在公司高层团队的领导下，负责新产品开发、技术管理、试验管理、工艺管理及模具管理工作，领导建立和健全研发产品经营管理体系与健全组织结构，建设高效的生产设计团队，为下一步规模化生产打下良好基础；同时也承担公司技术发展战略、新产品开发、老产品改造、技术管理等技术支持和顾问工作，以满足企业的发展需要。许多国际跨国公司如摩托罗拉等也纷纷在京设立研发中心以及独立的工业设计部。设计对提升企业竞争力的加速效应开始逐步显现。

2. 设计产业聚集区逐步形成，产业集群化趋势明显

产业集群（Cluster）是指集中于一定区域内特定产业的众多具有分工合作关系的不同规模等级的企业以及与其发展有关的各种机构，组织等行为主体，通过纵横交错的网络关系紧密联系在一起的空间积聚体，代表着介于市场和等级制之间的一种新的空间经济组织形式。在市场的自发聚集及政府宏观引导下，以产业链地域形成了设计服务业集聚区。以现代制造业为背景工业设计走在发展的前列，形成了北京工业设计创意产业基地、以清华大学美术学院为中心的设计产业带、以中央美术学院为中心的大山子设计文化产业带以及以北京理工大学等大学为依托的中关村设计产业带等四大特色聚集区。

服装设计领域则初步形成了北京时尚设计广场、大红门服装服饰
文化创意产业聚集区、惠通时代广场等；在工艺美术设计领域，有通
州区工艺美术发展平台、京城百工坊、房山大石窝石雕艺术园区等三
大工艺美术保护基地。北京设计服务业的集群化发展趋势，对于提升
设计服务产业的整体发展，增强设计服务业的创新辐射力和市场影响
力具有重要作用。

第四节　北京市工程勘察设计行业发展态势

2000 年以来，政府对基础设施、保障性住房和市政工程等建设
项目的大力投资，由此拉动了这些行业工程勘察设计产业市场旺盛的
势头，勘察设计产业在享有固定资产投资带来的市场空间和容量急增
的同时，实现了可持续发展。

一　北京市勘察设计产业环境变化

随着行业市场化的发展，地域和行业分割的格局正在被打破，
原来的地域化和专业化逐步被"全国化、全过程化和国际化"所
代替。

市场竞争日益激烈，参与竞争的力量有：转型的专业设计企
业、新兴的民营设计事务所、改制后的设计企业、外资工程公司、
外资设计事务所等。在这种情况下，一方面，国内大部分单位已经
转制为企业，机制灵活，但是必须依靠自身的能力来面对各种潜在
的市场风险，适应市场化的优胜劣汰机制；另一方面，一些原来属
于垄断系统的单位也在推行改革和改制，如电力、铁路等专业设计
院以及中央各部所属设计院都实力雄厚，改制后也会打破原有的业
务范围来争夺更广阔的市场，这对整个市场的竞争格局将产生巨大
的影响。

二 北京市勘察设计产业规模变化

1. 行业总体规模持续扩大，企业数量和人员规模有所减少

据统计，2011 年，北京勘察设计产业企业数量达到 975 个，比 2010 年增加 116 个，增长 13.5%；较 2009 年，增加 499 个，大幅增长 104.83%，近两年企业数量增加较快，发展趋势良好。[①]

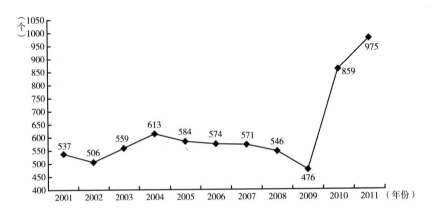

图 3-1 北京工程勘察设计产业企业数量

2011 年，全行业企业从业人员 18.69 万人，比 2010 年增加 15.3%。其中，专业技术人员 11.75 万人，比上年增加 3.4%；注册执业人员 2.33 万人，比上年增加 19.0%。近两年，行业从业人员数量大幅增长，增速较之前五年，取得显著提升。

2011 年，在基础设施与房地产业相关重点产业投资的经济刺激政策的影响下，勘察设计产业单位业务完成情况良好，仍保持持续增长。其中，工程勘察完成合同额同比增长最快，达到 65.06%。同时，受全球金融危机影响，境外工程完成合同额 355.02 亿元，较 2010 年增长 5%，但是增速较 2010 年减缓 14 个百分点。可以看出，

---

① 数据来源：北京市勘察设计与测绘管理办公室编《北京勘察设计行业发展报告（2011~2012）》，中国质检出版社，2012。

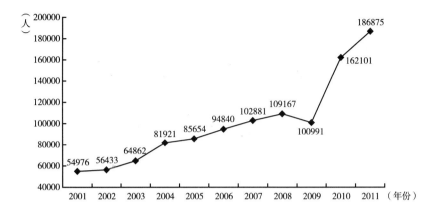

图 3 - 2　北京工程勘察设计产业从业人数

2011 年全球金融危机对我国勘察设计行业走出去战略影响较为严重。而工程总承包中设计完成合同额则有所减少。

表 3 - 5　2011 年工程勘察设计产业单位业务完成情况

单位：亿元，%

	2011 年	2010 年	增长率
工程勘察完成合同额	51.73	31.27	65.06
工程勘察设计完成合同额	564.16	431.96	30.60
工程技术管理服务完成合同额	94.39	75.79	24.54
其中：工程咨询	43.95	29.67	48.13
工程监理	15.35	15.53	-1.16
项目管理	32.10	27.72	15.80
工程咨询造价	2.99	2.87	4.18
工程总承包中设计完成合同额	0.0072	0.0089	-19.10
境外工程完成合同额	355.02	336.79	5.41

2. 全行业年产值继续保持快速发展的态势

2011 年，北京市勘察设计全行业营业收入 3147 亿元，较 2010 年的 2469 亿元增长 27%，其中工程勘察设计收入增长 21.51%，工程勘察收入增长 87.76%，工程承包收入增长 22.40%。这在全球金融危机肆虐的 2011 年，能取得这样的增长比例，说明近年来国家拉动内需的政策取得了成效，北京市勘察设计行业服务全国、抵御风险的能力较强。

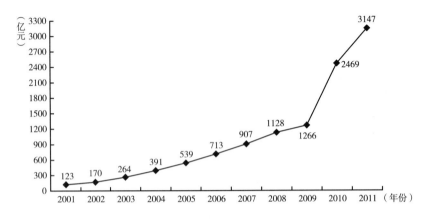

图 3 - 3   2001 ~ 2011 年北京工程勘察设计产业营业收入

3. 工程勘察设计产业科技含量不断提高，企业科技创新成果丰硕

2011 年，北京市勘察设计行业企业科技活动费用支出总额 80.79 亿元，较 2010 年的 64.38 亿元增长 25%；科技成果转让收入总额 148.5 亿元，较 2010 年 129.01 亿元增长 15%，连续两年保持两位数的增长幅度。企业累计拥有专利 8610 项，企业累计拥有专有技术 4864 项，参加编制国家、行业、地方技术标准 1074 项，参加编制国家、行业、地方标准设计手册 231 册。分别比 2010 年增长 17%、14%、18% 和 31%。

综上所述，2011 年北京工程勘察设计产业规模继续扩大，整体行业效率进一步提高，企业实力和科技活动投入明显提高，圆满完成了各项设计产业任务。虽然受到全球金融危机影响，但在国家、行业发展政策的带动下，全年营业收入、人均营业收入以及各项业务完成情况等硬指标仍有明显提高，保持了行业的稳步发展，为确保工程建设顺利进行奠定了坚实基础，并取得了较好的经济效益。

三 北京市设计产业趋势变化

北京设计行业在过去十年中取得了飞速的发展，取得了瞩目的成绩。在未来产业发展要结合自身特点选择合适的发展模式，围绕纵向产业链、横向产业链进行相关衍生，所提供的产品和服务相应地呈现多样化趋势。在此趋势下，设计产业必将面临新的机遇和挑战。

所以需要考虑的问题主要包括以下方面。首先，设计产业过去十年快速增长的态势能否有效延续。其次，设计产业单位过去发展过程中积累的一些资源和要素能否支撑未来的发展。最后，过去改革发展的思路对于未来是否能够延续。

第五节 国际环境下北京市建筑设计行业发展现状

一 宏观经济社会发展环境

1. 北京已进入后工业化发展阶段

2006 年，北京市第三产业比重已经超过 70%，达到 70.99%，第三产业就业人口比重也达到 70%，率先于全国其他地区进入后工业化经济发展阶段。到 2011 年，北京市第三产业比重继续上升，累计已经达到 75%，领先全国平均水平 30 个百分点。

21 世纪以来，全球产业结构进入由"工业经济"主导向"服务经济"主导转变的新阶段。特别是自金融危机以来，世界主要发达国家为重塑国际竞争优势，不断加大对科技创新的投入，在继续将加工制造中的高耗能、低附加值环节向发展中国家转移的同时，大力发展高附加值的生产性服务业，积极抢占后危机时代经济发展的战略制高点，基于"科技"与"文化"驱动的生产性服务业新业态成为国际经济新的增长点，并呈现细分化、国际化、数字化的发展趋势。

21 世纪的头 20 年是我国深化改革开放、加快经济发展方式转变、全面建设小康社会的关键时期，也是提高自主创新能力，建设创新型国家的攻坚阶段。自 2006 年全国现代服务业科技工作会议以来，我国现代服务业优化了现代服务业科技创新环境，提高了现代服务业科技发展水平，促进了现代服务业的创新发展。

——共性关键技术攻关取得重大进展。"十一五"期间，组织实施了一批重大、重点项目，在电子商务、现代物流、数字医疗、数字内容、数字社区、数字教育、数字旅游、电子金融等现代服务业多个重要领域和方向，突破了一批现代服务业共性关键和系统集成技术，制定了一批现代服务业标准规范，现代服务业科技支撑能力明显提高。

——现代服务业创新发展态势初步显现。通过应用示范，创新了一批服务模式和服务业态，形成了一批有影响力的现代服务企业。截止到 2010 年底，全国已有国家现代服务业产业化基地 18 家，一批现代服务产业领域的技术创新战略联盟相继成立。信息网络等高新技术和现代管理理念在服务业的广泛应用，促进了产业结构调整和经济发展方式转变。

——现代服务业科技创新环境明显优化。颁布了《现代服务业科技行动纲要》，举办了现代服务业创新发展系列论坛。在现代服务业相关领域支持建设了若干重点实验室、工程技术研究中心和综合研究机构，加大了技术先进型服务企业等政策的实施力度。提高了有关各方对现代服务业的认识，营造了全社会共同关注和参与现代服务业创新发展的良好氛围。

近年来，服务业的快速细分不断催生出新的服务业态，推动新兴服务业态和服务模式不断涌现，为生产性服务业提供了更大的发展空间，对产业结构的调整升级和区域经济发展的作用更为突出。从 1978 年到 2009 年，北京市呈现第三产业的比重不断上升，第一产业和第二产业的比重均不断下降的明显特征，而第三产业和第二产业的发展呈现明显的产业"剪刀差"形式,这是首都经济结构深化调整的结果,更是北京市第三产业迅速崛起的路线图。

世界经济发展经验和特征表明,第三产业的发展成为经济发展的重心。第三产业在一个国家或地区经济结构中所占的比重,成为衡量其经济发达程度和开放程度的重要标志。北京市第三产业在近 15 年间的迅速崛起,是中央和北京市着力推进经济结构调整和优化的必然结果,也是首都经济结构调整的最重要标志。

2. 首都城市建设处于新的发展阶段,投资规模快速增加

北京市 2009 年全社会固定资产投资 4854.4 亿元,2010 年全社会固定资产投资 4936.4 亿元,2011 年该数据达到 5910.6 亿元,同比增长 19.74%。2010 年,全市具有资质等级的总承包和专业承包建筑业企业完成建筑业总产值 4059.8 亿元,比上年增长 32.4%。2010 年北京完成 4030 万平方米建筑节能改造。

二 建筑设计领域的发展特征和趋势

1. 行业发展趋势

21 世纪以来,中国经济持续保持旺盛的发展态势,建筑设计行业的外部经济环境良好,尤其是随着北京奥运会和上海世博会、广州亚运会、深圳大运会的举办,大规模的城市更新和场馆等特大型项目的建设,中国已经成为世界景观和建筑设计领域最受关注的市场。《中国经济年鉴 2010》统计数据显示,2009 年,中国建筑市场的工程价值总额约为 2.1 万亿元。根据本土建筑设计机构和国外建筑设计机构一般按照工程造价的 5‰或 3% 收取设计费的标准进行量化,建筑设计费用达 105 亿~630 亿元。巨大的市场吸引着越来越多国家的建筑设计机构进入中国建筑市场。

我国的国民经济发展取得了显著成就,整个国民经济运行正朝着宏观调控预期的方向发展。展望 2020 年,我国经济发展面临的国内外环境依然严峻复杂，保持经济平稳较快发展依然面临巨大挑战，同时也要看到，我国经济发展的基本面没有发生根本变化，仍然处于发展的重要战略机遇期，我们既要有强烈的忧患意识，更要有坚定的信心，我们相信只要坚持稳中求进的经济工作总基调，不动摇、不懈怠、不折腾，我们就一定可以实现经济平稳较快增长和物价基本稳定的目标。

随着北京成为当代城市建设最为活跃的地区，建筑市场面临前所未有的机遇和竞争，巨大的市场吸引着世界最知名、最富有创造活力的建筑大师们来北京实现他们在本国不可能实现的梦想。一方面，国外建筑师和建筑设计公司为北京建筑市场带来了新的活力，无论是设计理念、施工工艺等各方面都在外来力量的推动下有了进一步的发展。但另一方面，由于中国加入 WTO 后对本土市场的开放和世界经济全球化的趋势不断加强，北京建筑市场的竞争也呈现前所未有的激烈状态。

根据宏观分析，建筑设计企业在未来的发展中将面临激烈的市场竞争，特别是以北京成功举办奥运会为标志。对于产能相对过剩、竞争激烈的建筑设计业而言，在市场供需并不平衡的状况下，许多外国公司却又早已瞄准中国市场，设计产业作为整个工程建筑业对外开放的桥头堡，必将成为市场竞争的焦点。

工程勘察设计领域属服务贸易范畴，加入 WTO 以后，我们对外的承诺是：①允许国外企业在中国成立合资、合作企业；②5 年内开始允许外商设立独资的设计企业；③进入中国从事设计的建筑师及企业是在其本国从事设计工作的注册建筑师、工程师及注册企业。经过近十年的过渡，设计产业是对外开放最彻底的一个行业。

2. 行业发展特征

建筑市场由有形建筑市场和无形建筑两部分构成，如建设工程交易中心——收集与发布工程建设信息，办理工程报建手续、承发包、工程合同及委托质量安全监督和建设监理等手续，提供政策法规及技术经济等咨询服务。无形市场是在建设工程交易之外的处理各种交易活动及各种关系的场所。建筑市场的快速增长也伴随着建筑设计需求的迅速增加。建筑设计产业提供的服务所创造的价值占建筑业总产值的很大一部分，随着产业的发展，建筑设计服务处于高附加值的地位。

西方经济理论认为，一个国家的建筑市场规模大小折射出该国的国民经济状况。根据《中国经济统计年鉴（2011）》的数据，中国有超过1万家建筑公司的总收入大于10亿美元。根据GaWC研究公告报告，建筑设计行业发达地区与全球的城市群网络相重合，主要分布在美国东西海岸、亚洲太平洋沿岸、澳洲东海岸以及英国伦敦为中心的欧洲西海岸等世界级城市群。

国家住房和城乡建设部研究数据显示，中国的建筑设计市场由国内的设计院所和国外设计事务所构成，其中国有资本企业在规模产值、项目数量、设计水平和项目承建上占据绝对优势。随着中国经济市场的逐渐开放，越来越多的国外建筑设计公司逐步加入中国市场，且大多数通过2008年北京奥运会、2010年上海世博会等国际关注程度非常高的重大项目亮相中国市场。根据北京市社会科学院经济研究所梁昊光研究员的调查，目前世界排名前300名的建筑设计公司，已经有149家在中国设立了分公司或亚洲地区总部。但是从本土化企业发展角度来看，跨国设计公司的进入是对中国本土设计行业的巨大威胁。在全球200家最大的工程顾问公司中，我国只有4家建筑设计单位入围，市场份额不足1%，仅占0.93%，其总产值约为100亿美元。全球收入排行榜上前30家建筑公司中，美日占20家，中国的上榜企业是上海现代建筑公司。根据行业分析师John Howkins的研究结论显示，多数中国建筑师在建筑市场地位不高，在资本的影响下话语权较少，收费标准不统一，设计费所占建筑投资的比重较少。而且，北京、上海、天津、广州和深圳的新建筑大多是由国外建筑师担任设计，中国合作者仅仅扮演次要角色。

从行业研究的角度看，除关注的大型、跨国集团性质的设计公司外，小型和微型的设计事务所和设计办公室凭借专业化分工，其作用也逐渐明显。从公司规模来看，建筑设计企业的规模大多以小型公司为主。例如，美国目前有大约17000多所在美国建筑师学会登记的建筑师事务所，其中20%是少于5名雇员的小公司；德国的建筑设计公司50%少于5名雇员；而法国的设计公司中70%少于5名雇员。这样规模的组织大多为扁平式组织方式，能快速应对市场需求，创造了最容易激发创意的环境。

Florida 在其研究报告 *Globalization of Architectural Practice* 中，从全球化角度研究建筑设计公司的空间分布，指出虽然建筑设计行业的全球化还处于早期阶段，但也形成了明确的空间网络。这个网络与其他行业的结构有相似也有不同。

根据 P. L. Knox 与 P. J. Taylor 的研究，北京和上海是世界顶级建筑设计公司在亚太地区重要的办公点。

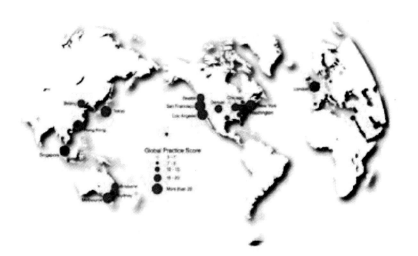

图 3 - 4 全球建筑设计企业所在地分布
（Global Architectural Practice Cities）

资料来源：P. L. Knox and P. I. Taylor, 2010。

三　对境外建筑设计企业的管理政策

1. 入世前我国对境外设计企业的管理政策

20 世纪 80 年代中期，为了吸引国外投资进行工程项目建设，同时推进我国设计市场的开放和改革，经国务院批准，1986 年，国家计委、经贸部制定《中外合作设计工程项目暂行规定》（设计 1986〔840〕号，以下简称《规定》），由于当时的历史条件，整个文件中都带有计划经济的烙印，明确规定需要进行中外合作设计的项目要经过国家计划主管部门批准，对于大型工程项目还需报国务院批准；中国设计机构能够设计的，不得委托外国设计机构承担设计；项目审批部门还需对外国设计企业的承担业务能力进行审查。《规定》中对于资格审查的内容以及合作设计合同的内容都做了详尽描述。合作双方的责任、权利、义务甚至税收都在文件中有所体现。那时，对于合作设计中的境外企业都是比照国内设计单位的标准提出要求。按照《规定》，境外设计企业在合作设计过程纳入我国政府对于基本建设程序的管理，与国内合作设计单位共同承担基本建设审批中的责任义务。也正是通过初期带有计划经济特色的严格管理，我国政府了解到一些境外优秀设计企业的情况，国内设计单位通过与境外设计的合作，接触到了境外企业的设计理念、工程技术以及管理经验，为更进一步改革开放做了有益的探索，为设计行业走向市场积累了经验。

2. 入世后我国对境外设计企业的管理政策

2001 年 11 月，我国正式加入世界贸易组织。工程勘察设计行业属服务贸易的范畴，入世承诺主要是允许国外设计企业以"商业存在"和"跨境交付"两种方式进入我国设计市场。对于"商业存在"方式，我国政府承诺允许"国外从事建筑/工程/城市规划服务的注册建筑师/工程师或企业通过在中国成立合资或独资企业的方式进入中国设计市场，且从中国加入 WTO 之日起即可成立合资企业，在中国加入 WTO 五年后，允许设立外商独资企业"。

2002 年建设部、对外贸易经济合作部印发了《外商投资建设工程勘察设计企业管理规定》（第 114 号令，以下简称《管理规定》），对境外设计企业通过商业存在方式进入我国市场提出了规定要求。鉴于之前成立的合营设计单位没有完全达到引进先进技术的目的，《管理规定》要求在我国从事设计活动的外国企业，必须有 1/8（合资、合作企业）或 1/4（独资企业）的外国服务提供者取得我国的注册执业资格，及外国服务提供者在中国注册的建筑师、工程师、技术骨干，每人每年在我国境内累计居住时间不少于 6 个月等限制条件。由于上述条件门槛比较高，满足《管理规定》在我国注册成立并取得设计资质的企业几乎没有。

《管理规定》的限制条件同我国入世前的《成立中外合营工程勘察设计机构审批管理规定》（建设 1992 ［180］号）相比，增加了更多的限制，客观上提高准入门槛，受到一些国家的质疑，要求我国取消对于外籍设计人员数量及在我国境内居住时间的限制条件。因此，2003 年建设部与商务部颁布了《管理规定》的补充规定，放开对香港、澳门的设计人员的限定。直到 2006 年"入世"五年过渡期满，建设部、商务部颁布《外商投资建设工程勘察设计企业管理规定实施细则》（建市［2007］18 号），允许聘用中国注册人员来达到取得资质所要求的标准，取消对境外人员在内地的居住时间的要求。至此，外资企业取得设计资质的标准已经与中国企业几乎相同，充分享受到了国民待遇。

同时，为了加强对境外设计企业参与国内工程建设的管理，2004 年，建设部颁布《关于外国企业在中华人民共和国境内从事建设工程勘察设计活动的管理暂行规定》（建市［2004］78 号，以下简称《暂行规定》）。《暂行规定》的颁布旨在履行我国入世承诺，规范对在我国境内从事工程勘察设计活动的境外设计企业的管理。其中，最重要的内容是按照服务贸易总协定咨询服务减让表的规定，要求以跨境交付方式提供服务的境外设计企业在参与国内工程的初步设计和施工图设计阶段，必须选择至少一家有设计资质的中方设计企业进行合作，且在中方设计企业从业范围内承接业务，并要求建设单位对境外企业进行设计资格审查。

设计行业的对外合作与开放，经历了从初期严格管控下的项目合作，到中期企业合营运作，再到入世后市场平等准入，设计行业 30 年的发展过程成为我国改革开放的一个缩影。

四　境外设计企业在我国市场活动现状及特点

按照提供服务的不同方式，把境外设计企业分为以跨境交付方式提供设计服务和以商业存在方式提供设计服务两类，分别对其市场活动现状进行阐述，通过对企业存在形式、经营方式、运作模式特点的归纳，摸清目前进入我国市场的境外设计企业现状。

境外设计企业进入我国市场提供设计服务，属于服务贸易范畴，服务贸易是一种特殊产品的贸易，《服务贸易总协定》确定了国际服务贸易的四种方式："跨境交付""境外消费""商业存在""自然人流动"。目前，境外设计企业在我国主要以"跨境交付"和"商业存在"两种方式提供设计服务，通过对北京、上海、深圳等地境外设计企业的走访和深入调研，我们按照境外设计企业提供服务的不同方式，对目前他们在我国市场中的活动现状进行了梳理和分析。

1. 以跨境交付方式提供设计服务

跨境交付（Cross-border Supply）是指一成员服务提供者在其境内向在任何其他成员境内服务消费者提供服务，以获取报酬。这种方式是典型的"跨国界贸易型服务"。它的特点是服务的提供者和消费者分处不同国家，在提供服务的过程中，就服务内容本身而言已跨越了国境。

跨境交付是境外设计企业进入我国市场提供设计服务的主要方式。依据服务贸易总协定咨询服务减让表和《暂行规定》的有关规定，境外设计企业可以独立承担方案设计，而初步设计和施工图设计须中方有设计资质的企业进行合作设计。在市场上，境外设计企业主要承担方案设计，而由我国的设计企业承担后续设计工作。根据境外设计企业进行方案设计的不同方式，可以将跨境交付归纳为三种情况。

（1）境外著名建筑师和设计企业通过国际招标进入我国市场

随着北京奥运会的成功举办，国力的增强，许多国家级的标志性公共建筑的建设为境外著名建筑师的设计创作提供了舞台。这些项目的巨大国际影响力，吸引了众多国际建筑设计大师积极进入我国市场参与竞争。例如，国家大剧院由巴黎机场公司的首席建筑师安德鲁方案中标后，与北京市建筑设计研究院组成联合体完成设计服务工作；国家体育场（鸟巢）由瑞士赫尔佐格和德梅隆设计事务所进行方案设计后，其余设计工作由中国建筑设计研究院完成，这些项目在合作形式上虽然存在差异，但均属于在《暂行规定》规定下的跨境交付，并与服务贸易总协定咨询服务减让表 CPC8671 相一致。

这类境外著名设计企业参与的均是我国高端项目设计工作，此类项目多为政府投资项目，投资额大，国际影响力强，多通过国际设计方案招标挑选方案和团队。参与的境外设计企业重视程度高，设计团队均是境外企业的核心技术力量，带来的是世界高端的设计理念。正是由于这类项目的国际化运作，相应的方案设计收费也基本与国际接轨，方案费用远远高于国内水平。按照服务贸易总协定咨询服务减让表和《暂行规定》的要求，此类项目之后续设计工作，或由国内企业独立完成，或由中外联合体共同完成。在合作过程中，境外企业完成方案设计工作量约占总设计工作的 20%，而收取的费用却要占到总设计费的 30%～40%。在初步设计和施工图设计阶段，境外企业一般只参与建筑专业的设计工作，所完成的设计工作量约占总设计工作的 10%，而收取的设计费却要占总设计费的 15%～20%。纵观整个项目，境外企业完成了总设计工作的 30%，却获得了 45%～60% 的设计费。此外，国内设计单位在合作过程中除了付出巨大的人力和物力外，还承担了几乎所有的设计责任，这种现象已在我国行业内产生较大争议。

（2）境外设计企业在我国设立办事机构参与市场竞争

大规模的城市建设使境外设计企业看好我国市场。一些境外设计企业进入我国市场后，为了更好地承接业务，先后在我国成立办事机构。办事机构一般可以不单独核算，可以不单独进行税务登记，其业务类型类似于我国民法规定的行纪，只联系业务，一般不单独与客户形成购销关系，如美国 SOM、德国 GMP、法国 AREP 在北京设立了办事处，利用国际市场上的良好信誉，在我国承揽设计业务参与市场竞争。这些企业虽然在我国设立分支机构，且无论分支机构规模大小，他们均以境外设计企业的身份在世贸服务总协定的框架下，符合 78 号文件的管理规定，直接为国内建设项目提供设计服务。无论这些分支机构在业务中承担多少工作，由于没有经营权，所以提供服务承担责任的主体仍然是境外设计企业，那么这种服务提供方式依然属于跨境交付。

这些企业目前已经广泛地参与我国的工程建设项目，项目覆盖范围包括公共建筑、环境工程、基础设施、商业地产等多种类型。由于这些境外企业大多是综合性工程勘察设计企业集团，拥有雄厚的技术实力，通过在国内设立办事处，采用本土化运营方式，有效降低了自身的服务成本，在国内市场中具有相当的竞争力，已经占有了一定的市场份额，如：德国 GMP 参与了北京国家博物馆扩建工程、深圳国际会展中心等项目的设计工作；法国 AREP 承接了北京首都博物馆、北京南站等项目的设计工作；英国阿特金斯参与了北京王府酒店、南京金陵饭店等项目的设计工作；美国 RTKL 承接了中国电影博物馆、深圳华润中心等项目的设计工作。但由于这些企业的服务提供方式为跨境交付方式，按照《暂行规定》的要求，只能独立从事方案设计，或与中方设计企业组成联合体后完成全部设计工作。

2. 以商业存在方式提供设计服务

我国的建筑工程勘察设计从计划经济时代的基本建设中的一个工作环节逐步走向市场，形成了一个行业。随着经济的快速发展和城市化进程的加快，建筑需求的多样化，我国的建筑设计市场也逐渐向世界打开了大门。境外设计企业走进中国市场经历了由国家审慎地控制性进入，到允许成立中外合营工程勘察设计机构，再到入世前的进一步开放市场，直至入世后我国从政策上允许境外设计企业按照我国的

WTO 承诺，以多种方式在国内承接设计业务。

由于我国建筑市场的不成熟，市场存在盲目信奉"洋设计"的现象。这些中国人投资的境外设计企业，在我国市场有着广泛的生存土壤，如住宅、写字楼、景观、装饰、小区规划等项目类型。这些境外设计企业往往注册资金少，设计业绩少，甚至无法提供所在国政府主管部门或行业组织核发的设计许可证明。由于目前各地方政府对工程勘察设计业务承发包的监督方式不同，尤其对方案设计发包工作还普遍缺乏有效的管理机制，使得这些境外设计企业，无论在方案设计还是在后续设计阶段都在不同程度上获得了"超国民待遇"。

境外设计企业在我国成立合资、合作、独资的设计企业（以下简称外资设计企业）。这些企业虽然在我国新注册成立，但是由于与境外母公司有着血肉联系，可以说是境外设计企业在我国地域内全球化发展的一部分。目前，以商业存在方式在我国成立的外资设计企业大致可以归纳为以下两种情况。

（1）取得设计资质的外资设计企业

我国经济建设与城市化进程形成的庞大设计市场，吸引着许多境外优秀设计企业。从 20 世纪 90 年代开始，这些企业就通过多种方式进入我国市场。随着我国加入 WTO，这些企业在我国正式注册成立外资企业，目前已经发展得颇具规模，有些企业从业设计人员已经超过百人，人员多以我国技术人员为主，以商业存在的形式在我国市场上直接提供设计服务。由于 2002 年颁布的 114 号令对外资设计企业申请设计资质提出了很多限制条件，使得许多外资设计企业在我国注册后无法取得设计资质，它们在我国提供设计服务的方式不是真正意义上合法的商业存在。鉴于这种情况，这些企业利用市场上对于境外设计企业与外商投资设计企业认识上的误区和国内外对咨询业服务范围界定的不同，在我国广泛地从事名为工程咨询服务实为工程勘察设计中的方案设计服务。

直到 2007 年颁布执行 114 号令的实施细则，取消了对外资企业申请设计资质的限制条件，许多外资设计企业才开始按照我国有关规定开展申请设计资质工作。这类外资设计企业的共性是成立时间较早，而取得设计资质较晚，资质等级较低，只有个别企业通过资本运作方式收购了国内设计企业，取得了较高等级的设计资质。但是由于这些外资设计企业，有着境外设计企业的背景，无论在资金实力还是技术水平上，都有相当的优势。目前，虽然资质较低，市场份额较少，但是假以时日，当这些企业完成人才资源本土化整合和不断积累我国市场发展经验后，会成为我国设计企业的最大竞争对手。

通过综合分析认为，虽然目前外资企业取得国内设计资质绝对数量少，所占比例低，但是从 2007 年颁布执行 114 号令的实施细则以来，发展较快，并呈上升趋势。

（2）未取得设计资质的外资设计企业

早期进入我国设计市场的境外设计企业往往通过聘用有留洋背景的中国人为企业代表，在国内注册成立合资或独资的外资设计企业。以境外设计企业的品牌在国内从事设计活动，投入的设计人员大部分是我国本地的工程技术人员。这些企业从法律上讲是境外设计企业在我国设立的子公司，它们以我国独立法人身份单独核算，具有生产经营权，为我国市场提供服务。这种提供服务的方式即为商业存在。

由于市场上对境外设计企业与外商投资设计企业认识上的误区，这些企业以境外设计企业的名，以外资设计企业的实在我国市场上充分享受"超国民待遇"。它们参加招投标往往不受限制，承接项目不受限制，签订合同不受限制，设计收费不受限制，投标设计保底费也比国内设计同行高许多，有时不仅做方案，随便联合国内一家设计单位，连施工图一起完成也不受限制。这种经营行为确实严重影响了设计市场的正常秩序，引起国内设计企业广泛的争议。

五　对境外设计企业进行市场管理存在的问题

通过与境外设计企业的交流与合作，我国设计企业已经缩小了与境外设计企业的技术差距；通过在我国经济发展大潮中的实践，国内设计企业已经积累了丰富的设计经验，在我国市场上完全有能力与境外设计企业进行公平竞争。目前，设计市场更加开放，境外设计企业不仅可以以跨境交付方式提供设计服务，而且可以享受同等国民待遇，以商业存在的方式提供服务。面对国内广阔的市场，境外设计企业进入我国已经成为必然。政府有关保护性的思维定式已被打破，而完善政策体系，加强市场监管，严格政策执行是行业市场管理的主流思路。

经过对现阶段境外设计企业在我国市场现状的调研，我们发现应按照境外设计企业提供服务的两种不同方式，分别分析管理中存在的问题并提出对策。

1. "跨境交付"管理中存在的问题

以跨境交付方式为我国工程建设提供设计服务的境外设计企业，确实在市场准入、从业范围上享受"超国民待遇"。但这种"超国民待遇"是以国家承诺的方式在服务贸易总协定咨询减让表中体现的，所以，我们应在遵守国家承诺的原则下，研究对这类境外设计企业的管理对策。

（1）对境外设计企业参与方案设计管理政策上的缺失

根据服务贸易总协定咨询减让表中的有关规定，对以跨境交付方式提供服务的境外设计企业没有限制，我们认为市场准入没有限制，并不等于对其不进行市场监督和管理。《暂行规定》是目前关于外国企业在我国境内从事建设工程勘察设计活动进行管理的唯一专项管理文件，但文件中明确规定"外国企业以跨境交付的方式在我国境内提供建设工程初步设计之前的方案设计不适用本规定"。那么就造成了对境外设计企业从事方案设计的管理工作"无法可依"的状态，而境外设计企业在我的市场活动行为主要以提供方案设计获得报酬为主。

为了维护市场秩序，规范境外设计企业的行为，建议尽快出台有关境外设计企业从事方案设计的政策规定。规定中应参照《暂行规定》，要求建设单位负责对进行方案设计的境外企业是否具备设计能力进行资格审查。审查时可要求境外设计企业提供如企业注册登记证明、资信证明、保险证明、业绩证明、行业组织核发的许可证明，拟投入的技术人员执业证明等有效文件以及方案设计合同，报项目所在地次级中央行政主管部门备案。通过类似规定的出台，使得行业管理部门在管理中做到"有法可依"。

（2）对境外设计企业的市场行为管理不到位

地方建设行政主管部门存在对境外设计企业的市场从业行为管理不到位的问题。《暂行规定》自2004年颁布以来，很多地方没有严格按照《暂行规定》的要求对境外设计企业的市场行为监督到位。产生这种问题的原因首先是对设计市场监督机制建设不完善，没有有效的设计招投标监督体系，没有严格的设计合同备案制度，使得《暂行规定》管理要求无法做到有的放矢。其次，境外设计企业提供设计方案的服务往往是在项目前期，而在我国建设领域项目前期存在工程咨询和工程勘察设计的管理混乱，境外设计企业恰恰在这个管理的灰色地带中存在大量市场行为，使得建设行政主管部门难以找到一个切实有效的管理切入点来规范它们的市场行为。

（3）境外设计企业市场行为中的"责、权、利"问题

境外设计企业的市场行为存在"高收费，低责任"的现象，这种现象引起国内设计行业广泛的争议。产生这种现象的原因，首先在于境外设计企业提供的往往是方案设计服务，而方案设计单位在整个工程勘察设计中应承担的责任，在我国的现行法律法规中没有明文规定。其次，如果境外设计企业和我国设计单位合作进行后续工程勘察设计服务，按照《暂行规定》要求初步设计及施工图设计文件中要加盖中方注册执业资格人员的签章及中方设计企业公章后，方为有效文件，这虽然有利于政府对工程项目质量的管理，但从政策层面明显强化了中方设计企业的责任，弱化了境外设计企业的责任，也实际造成了境外设计企业只获得设计利益，不承担设计责任的现象。而境外企业在我国进行工程勘察设计时，遇到了建筑师在项目实施过程中管控范围与国际惯例不符，使建筑师不能完全对整个项目的工程质量负

责，而且时常在与国内设计单位合作过程中会因对设计深度的理解不同而发生争议。

但是，由于境外设计企业技术和地域的优势，加上国内建设方的一些不理性，使国内企业在合作中处于劣势，中外合作设计当中责任分工及设计费分配不合理在以往的项目设计中较为普遍，出现国外建筑师少干活，多拿钱，少负责的现象，但随着国内设计师水平的提高，有些工程项目已经日趋合理。课题调研收集了近几年北京地区中外合作设计的一些案例，进行了汇总分析，在一定程度上反映出目前中外合作设计中工作分工、设计费分配等方面情况。

2. "商业存在"管理中存在的问题

我国在 WTO 关贸协定中承诺境外设计企业以商业存在方式进入我国市场，只允许设立合资、合作企业，允许外资控股；中国加入WTO 五年后，允许设立外商独资企业（上述企业均简称为外资设计企业）。通过 2002 年颁布的 114 号令及 2006 年制定的《实施细则》，在政策层面上我国市场对外资设计企业已经达到全面开放。而外资设计企业享受更开放的市场，理应接受更严格的监督。我国行业市场实行的是企业资质管理制度，个人注册资格管理也在逐渐加强，企业申请资质要有一定的注册人员数量的硬性规定，通过对外资设计企业实行资质管理，把它们纳入我国的市场管理轨道，接受市场监管。

（1）外资设计企业在我国市场存在"超国民待遇"问题

由于市场上对境外设计企业与外资设计企业认识上的误区，一些外资设计企业以境外企业的名，利用我国对境外设计企业以跨境交付方式提供方案设计服务不受限制的承诺，在市场上不接受资质管理直接参与市场经营活动、承接设计任务。同时，由于行业市场本身对这类市场活动管理上的缺失，使得外资企业在中国加入 WTO 后的生产经营活动不受我国行业市场的企业资质管理制度约束，充分享受到了"超国民待遇"。

加强对外资设计企业实行资质管理，首先还是要加强对境外设计企业以跨境交付方式提供服务活动的管理。将建设单位对方案设计服

表3-6　中外全过程合作设计分工及设计费分配

单位：%

设计分工及分配阶段		外方设计公司				中方设计公司			
		设计分工	阶段工作量比例	占总设计工作量比例	实收设计费占总设计费比例	设计分工	阶段工作量比例	占总设计工作量比例	实收设计费占总设计费比例
方案设计（占总设计20%工作量）	建筑设计及其他专业咨询	建筑设计及其他专业咨询	90	18	30	配合建设计	10	2	7
初步设计（占总设计30%工作量）	深化方案设计 36	主要设计	70	7.56	10	配合设计，审核及编辑报审图纸	30	3	48
施工图设计（占总设计50%工作量）	结构设计 30	咨询配合	15	1.35	1.5	主要设计	85	7.65	
	机电设计 34	咨询配合	15	1.53	1.5	主要设计	85	8.67	
	建筑设计 36	咨询配合	10	1.80	2	主要设计	90	16.2	
	结构设计 30	—	—	—	—	全部设计	100	15.0	
	机电设计 34	—	—	—	—	全部设计	100	17.0	
合　计			30		45		70		55

注：此表根据某设计院多个中外合作设计项目统计数据进行编制，只反映一般中外合作情况。对于某些个案中的收入与工作量严重倒挂的情况未作表述。

务的承发包纳入行业市场的管理，在建立对行业市场有效监管体系的基础上完善政策、法规建设。严格执行《暂行规定》的规定，在方案设计招投标、工程项目方案审查、设计合同备案等环节加强管理。甄别出哪些设计服务属于境外企业跨境交付，哪些属于外资企业本地提供。对于外资企业的设计活动应严格执行资质管理规定，无资质的严禁从事工程勘察设计阶段的任何设计服务工作，有资质的应在资质允许的范围内承接业务。通过严格的市场约束才能把外资企业真正纳入我国市场的管理体系。

（2）外资设计企业在取得资质过程中的"收购""并购"问题

2006年，114号令实施细则颁布执行后，外资设计企业可以通过聘用我国执业注册人员申请企业设计资质。但是，由于我国资质管理规定，企业资质是从低级向高级逐级申请。有些外资设计企业为了尽快取得较高等级资质，只有通过并购我国中小设计企业的方式而获得。目前，对外资收购内资后的企业资质管理是按照114号令及实施细则的要求，需要外资设计企业出具外方投资者所在国的企业注册登记证明、业绩证明、信誉证明等资料。

允许境外设计企业以商业存在方式进入我国市场，目的是引进有实力的境外企业带来先进的设计理念和工程技术。在取消了对于外籍注册设计技术人员在我国工作时间的要求以后，技术人员本土化成为必然趋势。因此，单纯的资金注入而非人才与技术的引进成为可能，并且很难设置壁垒。商业存在的境外设计企业是否能够带进先进的设计技术一直是管理部门关心的问题，对待这个问题也应该持科学的态度，首先我国在入世谈判中工程勘察设计咨询服务减让承诺的市场准入原则必须遵守。创造平等的竞争环境，其次，进入我国的境外设计企业要生存、要发展，就看他的技术水平和设计能力，先进的设计技术是企业发展的原动力，这应该由市场进行有效调节。

从市场经济角度来看，境外设计企业无论以商业存在或跨境交付方式进入我国市场都存在市场行为不规范和行业管理不到位的问题。

针对这些问题。从规范行业市场行为和加强政府行政监管两方面提出建议，建议按照市场经济规律制定行业标准加强市场引导，对关键环节加强政府监管，维护市场公平有序的竞争环境。

六 境外设计企业市场管理政策的完善和发展趋势

针对目前境外设计企业进入我国市场存在的问题，未来管理部门可能从以下几方面完善市场管理政策，保证境外设计企业规范有序地进入我国市场，成为行业市场中的重要组成部分。

1. 划分设计阶段，明确设计责任

工程项目设计服务工作包括概念性方案设计、方案设计、初步设计、施工图设计和施工现场服务等阶段。设计文件的深度严格按照建设行政主管部门相关文件的规定执行。设计的阶段划分建议如下：概念性方案设计阶段可以以方案设计招标工作结束为标志；方案设计阶段以通过城市规划行政主管部门设计方案审定为结束；初步设计阶段以取得政府对初步设计批准为结束；施工图设计阶段以通过施工图审查为结束。只有设计阶段清晰划分后，才能明确境外设计企业完成设计工作内容，从而确定其应承担的责任和可获得的收益。

境外设计企业如果仅承担前期方案设计工作，应明确后期国内施工图设计单位为方案阶段的顾问单位，在相关合同中明确设计方案要得到后续承接设计任务的国内顾问单位文字认可，才算完成方案设计工作。境外设计企业如果和国内设计单位联合承担项目的全部设计工作，应在联合体协议中明确规定双方各自的工作内容、收费分配及承担责任，申报的所有图纸都应采用联合图签，由中外设计单位和设计人员共同签字盖章，从形式上明确双方的连带设计责任。

通过清晰划分工程勘察设计阶段，规范境外企业完成设计工作的内容和深度，制订指导性的设计合同、联合体协议范本，明确境内外企业所应承担的设计责任。

2. 执行标准，统一合理收费

境外设计企业在我国承接建筑工程勘察设计项目，应执行我国现行工程勘察设计收费标准，并应接受政府的监管。由项目所在地建设行政主管部门通过对招投标备案、设计合同备案等环节，对境外设计企业的项目收费进行监督管理。同时对现行工程勘察设计收费标准进行修订，统一中外设计企业在我国市场上的收费标准，通过有效手段监督设计市场承发包价格，营造公平、公正、公开的竞争环境。修订标准时应考虑境外设计企业在我国承揽工程的实际成本，提倡优质优价，按照境外设计企业在我国不同的运营方式，允许境外企业在一定合理范围内上浮设计收费。按照不同设计阶段的工作内容及深度，制定统一标准，合理分配设计收费。

3. 科学评标，接受舆论监督

进一步完善方案设计评标的科学评审标准，特别是对于一些政府投资的大型公共建筑，应避免建设单位盲目崇洋，一味追求建筑方案的"新、奇、特"，建立更加科学合理的评分标准。评标委员会应对投标方案的艺术性、技术性、商务性三方面进行综合评审。其中，艺术评审应着重考核方案是否与周围环境相协调，建筑单体造型是否美观；而技术评审应从设计方案的质量、节能环保、消防抗灾、工程投资四个方面进行综合评价，其中，质量的评审应包括建筑的功能、安全、经济、可信、可实施性、适应性及工期等七项评定；商务评审主要考核设计团队的实力、企业业绩、现场服务承诺、设计保险和设计收费等方面。对于有特殊需求的项目还应组织专业委员会进行专项评标，并把每位专家的评标意见向社会公示。建设单位应根据专家的全部意见进行综合评定，最终确定中标人及中标方案，并将确定说明向社会公示，接受舆论监督。

4. 提交保险，纳入诚信管理

境外设计企业进入我国市场履行备案程序时，应提交企业的设计保险证明。若境外设计企业承担国内工程项目的初步设计与施工图设计工作,还要购买该项目的设计保险。设计保险文件是建设单位委托境外设计企业承揽设计业务的必备条件。我国企业是通过政府以行政许可运用资质管理方式有效保障其设计能力,而境外企业由于地域遥远,信息不畅,其设计能力与资信状况很难及时有效掌握,因此必须运用经济方法采用设计保险有效降低其承揽业务潜在的质量安全风险。通过建立健全境外设计企业设计保险制度,强化境外企业在我国进行工程勘察设计的责任感,有效降低建设单位委托境外企业进行设计工作的风险,运用市场手段加强对境外设计企业在我国从业行为的管理。

政府管理部门及行业协会应建立对境外设计企业的诚信管理制度,完善服务工作评价体系,制定不良行为认定标准。通过对境外企业在我国设计市场上不规范,服务不到位的行为曝光,增强境外设计企业的责任意识。通过向全社会公示境外设计企业和设计师的不良行为记录,提高境外企业和人员在我国从业的自律意识和诚信意识。通过诚信记录与设计保险及政府投资项目市场准入的关联机制,对境外设计企业的市场行为形成政府监管、社会监督、企业自律的有效约束机制。

专栏一 国际对建设设计及服务的延伸

表 3 - 7 《服务贸易总协定》服务部门分类

类别	英文名称	相对应的临时 CPC 号		英文详细解释
建筑设计服务	Architectural services	8671	86711 - 咨询和初设服务	提供建筑等方面的咨询和策划服务。主要包括对工程选址影响因素(场地地形、工程发展目的及气候环境条件等)、工程所需设备、经费预算、工地划分以及时间安排等问题做出初步评估。当然有些工程可能只需要这些服务中的一部分而已,如有关建筑的维护、改建、重建方案的策划,建筑的造价和质量评估等

类别	英文名称	相对应的临时 CPC 号		英文详细解释
建筑设计服务	Architectural services	8671	86712 - 建筑设计服务	房屋和其他构筑物的建筑设计服务,一般由以下部分内容构成:①项目计划书,包括业主的意向、工程性质、详细目标、项目尺度、经费预算和时间安排等内容;②设计草图,包括建筑平面图、位置图和外视图;③扩初设计,在建筑结构、暖通、水电等系统以及材料和经费预算等有关方面进行明确说明;④最终施工设计,包括建筑施工图和细述建筑、投标细节的说明书,以及有关专家的意见和建议等
			86713 - 合同书执行情况管理服务	为了确保工程顺利进行,建筑师将提供咨询和技术指导,周期性访问施工现场,了解施工进度和质量并决定其是否满足合同文件的要求,根据现场观察并评估承包商要求付款的申请,建筑师审查并发放付款证明,为承包商和业主阐述合同书的内容,以及为施工过程中可能遇到的技术问题提供解决方案等
			86714 - 建筑设计全套服务	工程勘察设计的全套服务包括初步设计、扩初设计、施工图和合同书服务,还包括对建筑建成一年内可能出现的问题进行补救措施所需费用的评估
			86719 - 附加服务	附加服务包括:承包商或其他人提出过多资料要建筑师审阅,根据施工过程中承包商所做的修改制作一套新的可复制图纸,提供设备和系统的操作和保养手册等

续表

类别	英文名称	相对应的临时 CPC 号		英文详细解释
工程服务	Engineering services	8672	86721 - 工程咨询服务	有关工程问题的咨询服务,包括工程的技术可行性和影响因素的评估。例如:施工场地的地形地质的影响,公路、管道等交通运输基础设施的建造和费用的影响,各种施工材料的质量、适宜性和成本对工程勘察设计的影响,周边环境的影响,施工程序、技术和现场布局的最优化方案研究等。某些工程只需要部分此类服务,如建筑结构、暖通、电力等系统的安装,相关法律诉讼中专家的辩护,或与法律机构的协商,等等
			86722 - 地基和建筑结构的工程勘察设计	包括住宅楼、商业用楼、工业用楼和公用楼的受力结构的设计。工程勘察设计服务由以下内容或其中一部分组成:①初步的设计图、说明书和成本估算;②最终的设计图、说明书和成本估算,必须有施工图,说明书要明确施工材料、施工方案、时间安排和建筑、投标的其他规范,以及专家的意见和建议;③施工过程中的服务工作 　注:对于土建工程或生产工厂和设施的工程勘察设计必需的工程服务不包括在内
			86723 - 暖通和电力设备的安装工程勘察设计	包括各类建筑物的电力、照明、火警、通信等电力装置和暖气、通风、空调制冷等设备。设计服务主要包括以下或其中部分内容:①初步的设计图、说明书和成本估算;②最终的设计图、说明书和成本估算,必须有施工图,说明书要明确施工材料、施工方案、时间安排和建筑、投标的其他规范,以及专家的意见和建议;③施工过程中的服务工作

类别	英文名称	相对应的临时 CPC 号		英文详细解释
工程服务	Engineering services	8672	86724 – 土建工程的设计服务	包括桥、高架桥、水坝、水库、挡土墙、农田灌溉系统、防洪工程、隧道、公路、街道、换乘车站以及水闸、运河、码头、海港等,另外,还包括给排水和公共卫生工程,如给水管网系统、污水处理厂、工业和固体废弃物处理厂等土建工程。设计服务主要包括以下或其中部分内容:①初步的设计图、说明书和成本估算;②最终的设计图、说明书和成本估算,必须有施工图,说明书,要明确施工材料、施工方案、时间安排和建筑、投标的其他规范,以及专家的意见和建议;③施工过程中的服务工作。对于土建工程或生产工厂和设备的工程勘察设计必需的工程服务也包括在内
			86725 – 工业过程和工业生产的工程勘察设计	生产的过程和配套设备。包括:木材的砍伐、搬运和输送以及伐木地点的分布;矿藏的开发分布和地下构筑物、机械和电力的矿区民用设施,包括起重机、压气机、泵站、粉碎机、传送带和矿石、废物处理系统;石油和天然气的提纯,钻井设备的建造、安装和维修,泵站,处理和贮藏设备以及其他油田设施;生产车间内原料的输送流程,设备的布置,原料的处理系统、处理过程及其控制系统;专门的仪器、设备系统;其他生产过程和设备。设计服务主要包括以下或其中部分内容:①初步的设计图、说明书和成本估算;②最终的设计图、说明书和成本估算,必须有施工图,说明书,要明确施工材料、施工方案、时间安排和建筑、投标的其他规范,以及专家的意见和建议;③施工过程中的服务工作。对于生产工厂和设施的工程勘察设计必需的工程服务也包括在内

续表

类别	英文名称	相对应的临时 CPC 号		英文详细解释
工程服务	Engineering services	8672	86726 - 其他专业工程勘察设计	其他专业工程勘察设计服务,包括:隔音、防震工程勘察设计,交通控制系统设计,新产品的改良和详细的设计等。产品的美工设计以及非复合工程类产品设计归类于87907
			86727 - 建筑和安装过程中的其他工程勘察设计服务	为客户提供咨询和技术指导,以确保工程按照最终设计书顺利进行。包括审查施工图,周期性访问施工现场,了解施工进度和质量并决定其是否满足合同文件的要求,为承包商和业主阐述合同书内容,以及为施工过程中可能遇到的技术问题提供解决方案等
			86729 - 其他工程服务	包括:岩土工程,为工程师和建筑师设计各种工程提供必需的地质信息;地下水工程,包括地下水资源的评估,污染程度的测定和水质管理;防腐工程,包括腐蚀的监测和控制程序;故障调查和其他需要专门技术和工程技师才能解决的服务
集中工程服务	Integrated engineering services	8673	86731 - 交通运输基础设施整套工程	包括:计划编制和投资前期研究,初步和最终的设计书,成本估算,工程时间安排,合同的制定和签署,另外,还提供技术指导服务,如选拔和培训工程人员,提供设备操作和维修的手册等,以形成一整套的集中工程服务
			86732 - 给水管网和公共卫生工程的集中工程服务和工程管理	包括:计划编制和投资前期研究,初步和最终的设计书,成本估算,工程时间安排,合同的制定和签署,另外,还提供技术指导服务,如选拔和培训工程人员,提供设备操作和维修的手册等,以形成一整套的集中工程服务

续表

类别	英文名称	相对应的临时 CPC 号		英文详细解释
集中工程服务	Integrated engineering services	8673	86733 – 建筑和制造业工程	包括:计划编制和投资前期的施工工地研究,如工地的选择,污染和排放的控制和资金预算;所有必需的结构、暖通、电力设施的设计;生产流程设计,包括详细的流程图,大概的设备位置分布图,以及车间各设备的规格;投标甄选;工程的时间安排和视察审核。另外,还提供技术指导服务,如选拔和培训工程人员,提供设备操作和维修的手册等,以形成一整套的集中工程服务
			86739 – 其他工程	服务主要包括:计划编制和投资前期研究,初步和最终的设计书,成本估算,工程时间安排,合同的制定和签署,另外,还提供技术指导服务,如选拔和培训工程人员,提供设备操作和维修的手册等,以形成一整套的集中工程服务
研究和开发服务	Research and Development Services			研究和开发服务是基于自然和社会科学在各个领域内取得的发展,分为三个方面:理论研究、应用研究和实验室研究。而根据科学理论,又将研究和开发细分为属、纲、亚纲
自然科学的研究和开发服务	R&D services on natural sciences	851	85101 – 物理学	包括热学、光学、电磁学和天文学等方面的研究和开发
			85102 – 化学和生物学	包括催化剂、发酵、生理学、动植物生态学和微生物学等方面的研究和开发
			85103 – 工程和科技	包括铸造、金属、机械、电子、通信、航海、航天、土建工程、建筑和信息等各方面的应用科学和技术的研究与开发
			85104 – 农业科学	包括农业、果园、林业、畜牧业、渔业等方面的研究和开发

续表

类别	英文名称	相对应的临时 CPC 号		英文详细解释
自然科学的研究和开发服务	R&D services on natural sciences	851	85101 – 物理学	包括热学、光学、电磁学和天文学等方面的研究和开发
			85105 – 医学和制药	包括临床、防疫和制药等方面的研究和开发
			85109 – 其他自然科学	其他自然科学的研究和开发
社会科学和人文科学的研究和开发服务	R&D services on social sciences and humanities	852	85201 – 文化科学、社会学和心理学	包括文学、哲学、历史、社会福利、教育和心理学等方面的研究和开发
			85202 – 经济学	包括经济学、工商管理、金融和会计等方面的研究和开发
			85203 – 法律	包括公法、民法等的研究和开发
			85204 – 语言学和语言	包括人类语言的性质和结构,外语等的研究和开发
			85209 – 其他社会科学和人文学科	其他社会科学和人文学科的研究和开发
边缘学科的研究和开发服务	Interdisciplinary R&D services	853		包括环境科学、教育工程、人文地理学等方面的研究和开发
管理咨询服务	Management consulting service	865	86501 – 综合管理咨询服务	对一个机构的运行方针和政策,全面的计划、组织、管理等方面提供咨询、指导和运作协助等服务。更具体来说,综合管理咨询分涉及以下一个或多个方面:制定政策,组建合适的决策层,法定组织,战略商业计划,制定管理信息系统,经营报告和管理的加强,贸易增长计划,内部审计,开发利润增长程序和其他有利于改善机构管理的因素
			86502 – 财政管理咨询服务	对决策焦点区域提供咨询、指导和协助服务,如运营资金和流动性管理,确定合适的资产结构,资金总额提议分析,开发统计报表制度系统和预算控制计划以及合并和收购前的经营评价,而短期的证券管理由金融中介机构负责

设计服务业
Design Industry

类别	英文名称	相对应的临时 CPC 号		英文详细解释
管理咨询服务	Management consulting service	865	86503 - 市场管理咨询服务	提供市场策略和市场运作的咨询、指导和协助服务,涉及以下一个或几个方面:分析确定市场策略,确定客户服务制度和物价政策,销售管理,新职员培训,产品流通渠道、流通过程以及包装设计等
			86504 - 人力资源管理服务	提供人力资源管理的咨询服务,涉及以下一个或几个方面:职员考核,制定人事方针,人事调动,招聘,薪酬,职员培训,劳资关系,考勤和绩效等
			86505 - 生产管理咨询服务	对于如何提高生产率、减少生产成本、提高产品质量给予咨询、指导和协助服务,涉及以下一个或几个方面:生产过程中原料的有效利用,存货清单管理,质量控制标准,操作和工时研究,工作技巧,性能标准,安全标准,事务管理,规划设计等,而工厂布置和工业生产过程的咨询服务通常由工程技术咨询公司负责
			86506 - 公众关系服务	对于改善组织或个人与公众、政府、选民、股东等的关系以及自身形象的方法给予咨询服务
			86509 - 其他管理咨询服务	此类服务包括工业发展咨询服务和旅游业发展咨询服务等
与管理咨询相关的服务	Services related to management consulting	866	86601 - 建筑以外的项目管理咨询服务	代表业主对工程准备、运行和完成等阶段的资源分配进行协调和监督。工程管理服务包括事先预算,账目计算,成本控制,采购,时间表编制和其他运行条件,以及协调次包商的工作,工程视察和质量把关等。此类服务仅包括管理服务,不包括招聘工程人员 注:建筑工程管理归类于 8671、8672 和 8673

续表

类别	英文名称	相对应的临时 CPC 号		英文详细解释
与管理咨询相关的服务	Services related to management consulting	866	86602 - 仲裁和抚恤服务	协助调解劳工和管理层之间、商业贸易之间以及个人之间的矛盾。注:有偏向性的矛盾调解或劳资纠纷问题的咨询则分别归类于86190、95110 和95200
			86609 - 其他管理咨询服务	其他管理咨询服务
技术测试和分析服务	Technical testing and analysis service.	8676	86761 - 成分分析和纯度分析服务	对市政和工业废气、废水、固体废弃物以及燃油、金属、土壤、矿物、食品和化学制品等化学和生物原料的测试和成分分析。主要进行微生物学、生物化学和细菌学等方面的测试和分析。不包括医学和牙科的测试服务
			86762 - 物理属性的测试和分析	包括强度,延展性,电导率和金属、橡胶、纺织品、木材、玻璃、混凝土及其他材料的放射性等,还包括张力,硬度,冲击阻力,耐疲劳性和高温效应
			86763 - 综合机械和电力系统的测试和分析	测试和分析机器、发动机、汽车、家庭用具、通信设备和其他机电一体化设备的机械和电力特征。测试和分析的结果是通过测试样品的表征来衡量。像船舶、航天器、水坝等则一般使用模型或伪装工事来进行测试
			86764 - 技术检查服务	主要用于检测无法对测试样本产生影响的技术或科学特性,包括对机器零件和结构进行 X 光、磁性和超声波测试以检测缺陷或故障,此类测试通常是在现场进行。但不包括非技术性或科学性特性的检查,如对建筑物、机械进行肉眼检查等
			86769 - 其他测试和分析服务	其他测试和分析服务

类别	英文名称	相对应的临时 CPC 号		英文详细解释
人员提供与安排服务	Placement and supply services of personnel	872		87201 - 安排经理主管人员 87202 - 安排办公人员和其他工人 87203 - 提供办公人员 87204 - 提供国内接待人员 87205 - 提供其他商业或工业工人 87206 - 提供医护人员 87209 - 提供其他人员
调查与保安服务	Investigation and security	873		87301 - 调查服务 87302 - 安全咨询服务 87303 - 警报和监视服务 87304 - 装甲车服务 87305 - 警卫服务 87309 - 其他安全服务
相关的科学和技术咨询服务	Related scientific and technical consulting services	8675		86751 - 地质、地理和其他科学探矿服务 86752 - 地下勘探服务 86753 - 地表测量服务 86754 - 绘制地图服务
设备的维修和保养服务			633 - 私人和家庭用具的维修服务	63301 - 鞋类和皮革制品的维修服务 63302 - 家庭电器的维修服务 63303 - 钟表和珠宝的维修服务 63304 - 衣服和家用纺织品的维修服务 63309 - 私人和家庭用具的维修服务 注:机动车的维修服务归类于 61120 和 61220 办公和计算设备的维修归类于 84500
				8861 - 金属加工制品的维修,不包括机械设备,基于费用或合同 8866 - 医疗器具、精密仪器、光学仪器、钟表等的维修,基于费用或合同

续表

类别	英文名称	相对应的临时 CPC 号	英文详细解释
印刷和出版服务	Printing, publishing	88442	88442 - 印刷和出版服务,基于费用或合同
建筑物清洁服务	Building-cleaning services	874	87401 - 消毒灭菌服务 87402 - 玻璃窗清洁服务 87403 - 清洁工服务 87409 - 其他建筑物清洁服务
会 议 服务	Convention services	87909 - 其他商业服务	一般为商业提供服务,包括商业代理,不动产之外的财产估价,秘书服务,验证和展览服务等

参考文献

北京市勘察设计与测绘管理办公室编《北京勘察设计行业发展报告 (2011~2012)》,中国质检出版社,2012。

陈红玉:《北京打造中国设计交易所的初步设想》,《前线》2013 年第 1 期。

许喜华、陈皓:《〈汉城工业设计家宣言〉解读与设计本体论研究》,《装饰》2005 年第 1 期。

张林、王露菲:《北京设计服务业快速发展》,《科学时报》2011 年第 6 期。

迈克尔·波特、李明轩、邱如美:《国家竞争优势》,华夏出版社,2002。

李一舟、唐林涛:《设计产业化与国家竞争力》,设计艺术研究,2012 第 2 期。

孙旭东:《创意产业背景下的工业设计产业化对策研究》,山东大学出版社,2009。

王亚坤:《建筑施工企业市场准入制度研究》,南开大学出版社,2009。

何红锋:《工程建设中的合同法与招标投标法》,中国计划出版社,2008。

李德全:《工程建设监管》,中国发展出版社,2007。

建设部建筑市场管理司:《建设工程企业资质受理和审查标准说明》,知识产权出版社,2006。

建设部工程质量安全监督与行业发展司:《2006 年中国建筑业改革与发展研究报告——支柱产业作用与转型发展新战略》,中国建筑工业出版社,2006。

李进峰:《转型期中国建筑业企业问题》,中国社会科学出版社,2006。

申立银:《建筑业企业竞争力》,中国建筑工业出版社,2006。

The Creative Economy (*Business Week magazine*) . 2000 – 08 – 28. Retrieved 2006 – 08 – 18.

Caves, Richard E. (2000), Creative Industries: *Contracts between Art and Commerce*, Harvard Univ. Press Description and preview.

DCMS (2001), Creative Industries Mapping Document 2001 (2 ed.), London, UK: Department of Culture, Media and Sport, retrieved 2007 – 05 – 26.

DCMS (2006), Creative Industries Statistical Estimates Statistical Bulletin, London, UK: Department of Culture, Media and Sport, retrieved 2007 – 05 – 26.

Florida, Richard (2002), *The Rise of the Creative Class. And How It's Transforming Work, Leisure and Everyday Life*, Basic Books.

Hesmondhalgh, David (2002), *The Cultural Industries*, SAGE.

Howkins, John (2001), *The Creative Economy: How People Make Money From Ideas*, Penguin.

Nielsén, Tobias (2006), "The Eriba Model-an effective and successful policy framework for the creative industries," *The Knowledge Foundation*.

UNCTAD, Creative Economy Report 2008, UNCTAD, retrieved 2009 – 11 – 28.

UNESCO, Creative Industries -UNESCO Culture, UNESCO, retrieved 2009 – 11 – 24.

Part III 第三部分 应用篇

Applications

第四章　设计服务业制度创新

——勘察设计服务业制度创新国际比较

本部分，在充分考察了市场经济发达地区的设计产业发展的阶段特征和产业发展趋势的基础上，比较分析了美国、加拿大、英国、法国、德国、荷兰、西班牙、日本、新加坡、韩国、中国香港和台湾地区的勘察设计产业发展政策及制度创新。结合中国国情与北京市经济社会和城市发展战略的需要，根据产业发展的一般规律，提出了建设"四个体系、一个平台"的勘察设计行业制度创新建议。

发展成为国际设计中心，应具有：①对世界经济有相当的竞争力和影响力；②集中较多的跨国公司、国际金融机构和国际经济组织，是国际资本集散中心，在某种程度上能够控制和影响全球经济活动；③具有很高的经济开放度，通行国际惯例和国际法规，生产性服务业发达，具有快捷的高速市际和市内交通系统；④国际性商品、资本、技术、信息和劳动力集散中心，国际性新思想、新技术、新体制的创新基地等。这应该成为首都发展目标新的定位。

第一节　勘察设计产业的市场准入制度

一　市场准入管理制度

发达国家设计市场准入管理制度已经有近百年的历史，在准入管理的政策规定、管理体系、运作方式等方面都日臻完善，能够适应市场经济体制的要求和工程勘察设计产业活动的特点，责任明确、便于管理，已成为各国政府加强工程建设管理，保障国家及公众生命和财产安全，维护公众和社会利益的一项有效措施，主要特征对比如下。

1. 设计产业项目主体及其相互关系

在发达国家和地区的工程建设市场上，工程项目建设活动包括业主方（建设单位）、工程咨询方（包括设计）和工程承包方（包括供应商）三方主体。三方在相关建筑法的约束下，构成相互制约的合同关系，即为国际上惯用的工程项目建设管理机制。在这种管理机制中，业主方通常不和施工单位发生直接的关系，而是委托工程咨询方的建筑师、工程师对整个工程进行管理，工程咨询方对工程质量承担明确责任。工程咨询方掌握工程建设所需要的技术、经济、管理方面的知识、技能和经验，既负责工程勘察设计、编制招标文件，又具体控制和指导项目建设的全过程，直接有权控制整个建设活动的质量、设计理念、造价等多个方面，对项目建设起着至关重要的作用。

在国内，工程建设过程被人为地划分为工程咨询、工程勘察、工程勘察设计、工程监理、工程施工等不同阶段，并分别由不同的政府部门或同一部门的不同职能部门实施管理（见表4-1）。在这种体制下，工程勘察设计产业市场准入管理制度确定的只是工程建设的勘察、设计阶段，基本上只是技术设计内容，企业取得工程勘察资质许可后也仅仅可以从事勘察、设计阶段的工作，人为地割断了建设工程中设计、管理、咨询和施工阶段的天然联系，忽视了工程建设全过程中各个环节的连续性以及智能服务的主导性，服务功能层次低、业务面狭窄。中国企业必须同时具备有关政府部门颁发的工程咨询、工程勘察、工程勘察设计、工程监理和工程造价资质证书才能承担以上五个方面的工作，容易造成工程勘察设计产业单位工作内容狭窄，不利于企业业务发展。

表 4 - 1　中国政府有关部门对工程咨询不同阶段的市场准入管理

工程咨询阶段	工作内容	管理部门	市场准入限制
工程建设项目前期的咨询	项目建议书、可行性研究报告及计划任务书等	国家发改委	须取得工程咨询资质
工程建设项目准备阶段的咨询	工程勘察、工程勘察设计	建设部建筑市场管理司	须取得工程勘察、工程勘察设计资质
	造价咨询	建设部标准定额司	须取得工程造价资质
工程建设项目实施阶段的咨询	施工监理	建设部建筑市场管理司	须取得工程监管资质

二　市场准入主体

在发达国家和地区，一般不对从事工程勘察、设计、咨询活动的企业提出具体要求，而是采取针对从事工程勘察设计产业活动的注册执业人员的市场准入管理制度。类似于律师、医师的管理。以法律形式规定注册建筑师、注册工程师的工程专业执业注册制度，据此建立一整套涵盖专业学历教育、实践培训、资格考试、注册制度、执业管理制度等在内的个人准入管理制度体系。

国内则采取针对企业的市场准入管理制度。根据《建设工程勘察设计产业管理条例》，"建设工程勘察、设计注册执业人员和其他专业技术人员只能受聘于一个单位；未受聘于建设工程勘察、设计单位的，不得从事建设工程的勘察、设计活动"。即具备企业法人的实体企业才能申请工程勘察设计产业资质，工程勘察、工程勘察设计人员，不管其技术水平高低，除非受聘于工程勘察设计产业企业，否则不得从事工程勘察设计产业活动，更不能以个人名义申请工程勘察设计产业资质。取得资质的企业因工程勘察、设计原因造成人员伤亡或财产损失等工程质量事故时，企业承担主要责任。

三 准入管理权限

在发达国家和地区，法律、政府、市场机制等方面在工程勘察设计产业市场准入管理中发挥共同作用。其中，法律明确规定了专业人员从事工程勘察设计产业活动应具备的资格与条件，承担的具体责任与工作内容。政府除了对注册建筑师、注册工程师进行严格规范管理之外，还针对工程勘察设计产业活动中关系公共利益与安全、环境等方面的问题重点关注。另外，政府一般不干涉具有注册执业资格的专业人士从事工程勘察设计产业活动，而是充分调节市场机制，使专业人士通过公平竞争从而赢得业主的认可，在市场竞争中生存与发展。行业学会（协会）等专业人士自律组织、自律管理机制、市场竞争优胜劣汰机制、企业和专业人士的信誉机制以及政府的管理制度，共同构成了发达国家的准入管理机制（见图4-1）。

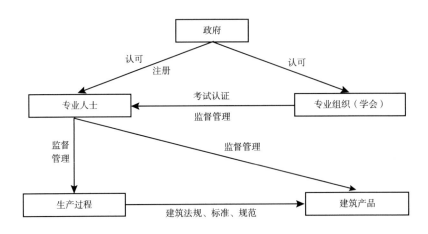

图4-1 国际建筑业准入管理权限

根据国际惯例，专业人士属于知识工作者，他们并不直接承包工程项目，而只是为业主、承包商提供咨询服务并且为其服务直接造成的后果进行负责。建筑师为自己牵头的工程负责，但为建筑师服务的结构、机电等方面的工程师分别负责各自的部分。承包商主要负责施工。在如此明确的分工下，业主、专业人士、承包商各司其职，相互协作，最终使得工程项目顺利实施。

为了防止专业人士提供服务时由于本身的过错造成损失，许多国家在其建筑相关法律中要求专业人士购买责任保险。同时，还有多种防范专业人士失误的措施规定。在国外，专业人士要取得正规的从业资格较难，但报酬和社会地位相对较高，因此他们十分重视和珍惜自己的信誉，希望能提供优良的工程咨询服务从而保障企业能在市场竞争中得以生存发展。

国内的工程勘察设计产业市场受政府管制，政府制定了准入性的行政许可制度对其进行管理，并指定机构对从事工程勘察、设计活动的企业（及企业人员）进行审核、初审与审批。国内的行业协会与市场经济发达的国家和地区的行业组织具有很大程度的不同，它们充当协助政府工作的角色，工作方式、内容与管理权限等都无法与国外行业组织相比较。同时，由于工程勘察设计产业市场在准入方面只是通过规章制度来管理，并未建立相关的法律体系，政府掌握着大部分的话语权，透明度较差，市场机制和法律的作用十分有限。

第二节　工程项目管理制度

为了保障工程项目的顺利实施与完成，行业人员运用工程项目管理制度，根据客观经济规律，通过一定的组织管理模式来统筹安排、协调管理工程项目建设全过程，涉及包括项目建议、可行性分析、设计施工到竣工投产每一环节的内容。近年来，由于项目建设大型化、一体化以及项目大规模融资和分散项目风险的需要，国际上比较先进的工程公司如 BECHTEL、FLOUR、FOSTER、WHEELER、KBR、AMEC、JGC、LUMMUS 等陆续推出了一系列成熟的项目管理方式，本书将重点关注 PMC（Project Management Contractor）模式（业主聘请管理承包商模式）与 BIM（Building Information Modeling）（建筑信息模型）。

一　业主聘请管理承包商模式（PMC）

业主聘请管理承包商模式（PMC）是业主委托项目管理承包商作为代表，帮助其控制、管理、协调项目实施全过程，从而保证项目的成功实施。PMC 作为一种新的项目管理方式，它并没有取代原有的项目前期工作（FEL）和项目实施工作（EPC），而是工程公司或项目管理公司受业主委托，代表业主对原有的项目前期工作和项目实施工作进行负责。与传统模式相比，PMC 模式在报酬系统设计、项目融资、项目风险分散等方面具有显著的优势，其步骤如下。

首先，业主委托一家有相当实力的国际工程公司对项目进行全面的管理承包，即项目管理承包商，简称 PMC。其次，把项目分成两个阶段——定义阶段与执行阶段。PMC 在定义阶段代表业主管理项目的前期内容，确定技术与设计方案、项目融资风险、计算成本、采购设备与材料等一系列工作。而在执行阶段，PMC 则代表业主负责全部项目的管理协调和监理作用，到项目完成为止。在项目进行过程中，PMC 对业主负责，经常性地向业主汇报工作与项目动态，从而明确项目下一步方向。

二　建筑信息模型（BIM）

1. BIM 模型概念

BIM 模型是以建筑工程项目的各项相关信息数据作为模型的基础，进行建筑模型的建立，进而实现有效管理的新型模式。随着信息技术在建筑业的运用，BIM 的概念逐渐产生，最早可追溯到 20 世纪 70 年代。因其发展时间较长，与之相关的内容较多，概念提出者也较多，因此，BIM 拥有许多不同的名称，如单一建筑模型（Single Building Model，SBM）、集成建筑模型（Integrated Building Model，

IBM)、通用建筑模(Generic Building Model，GBM)或虚拟建筑模型
(Virtual Building Model，VBM)等。

2. BIM 模型内容

根据广州优比建筑咨询有限公司何关培先生的总结，BIM 模型可
以采用图 4 - 2 所示的河洛图进行理解。图的内核由 BIM 技术和 BIM
流程两极组成，用黑白两色表示，BIM 通过技术和流程两极的相互作
用来完成工程建设行业赋予 BIM 的使命，实现 BIM 对项目、客户和

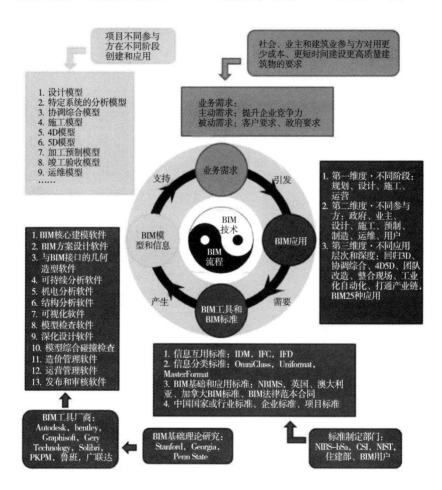

图 4 - 2　BIM 河洛图

行业的价值。图的外圈由业务需求、BIM 应用、BIM 工具和标准、BIM 模型和信息组成，称之为 BIM 四象，分别用绿、红、紫、黄四种颜色表示，外围同样颜色框内的文字是对相应内容的解释。BIM 四象之间的关系可以简单描述如下：业务需求（不管是主动的需求还是被动的需求）引发 BIM 应用，BIM 应用需要 BIM 工具和 BIM 标准，BIM 工具和标准产生 BIM 模型和信息，BIM 模型和信息支持相应业务需求的高效优质实现。

其中，业务需求来自社会和业主对用更少成本、更短时间建设更高质量建筑物的要求，这种要求迫使开发商、设计、施工等建筑业参与方向技术和管理寻求解决方案，包括企业为提高自身竞争力主动产生的需求，以及在该企业的客户或政府主管部门各种合约或非合约、强制或非强制的要求下被动产生的需求两种。不同类型的业务需求最终引发了各种与之对应的以解决业务需求为目标的 BIM 应用（表4 - 2）。

表 4 - 2　BIM 业务需求分类

BIM 应用决策影响因素	业主	设计	施工
更精确的施工文件	主动因素	主动因素	无关因素
设计施工过程各参与方更好的沟通	主动因素	主动因素	主动因素
减少现场协调问题的数量	主动因素	主动因素	主动因素
业主在项目中要求 BIM	主动因素	被动因素	被动因素
改进横本预算能力	主动因素	主动因素	主动因素
降低建造成本	主动因素	无关因素	主动因素
减少绘图时间,增加设计时间	无关因素	主动因素	无关因素
更安全的施工现场	主动因素	无关因素	主动因素
减少信息需求申请数量	主动因素	主动因素	主动因素
改进计划能力	主动因素	主动因素	主动因素

BIM 应用既有时间跨度，又有空间跨度，大致可理解成项目阶段、项目参与方和 BIM 应用层次三个维度，覆盖从概念产生到设施拆除的整个生命周期，涉及建设项目的所有参与方和利益相关方，并

最终产生 3D 可视化、建筑性能分析、设计方案审核、4D 施工方案
和施工计划模拟、5D 动态预算管理、现场进度和质量监控、自动化
加工制造、工业化建造、团队和流程改造、打通产业链、BIM 运营维
护管理等具体应用需求（见图 4 - 3）。

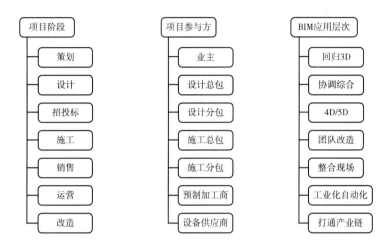

图 4 - 3 **BIM 应用的三个维度**

BIM 工具由不同的软件厂商研发，来满足不同业务需求的 BIM 应
用内容。鉴于 BIM 应用覆盖不同类型的建设项目和建设项目的整个生
命周期，涉及项目所有参与方和利益相关方以及需要使用不同厂家研
发的数十乃至上百种软件工具，由此，需要设置 BIM 标准，包括标准
制定和遵守的层次［如国际标准、国家标准、行业或地区标准、企业
标准和项目标准），以及标准本身内容的种类［如信息互用（交换）标
准、信息分类标准、BIM 基础标准、BIM 应用标准（指南）］。

BIM 模型和信息是由遵守 BIM 标准的 BIM 工具在实施 BIM 应用
的过程中产生的工作成果，这个成果用来解决 BIM 用户的具体业务
需求，典型的 BIM 模型包括设计模型、特定系统的分析模型、协调
综合模型、施工模型、4D 模型、5D 模型、加工预制模型、竣工验收
模型、运维模型等。

由上可知，BIM 模型的技术核心是一个由计算机生成的数据库，但也并非单一的软件技术库，而是由一个信息化产品带动一个行业进步的创新模式。它创造了一个工作平台或载体，贯穿项目的设计、施工和运营管理等整个生命周期，实现各种信息资源的一体化项目管理与实施，可有效提高项目管理水平。

3. BIM 模型效能

BIM 模型与传统项目管理模式相比，具有以下优势。①提高项目质量与性能。利用 BIM 技术使得在项目早期就可以对建筑物不同方案的性能做各种分析、模拟、比较，从而得到高性能的建筑方案；同时积累的信息不但可以支持建设阶段降低成本、缩短工期、提高质量，而且可以为建成后的运营、销售、维护、改建、扩建、交易、拆除、使用等服务。②实现工程信息设计与施工阶段的三维可视化完整传递。BIM 咨询团队在设计阶段即把所有团队的图纸和信息通过三维协同等手段统一地整理、整合在一起，采用 BIM 可视化技术，构建业主方、设计方、施工方、监理方、顾问方等多方共同利用的可视化平台，准确传递资料和信息，提高工作效率并保障施工阶段效果。③优化控制设计方案。BIM 技术通过顾问式优化设计、三维可视化管线综合、各专业系统设计纠错报告，有效地控制设计阶段可能产生的问题，尽可能在设计阶段发现问题、解决问题，形成科学的设计方案。④协助指导项目施工管理。基于 BIM 技术平台，构建施工阶段 BIM 模型，并根据施工进度和完成情况实时更新模型，分阶段、分步骤跟踪模拟，模型全程协助指导施工、反馈施工进度、材料使用、成本预估、支付申请等。⑤合理掌控项目变更行为。采用 BIM 模型辅助方式，在工程发生变更前即以 3D 方式审核确认变更的必要性和可行性以及工程量参考，并记录变更的实施，从而将变更管理掌握在可控制的范围内。⑥整合散落的工程信息。拥有一个涵盖工程整体、方便调阅各类相关资料文档的平台对于业主方掌控整体情况等方面具有重要意义。采用 BIM 技术，集成项目全过程资料，可实现上述目标。

据美国施工管理协会（CMAA）工艺工程师 Soad Kousheshi 和 A/E/C 战略公司（A/E/C Strategy, Inc.）Eric Westergren 的判断，"由于协调失误、信息遗漏、材料浪费、沟通效率低下，以及当前设计施工方法中存在的其他问题，建筑成本中有多达30%的部分浪费在了现场"。通过采用 BIM 技术，可以更好地控制项目的设计质量、提升施工效率、更好地预测和控制成本，高效有序地完成项目工作（据Autodesk 公司统计，BIM 技术可改善项目产出和团队合作79%，三维可视化更便于沟通，提高企业竞争力66%，减少50%~70%的信息请求，缩短5%~10%的施工周期，减少20%~25%的各专业协调时间）。BIM 模型给整个工程建筑行业带来巨大的影响，不但业主和施工单位将因此改变部分的工作流程，调整分工，甚至与工程相关的制造行业也将投入建筑行业信息化的浪潮中。

4. BIM 模型应用推广

BIM 模式是创建信息、管理信息、共享信息的数字化方式，是建设行业数字化管理的发展趋势。鉴于 BIM 的良好运用前景，国外正广泛推进 BIM 模型的应用工作。如在美国，BIM 已逐渐成为一种面向对象的开发方法，为更好地让各方围绕 BIM 并行开展各项业务和技术工作，除不断开发更好的软件工具、建立更好的业务流程实践之外，美国还建立了数据交换标准。同时美国还建立了国家 BIM 标准，用于指导行业更好地运用 BIM，帮助企业衡量运用 BIM 的成熟程度，提供了一套能力成熟度模型，包括如生命周期视图、变更管理等11个维度。受此影响，2007~2009 年美国的 BIM 用户从28%增长到48%，超过50%的建筑设计公司、超过60%的设计项目应用 BIM 设计方法，越来越多的施工单位加入 BIM 行列，一些大型的商业设计企业，BIM 的普及率更是达到了80%以上，代表性的公司设计代表项目包括美国西雅图的 EMP 音乐厅、美国洛杉矶的 Disney 音乐厅、西班牙的 Guggenhein 博物馆等。

　　政府在推动 BIM 变革中发挥着重要的引导作用，如美国俄亥俄州政府于 2009 年底出台了一份旨在推动 BIM 应用的相关"协议"，目前该协议仍处于复核、修改阶段，但明显可以看出州政府对于 BIM 推广的决心。①政府管理部门应该给予 BIM 以适当的鼓励政策，比如，强制政府项目、大型项目使用 BIM 设计建造（如协议规定了凡是政府类项目，造价在 400 万美元以上或机电造价占项目 40% 以上的项目，必须使用 BIM）；对使用 BIM 的项目予以审批上的优先或提速；制定 BIM 设计项目的指导性的取费标准，规范市场。②政府应发挥引领和服务的职能，比如，政府将建立数字城市模型作为城市管理手段之一，带头引领城市建设信息的数字化；组织相关机构搭建行业 BIM 信息库，统一标准，搭建统一平台，实现有偿共享，互通有无；组织行业内交流、行业间交流，特别是设计业与建设方的 BIM 交流、设计方与建材制造业的交流，加快 BIM 的传播速度。此外，协议还描述了近期、中期及远期目标，规定了许多相关概念、程序、最终成果等方面的内容。

　　在政府制定标准与优惠政策的同时，行业协会也成为推广 BIM 模型应用的重要力量。如 2008 年 4 月成立的 building SMART 韩国分会，以推动韩国建设领域的 BIM 理念技术和尖端建设 IT 技术的研究、普及和应用为目标，汇聚了韩国主要的建筑公司、协会、政府部门和高校研究单位，来共同推动 BIM 理念和技术在韩国的实施应用。该协会在 2009 年组织了大型的 BIM 技术体验培训，推动 BIM 相关应用软件在建筑工程的设计阶段、施工阶段以及建成后的维护和管理阶段的应用。

　　在国内，越来越多的设计和施工总承包企业意识到 BIM 对整个产业的影响，开始引入 BIM，并将这项技术尽可能地融入创作、生产、管理的各项流程当中，提升自身竞争能力，如中建总公司、上海建安、北京城建、浙江建工等设计产业企业，已将 BIM 作为提高质量、进度、成本等方面管理水平的一项重要工具。但是，截至

2010 年底，了解 BIM 的建设单位仍是少数，大部分业主与施工单位仍缺乏信息化改革的动力，同时，BIM 建模软件的本地化推进仍显不足，缺乏共享机制，也阻碍 BIM 模型在中国设计产业领域的广泛应用。

第三节　企业经营管理制度

总体看来，国外工程勘察设计产业企业具有经营模式多样化、产权主体多元化、管理集约化等三个特色，其基本经营管理模式大致如下。

一　企业经营范围与方式

市场经济发达的国家和地区的政府一般不对从事工程勘察设计产业活动的企业进行限制，企业可以在业主与法律准许的情况下承接任何工程勘察设计产业任务。至于企业是否具备相应能力完成该项任务则由业主自行决定，企业经营范围体现明显的市场选择特点。因此，国外的工程咨询服务范围很广泛，包括项目方案、工程勘察、设计、技术与管理等。经营机构也分为工程咨询公司、工程咨询专业公司、设计事务所等多种类型。

这些从事工程咨询的单位形式灵活、市场适应能力强。既有大量民营化、专业化、小规模的国外工程咨询单位，如以专业人士个人名义注册成立的建筑师事务所、结构工程勘察设计事务所、机电工程勘察设计事务所、排水工程勘察设计事务所等专业性较强的工程勘察设计产业单位；也有不少规模较大、技术力量雄厚的大型工程咨询公司，以承接大型、中型工业或交通、水利等基础设施项目为主，面向国际市场参与竞争。同时，市场运行情况决定了单位的规模，多数公司仅有几人，规模较大的约有 20～30 人，极少数为 100 人以上（见表 4－3）。

表 4 – 3　不同类型的设计产业企业

类型	特征	代表性企业
大型工程公司	专营工程项目,具备组织机构、服务功能、专业人员、工作程序、技术和方法,涵盖项目实施全过程,通常情况无施工队伍	美国柏克德公司、福陆丹尼尔公司等
工程咨询设计公司	建筑、结构、设备所有专业齐全,包括建设前的调查研究、施工监理及施工管理等工程建设全过程的服务,含咨询、设计与管理,独立于施工承包商和设备制造商之外	日本日建设计、美国SOM 等
专业事务所	主要指建筑事务所、结构工程师事务所、机电工程事务所等,量大面广,不仅做设计,还承担项目建设过程中的监督管理	美国贝格付建筑事务所、加拿大 PPA 建筑师事务所等

　　需要说明的是,国外极少的工程咨询公司会仅仅负责项目的设计工作,大部分都是通过工程承包和工程项目管理的方式,向业主承接工程任务,签订合同并直接对业主负责。它们从事包含设计产业,工程施工和工程管理在内的工作,这与我国工程勘察设计产业企业的重点工作设计产业有明显的不同。

　　在国内,政府将工程勘察分为 3 个专业,工程勘察设计分为 22个行业并设置不同级别的同时,严格规定了各行业、各级别的工程勘察设计产业企业资质考核要求与经营范围,企业必须在政府的规定许可下进行相应工作与活动。其中,政府部门对企业经营范围的认定主要采取评审的方式,注重考核企业人员、业绩等静态指标,较少关注企业能力、信誉等方面,对技术人员的认证则主要依据技术职称。

二　企业产权激励体制

　　国外工程勘察设计产业企业,就产权体制而言,其主体是多元化的,但由于成立之初多为个人执业公司和合伙人公司,因此多具有原发性、发散性和派生性,是在市场竞争中自我发展或自发兼并、合并发展的。随着公司治理体制的日渐完善,近年来,有限责任公司制成为主要的法律组织形态，如美国的设计产业，80%左右为有限责任公司制，16%左右为个人独资，4%左右为合伙制。通过采用更为灵活的公司制（即有限责任公司），美国设计产业企业的市场反应能力明显提高，从而有助于提高市场竞争力。

为了吸引人才、发挥人才优势，国际工程咨询公司普遍采取员工持股制，实现短期薪酬和长期股权收益的组合激励，保障公司人力资源的基本稳定。如加拿大 HATCH 公司是一家成立于1955年的主营工程勘察设计、专业咨询（含金融）和项目管理的大型跨国公司，股份完全由在职员工（连续在公司工作八年以上）所持有，一旦员工选择离开公司或因年老退休，则其必须逐步转让退出股权。这种股份所有的特殊制度使得公司的核心员工能在企业发展的同时有所收获，反之，企业也在众多员工的努力工作中得以发展。再如，澳大利亚 Ausenco 有限公司原为未上市的股份公司，自2002年起，公司股权由 RMB 资源有限公司（RMB Resources Limited，15%）、资源资金基金投资公司（Resources Capital Fund，12%）和原有股东及高级职员（Original shareholders and senior staff，73%）共同持有，通过股份分化成功地引进了战略投资者。

三　公司管理方式

国外工程勘察设计产业企业的主要管理方式，是矩阵式组织结构和项目管理。一个咨询项目在较大的公司中由项目部负责，项目部根据客户需要成立，并待项目完成后解散，人员回到原部门。在评估方面，公司有完整严格的质量、进度、成本、业务等方面的规定。同时，在国内外设立分支机构，由合伙人经营，在分散风险的同时为客户提供方便，促使业务量增加。该类公司具有完整的经营独立性，不隶属国家政府部门，也不依附于其他经济实体，是市场的主体。公司要想生存和发展，就必须参与市场竞争，赢得业绩和声誉。

　　而各种中小企业，则根据项目实际需要，同时存在直线式、直线职能式、事业部式及矩阵式等组织形式，如美国的设计产业企业分别采用了各自的流程机制，不论是组织流程、营销流程、生产流程、各种作业流程等并没有统一的最佳模式，而是根据企业所在的具体业务领域和在市场竞争中的定位，以市场需求为导向，选择最适合企业自身发展的模式和流程机制。体制的不同不会限制企业的流程再造，但行业规模、企业规模、业务组成特点等因素对流程设计的具体模式有一定的影响。

第四节　招投标管理与市场监管制度

一　招投标管理

　　发达国家招投标管理通常由专门的机构来负责，如美国联邦政府总服务管理局负责联邦政府工程的招投标管理，总服务管理局在选择咨询设计企业时，主要看企业以前的工作质量、经历，不太注重费用。其选择方案一般按照技术质量排序，再与技术质量排序领先的咨询设计企业洽谈价格。各州及各市都有类似的机构，负责本级政府投资工程的招投标管理。

　　在英国，政府投资项目总投资200万英镑以上要公开招标。社会团体（公共团体）项目要看投资来源，只要资金不是源于纳税人，就可以自行发包而不招标。招标时可以由不同的公司组成联合体共同投标。

二　合同管理

　　在合同管理上，许多发达国家政府都将制定合同文本的工作委托给行业协会，协会负责制定的合同内容相当明确详细，包括项目本身信息，咨询专业人员服务范围与责权，行业评估裁定办法，委托人咨询与支付方式等。在国际工程上通用的有以下几种：《业主\咨询工程师标准服务协议书》（FIDIC 国际咨询工程师联合白皮书）、《设计、建造和交钥匙工程合同条件》（FIDIC 橘皮书）、AIAB141《业主与建筑师的标准协议书》（美国建筑师协会制定）、《咨询工程师标准服务协议书》（世界银行制定）。

国内设计产业的合同管理工作到 1996 年才开始，当时建设部与国家工商局共同颁布了《建设工程勘察设计产业合同管理办法》，同时制定了要求国内设计产业单位统一使用的《建设工程勘察合同》和《建设工程勘察设计合同》文本。但在上述合同文本的签订与履行过程中，仍存在当事人规避市场管理、权责不对称、政府管理干预过多、合同示范文本存在不少缺陷等问题，仍待完善。

三　取费标准

一般来说，国外工程咨询的收费较高。对于咨询工程公司来说，它们明晰工程咨询在项目建设中的作用与职责，并在工作中十分珍惜自己的信誉。因此政府或行业协会制定收费标准时会充分考虑保障公司的权益，业主也对收费问题较为理解。咨询收费一般服务于工程建设的全过程，提供包括技术和管理在内的咨询服务，具体的收费依据并不一致。以德国为例，咨询工程师的收费主要依据建筑师和工程师学会制定、经政府认可的"建筑师和咨询服务收费条例"，建筑师、工程师及其他咨询费总计约占工程造价的 7.5% ~ 14%。而在美国，取费标准因工程咨询的具体内容不同而不同，若业主的委托内容从设计阶段开始，则咨询费总计约占工程造价的 10% ~ 15%，若从施工阶段开始，则取费一般为 6% ~ 10%。

设计收费通常由市场决定，如在美国，司法部反托拉斯机构负责监查设计收费，政府和行业组织没有设计收费标准，完全由市场确定。20 年前，AIA（美国建筑师学会）曾公布了一个收费价格标准，后被中止。为了解决客户与建筑设计公司在服务取费与设计质量上的矛盾，即客户希望以较低的价格，得到较高质量的设计服务之间的矛盾，政府对此进行了相应规制，如英国 RIBA 制定了关于设计的基本质量标准 QBS（Quality Based Selection），不管如何竞争，如何降低价格，设计质量必须达到 QBS 的质量标准。如果出现设计质量纠纷，RIBA 可以提供仲裁，如果设计企业质量没能达到 QBS，他们会建议业主通过诉讼等手段解决矛盾，这为保证设计质量提供了技术支持。

四 企业市场监管

对设计产业企业的管理，国外普遍采取宏观调控与行业协会微观约束相结合的机制。其中，政府部门负责制定设计产业的总体规划，制定与设计产业有关的法律、政策和标准，以合同方式促进政策的实施。如英国政府为避免和减少欺诈、鼓励在合理低价的前提下开展有序竞争，英国主要通过法律手段监管设计企业的市场行为，包括欧盟竞争法案、英国竞争法案、公平贸易办公室、RIBA 行为准则、ARB 行为准则、竞争性招标、以质量为基础的优选、建筑活动监管的法律和法规、ARB 的注册管理等。在美国，各州设计执照委员会对拥有设计执照的人员进行监督管理，对于违规行为可以直接进行不同程度的处罚。同时，政府部门、行业学会委员会等都有专门的监督机构，对于纠纷通过法庭解决。

自律性行业协会是促使设计产业市场良性运行的有力保障。自律性协会是联系咨询机构、咨询者与政府之间的桥梁，一方面代表前者的利益与政府沟通，另一方面将政府的法规转化为具体的制度方法来监管咨询机构、咨询者的行为。以著名的国际咨询工程师联合会为例，它是目前国际工程咨询业中最权威的自律协会，其所制定的各种规范性制度与文件已在国际上广泛应用，是规范设计产业市场的重要依据。

第五节　北京勘察设计测绘行业制度创新措施

一　国际设计行业制度启示

1. 国际设计行业制度经验

考察国际设计行业的主要制度，可以发现，从市场准入、项目管理、企业经营、招投标管理到市场监管的各个环节，国外设计行业的制度运行环境都相对较为成熟，这与其健全和完备的法律制度、注册体制、保险制度、市场信誉、科技环境等方面不无关系。成熟健全的制度环境，通过降低市场交易成本，有力地提升了企业的市场竞争能力；通过明确权利责任，确实保障了设计质量、安全和环境；通过构建公平竞争的市场机制，优化配置了行业结构与人才结构；通过构建良好的绩效考核机制，充分调动了各方主体的积极性与创造力；通过发挥行业协会组织的作用，较好地破解了行业发展中存在的市场失灵与政府失灵；通过创新应用建筑信息模型等科学管理体制，有力地提升了整个行业的生产效率……制度创新助推设计行业生产要素的优化配置，进而推动了整个设计行业的快速发展。

2. 国内设计行业制度现状

国内在勘察测绘设计行业制度创新方面做了不懈的努力，已经形成了以"一法""两条例"、两个"部长令"以及相关配套文件为支撑的较为完备的法规体系，一定程度上确立了企业的市场主体地位、增强了企业活力、拓宽了政府服务功能、推进了勘察测绘设计技术创新，促进了近年来设计行业的快速发展。总体而言，设计行业的市场机制仍不够健全，深入推进国内设计行业发展，仍需着力改变市场秩序不够规范、行业管理体制不够顺畅、市场准入制度不够完善、设计招投标制度不够健全、行业结构不够合理、企业改革不够深入等现实问题，需要进一步优化设计行业发展的制度运行环境。

3. 国内设计行业发展环境与趋势

随着国内工业化与城镇化进程的快速推进，地上地下整体规划、协调建设、立体化的发展格局将为我国设计行业发展提供较大的发展空间。与此同时，WTO 过渡期行将结束，设计行业调整力度将会明显加大，国外设计单位获取资质后将从事完整意义上的建筑设计活动，境外设计机构的权益和责任将实现对等，将带来更加公平、公开、公正的竞争。外部环境的巨大变化，需要中国设计行业主体深入反思企业发展模式，基于行业管理现状及存在的主要问题，参照国外成熟的行业发展规范，采取切实有效的措施，内优制度环境，外推企业发展。

4. 设计行业制度创新切入点

市场是配置资源的有效手段。制度创新可降低市场交易成本、提高市场交易效率、确保市场的良性运行。基于国外设计行业制度创新经验分析，促使国内设计行业发展由政府主导向市场主导转变，由微观管理向宏观管理转变，逐步发挥市场机制在设计行业中资源配置的基础地位，应是国内设计行业制度创新的基本方向。需要说明的是，考虑中国国情与市场失灵，完全模仿西方市场经济国家的"政府 - 行业协会 - 企业"行业管理体制仍存在困难，需要适度发挥政府在管控市场失灵与培育产业发展中的重要地位，侧重优化市场运行的制度、规则和安排。

二　北京设计行业制度创新设计

1. 北京设计行业地位

近年来，北京市设计行业规模不断扩大、实力稳步提升，在国内外许多重大投资项目的决策、论证、设计、实施管理等方面展现智慧，为北京市乃至全国的城市建设和经济发展做出了重要贡献。截至 2012 年，北京拥有设计机构两万余家，从业人员约 25 万人，开设设计专业的院校 112 所，在校生 3 万余人，设计产业服务收入超过 1300 亿元。在工业化中后期，设计行业是北京建设"设计之都"，进而建设世界城市、创新型城市，加快经济发展方式转变的重要内容。根据《全面推进北京设计产业发展工作方案》，北京近年来将实施"首都设计创新提升计划"，计划利用 3 年时间，培育设计产业 50 强企业，建设 3 ~ 5 个设计产业集聚区，到 2012 年，设计产业服务收入突破 1300 亿元，推动北京成为全国设计核心引领区。北京设计行业既具有良好的发展基础，同时，也是北京重点支持的新型产业之一。

2. 北京设计行业制度创新框架

基于国际设计行业制度创新经验、国内设计行业制度现状、国内设计行业发展环境与趋势及设计行业制度创新切入点，结合北京市设计行业发展特征与发展需求，研究制定北京"四大体系一个平台"的设计行业制度创新体系，即以完善市场运行体系为方向，以优化市场促进体系为支撑，以构建知识产权保护和服务体系为核心，以推进重点项目服务体系为要点，深化设计行业制度改革，搭建北京设计行业发展平台，借此提升北京设计行业的核心竞争力，推进北京设计之都及世界城市建设。

3. 北京市设计行业市场运行体系建设

为适应 WTO 过渡期结束后市场竞争压力与国内设计产业市场发展需求，加快建立健全现代化的市场运行体系，创造公开、公正、规范的行业市场环境，建议如下。

探索、完善符合中国国情、北京市情并与国际惯例接轨的工程勘察设计产业准入制度。淡化单位资质，重视个人职业注册资格和单位实力、技术、业绩和信誉；改进个人执业资格制度，合理界分工程勘察设计产业单位和设计产业人员的责任；拓展企业业务范围，促使单一的设计单位向工程总承包、工程咨询、项目管理方面过渡，打破行业界限；增列合资合作及外商独资企业管理、专业人员注册执业管理互认办法等相关条款。

改善设计行业市场服务。发展设计行业生产要素市场和中介服务市场，完善设计市场交易细则，加大设计市场监管力度，构建统一开放、竞争有序的设计市场，降低市场交易成本。

逐步确立法律规范、政府监督、行业自律的行业管理体制。北京市工程咨询协会作为工程咨询业自律管理组织，建议建立基于市场主体和执业人员信用档案的信用等级评价体系，依托行业信息化平台推进诚信体系建设，通过资质管理、市场准入、招标投标、设计保险、施工图审查、表彰评优等工作环节和渠道，管控设计行业的市场行为。

积极培育具有国际竞争力的大型设计单位。鼓励发展拥有自主知识产权的知名品牌，具有较强国际竞争力的大型骨干设计单位；加强市内骨干设计企业与国内外知名企业合作，支持市内骨干设计企业联合或兼并科研、设计、施工等地方企业，形成具有全过程服务能力的大型国际设计公司；鼓励市内设计企业"走出去"，拓展业务市场。

支持并引导中小企业发展。中小企业是技术创新的重要源泉，在市场空间一定的情况，鼓励中小企业改建为专业设计事务所或工程咨询设计公司，承担某一专业或某种专业技术的咨询设计任务，实现错位发展。

4. 北京市设计行业市场促进体系建设

充分利用国家、北京市相关优惠政策，制定完善并落实促进设计行业发展的各项相关政策。设计行业发展具有涉及面广、政策性强的特征，需要有关部门加大协调力度、深入调查研究，稳妥推进、逐步营造有利于企业技术进步与创新的政策激励环境，确保设计企业的税收、用地、金融、对外贸易等方面的各项优惠政策落实到位。建议发展改革委将大型设计产业单位列入重点工程投标预选企业名录，同等条件下优先中标；建议国资部门完善国有设计单位的考核办法，鼓励其技术创新，并积极支持有条件的大型设计企业上市融资；金融机构要积极开发设计产业单位开展工程总承包和项目管理所需要的金融服务；劳动与社会保障部门要做好设计产业咨询业的各类社会保险统筹工作；财政、税务部门要积极完善设计产业单位享受科技型企业的各项资金、税收政策；商务部要支持设计产业单位开拓国际市场，在授予对外经营权、贷款资金贴息、提供信用担保等方面给予支持。

5. 北京市设计行业知识产权保护和服务体系建设

企业自主开发专有技术，开展科技创新，对提升设计行业专业水平、扩大市场份额和促进企业可持续发展，具有十分重要的作用。建议在国家《工程勘察设计产业咨询业知识产权保护与管理导则》基础上，进一步健全设计行业知识产权制度：第一，建议政府部门出台扶植和支持政策，鼓励企业科技创新；第二，建议按照市场经济原则，建立以专利、专有技术权属保护和有偿转让为动力的技术创新激励机制，制定具体的行业知识产权保护管理措施，依法保护勘察、设计、施工企业的专有技术、计算机软件、设计方案、设计产业成果等知识产权；第三，建议有关部门出台鼓励设计技术集成创新与原始创新的相关政策，构建促成技术开发与生产相结合的技术转化平台，促进技术成果的适时转化；第四，营造有利于技术创新的信息平台，促成企业技术人员与国内外相关单位、专家、学者的深入交流，及时掌握最前沿技术的发展动向和最新技术。

6. 北京市设计行业重点项目服务体系建设

在构建设计行业的常态化服务机制的同时，建议加强对重点工程和重点项目的主动服务。本着特事特办、急事急办的原则，在"合法、合规"的前提下，创造条件为重点工程和重点项目提供主动服务，为项目的顺利实施提供有力保障。考虑到重点项目的显著社会经济效益、较长的设计周期、繁杂的工作任务等客观特征，建议在全市范围内逐步推广 BIM 项目管理模式，这对于提高企业竞争力与行业生产效率具有重大作用，也有助于改变政府监管效率。前期可作为重大项目招投标的参考项，与北京地区高校开展 BIM 标准研究与培训，并在试点单位推行与宣传。

7. 北京市设计行业发展平台建设

北京市设计行业发展平台，包括技术创新平台、金融服务平台、中小企业创业促进平台、公共信息平台、设计产业产品博览交易平台、产权资源管理服务平台、区域合作平台等七个子平台。

技术创新平台侧重建立以企业为主体、以市场为导向、产学研相结合的技术创新体系。重点是发挥高校科研院所的综合研究优势、产业基地（创业园区）的集群优势以及设计产业企业的工程化能力转化优势，在市域宏观层面上构建"研究单位基础开发－教育咨询机构中介服务－设计产业企业推广应用－政府协会支持协调"的技术创新与成果转化平台，在企业微观层面建设以总工程师负责、科技管理部门协调、各专业部门（处室）具体负责的技术创新管理体系。通过加大包括各类企业和个人实验室在内的创新政策扶持力度，促成技术创新的点上突破与面上推广，助推设计行业发展。

金融服务平台是技术创新与推广应用的重要保障。通过整合金融机构、创投机构、中介机构和区县（园区）科技资源，为设计行业发展提供包括创业投资引导、科技保险和知识产权质押融资、应收账款融资、信用互保、联合担保、股票上市、发行企业债权等集成金融产品，为勘察设计测绘行业发展提供全程、合理的融资服务。建议各设计企业通过提取一定比例的经营收入来设立科技发展专项基金，鼓励企业积极承担国家、行业、地方相关科研项目。

中小企业创业促进平台是培育、壮大新兴设计企业的重要孵化器。建议以行业协会为主导，推进定期的中、小企业培训，辅助中小企业制定战略发展规划。考虑中小企业发展中面临的融资渠道不畅、资金周转风险较大等关键难题，在实施税收、土地等优惠政策的同时，建议搭建向中小企业发展适当倾斜的金融服务平台，通过初期融资支持、股权转让、增资并购等一系列政策为企业发展提供有力支持。

公共信息平台有助于企业获取相关信息，促进行业自律建设。由北京设计产业协会负责，搭建北京设计行业公共信息平台，任务之一是按计划完成全年《北京设计产业讯息》编辑、出版和发行工作，丰富并加快更新《北京工程勘察设计产业行业协会网》网站内容，重点反映涉及设计产业的相关法律、法规和政策性文件，以及技术管理动态与相关发展经验，成为北京设计企业获取市场交易信息与相关规章制度的主要来源；任务之二是建立企业、人员、项目数据库和信用评价系统，将企业考核得分与资质升级、个人执业资格、评先树优相结合，将企业先进案例与不良行为同时公布在网上，用信息化手段规范市场秩序。

设计产业产品博览交易平台助推北京设计行业知名度。按照"国际化、专业化、市场化、规范化"思路，由北京设计行业协会负责，组织筹办国际高端展会、国际高端会议，鼓励会员单位积极参与国外设计产业展会，集中展示北京设计企业与设计成果，适时交流设计行业技术与信息。近期重点是推进世界设计组织和联合国教科文组织"世界设计之都"申报工作，提升北京设计行业与企业的知名度。

产权资源管理服务平台助推技术创新与转化。建立知识产权公共服务平台，集成知识产权信息查询、企业知识产权培训、企业知识产权、企业知识产权保护等相关内容，建立联结专业服务机构、服务全市、资源互通的知识产权服务联盟，满足广大企事业单位科研立项、技术攻关、产品开发、技术进出口、专利申请、专利侵权纠纷等对知识产权专业服务的需求，加快新技术、新成果的形成、推广、转化和实施。具体设置包括产权资源交易管理委员会、产权资源交易中心与交易平台，以及注重产权保护的交易规章制度。

区域合作平台拓宽北京设计行业市场。在市场一体化发展的趋势下，设计行业跨区域的传统业务市场竞争将进一步加剧，在地方保护主义依然存在的情况下，建议在市域层面推进区域合作、横向联合，在企业层面注重战略联盟、项目合作，构建区域交流与合作平台，拓展市场范围。

参考文献

叶大华、李节严、毛哲、梁昊光：《北京勘察设计测绘行业制度创新国际比较研究》，《北京规划建设》2012 年第 4 期。

何红锋：《招标投标法研究》，南开大学出版社，2004。

方东祥：《工程勘察设计市场管理——中国工程勘察设计市场准入管理制度改革研究》，知识产权出版社，2004。

第五章　设计服务业文化创新

——规划设计服务业与软实力的融合

第一节　设计文化创新

文化问题的重要性和复杂性，导致了文化迄今已有两百多种定义，而且新的解释仍然不断出现，这里，我们倾向于对文化的广义理解，与设计本身相比，设计文化的内涵要丰富很多、外延要宽泛很多。

同样，我们认为设计文化是一种广义文化，包含了设计行业所涉及的所有文化领域。根据现代学科门类的划分，可以归纳出设计行业涉及的文化领域，包括自然科学、社会科学与人文科学三大领域的知识。设计文化具有综合性和独特性，它是物质文化与精神文化有机综合而成的一种独特文化，与商业或消费文化、经济或产业文化、艺术或审美文化、科技文化有着十分密切的关系。

通常，设计文化的创新体现在前瞻性设计对于文化的推动性创新。所谓前瞻性设计，是一种跨越时空的设计思维活动，是一种具有超前意识的设计活动，也就是在超前地设计着人们的未来，设计不仅创造美的形态，创造一种新的生活方式，更是创造一种新的文化。

1. 设计文化的创新改变人们的生活方式和习惯

随着时代的发展，各种不同地域的文化进一步渗透融合，由此产生了许多新的文化概念、先进的文化理念和创新的文化思维，各种文化相互影响，人们的自身文化素质，包括文化水平、审美品位等随之提升，这也为现代设计提出了更高的要求，现代设计中需要满足新的功能要求、掌握新材料的运用、注重新技术的注入、培育新理念的成长，因此，需要我们用发展的眼光，用前瞻性的设计来表现不同的设计形式，适应不同的文化。

新的时代特征和新的历史实践需要新的思维方式，前瞻性设计就是现时代凸显出来的一种新的思维方式，前瞻性设计可以做出发展性的引导和调整。因此，前瞻性设计的本质规定和基本特征，会影响我们生活的方方面面。前瞻性设计不断地改变着人们的生活方式、生活习惯，使每个人的衣食住行变得更加舒适和惬意。

2. 前瞻性设计是文化的多元化、国际化需要

随着文化的多元化和国际化，目前的现代设计服务业必须与国际最新的形式相适应，使之成为一种全新的文化内涵和视觉形象的载体。前瞻性（Prospective）设计注重对对象的牵连性、影响性、可发展性的把握，对设计产品的本质（潜在性）的挖掘。在当今社会科技迅猛发展下，能够提前把握具有潜力的对象是异常重要的。

多元化是事物发展的基本样态，不同性质、特点和背景的价值观和思维方式处于同一个领域中，彼此之间也会产生冲突，这也是正常的，因为事物就是在彼此交流、冲突、融合中不断发展的。我们应该正视多元价值观的存在以及它们之间的冲突，并以积极的态度接受它，允许多元价值观和思维方式共存。这不仅是社会、文化和谐发展的必然要求，也是世界发展的客观现实。随着经济全球化进程的加快、国际互联网的迅速发展，先进文化和落后文化、保守文化和开放文化、民族文化和外来文化等交织在一起，从而在社会各个领域同时树立了多种价值观，为人们提供了更多的选择机会。每个人都有自己的选择与追求，并可以成为不同的价值主体，从而使价值观呈现多元化倾向。

文化的交融发展促进国内外设计作品的相互融合。它由表层结构与深层结构（即文化核心）构成，二者在文化整体结构中的地位与作用是不同的。诸如饮食文化、服饰文化、居住文化、语言文化等构成了文化结构的表层。重视全球交付能力与经验。国际货币基金组织（International Monetary Fund，IMF）的研究显示，近 10 年的国际贸易市场呈现发达市场正在持续萎缩，而新兴市场却持续繁荣景象，对于欧美日财富 500 强或者中小企业而言，国际化战略已是不可缺少的生存手段了。

国际化战略从企业决策人的角度而言，核心动机无非两件事：其一是增加客户群，提高营业额；其二是减少成本，提高效率。我们常说的服务外包（包括 IT 外包 ITO、商务流程外包 BPO、知识流程外包 KPO）在高级管理层看来，主要解决的就是第二个问题。随着全球化程度加深与消费者规模加大，外包这块业务已经慢慢地从 CIO 或者 CFO 的地盘延伸到了 COO、CMO、CTO 甚至 CEO 的视野了。外包业务的本质也逐渐从单纯的商业合同交付（Business Transactions）迁移到了市场与技术合作伙伴（Business Partners）。美国 IT 企业的硬软件产品在印度市场一半以上是由印度的外包企业渠道销售出去的。

3. 设计文化创新对设计师提出了更高的要求

设计师需要有"文化自觉"，形成文化自信，以新的市场需求为导向，努力拓展具有前瞻性和引领性的特色设计理论体系，增强自身思想内涵、文化底蕴及历史责任感，创建北京设计作品特有的文化内涵，注重对历史文化的传承，从而提高设计精品数量。

一方面，设计师需要通过创造性的设计思维，在经济利益的驱动下，发包企业在选择外包设计承接商的时候会更加看重那些具有国际市场交付能力与实施创新的提供商。对设计企业和设计师而言，全球交付能力意味着许多短期与长期的益处：为不同类型客户与市场服务的经验；实施多种技术与商务流程项目的能力。

同时，设计师需要具有强烈的社会责任感与群体意识，群体意识是在群体信息传播和互动过程中形成的。群体意识是群体实践活动的产物。其中，在人对于物质和其他生物的关系上，文明表现出来的明显的特征就是人控制着越来越多的物质和生物，在文明中流淌着越来越多能源（能量）。全球闻名的设计先驱们曾提出"为大众而设计"的工作指向，其设计理念不止为少数人创作产品，不止为富人服务，设计承载着将艺术的精神带入生活的各个领域，使更广泛的大众有机会使用和体会到由设计师创造出的这个新时代的"结合体"。

第二节　城市文化与城市规划设计

一　文化与城市文化

"文化"一词，概念宽泛，不同的学者、不同的研究角度和深度，往往赋予其不同的内涵和外延。"文化"源于拉丁语"culture"和"colera"，最初指"土地耕耘"和"身体和精神护理"，"culture"所具有的文化、耕种、养殖、驯化等含义表明文化应被置于一定的生活方式之上。最早将文化（culture）这个概念引入近代科学的，是19世纪欧美著名人类学学者泰勒（Edward Bumett Tylor），他将文化定义为包括器物、制序在内的由"知识、信仰、艺术、道德、法律、习俗以及由作为社会成员的人所获得的任何其他能力和习惯的复合整体"。①

英国著名人类学家马林诺夫斯基（Bronisl Malinowski）在《文化论》一书中发展了泰勒的文化定义，他指出："文化是指那一群传统的器物、货品、技术、思想、习惯及价值而言的，这概念实包容及调节着一切社会科学。"马林诺夫斯基进一步指出："文化是由部分自

---

① 马文·哈里斯：《文化、人、自然——普通人类学导引》，顾建光、高云霞译，浙江人民出版社，1992，第136页。

治和部分协调的制度构成的整合体。"① 由此可见，"文化"的内涵逐渐被人们理解成有形态的、具体而非抽象的、系统的整体。人们生活在社会中，建立制度，遵循规则，自然形成了一定的意识形态与价值观，这些共同组成了社会的文化体系。

现代中国，对于"文化"一词的一般解释是"一定的文化是一定社会的政治和经济在观念形态上的反映"（毛泽东《新民主主义论》）。《辞海》对文化的一种解释为："文化是指人类的生产能力及其产品，有广义和狭义之分。广义文化指人类在社会实践过程中所获得的物质、精神的生产能力和创造的物质、精神财富的综合。狭义文化指精神生产能力和精神产品，包括一切社会意识形态：自然科学、技术科学、社会意识形态。"

一般来说，文化具有如下四个基本特征。

第一，文化是整体合一的。古人可以将文化形态分解成为众多的文化元素、文化成分，但就全体看，它们是互相整合而统一的。也就是说，同一文化往往具有共同的价值系统和行为模式。

第二，文化是连绵不断的。文化是一个连续体，往往连绵不绝，代代相传。但同时，改变传统或使某些传统让位，也是很困难的。

第三，文化是变迁和积累的产物。尽管一种传统的更新很难，但文化本身并不是一成不变的。相反，文化总是变化的，具有自行创新的能力。通过量变到质变的积累，文化传统逐渐迁移。

第四，文化是普遍的，只要有人生活的地方便会产生文化。对文化的评价应看其本身能否满足人们生产生活的需要。②

文化的这些定义和特征进一步说明了文化是有形态和系统化的整体。因此，我们看待文化不仅应该从具体形态来分析，还应该从总体上来考察。

---

① B·马林诺斯基（Bronislaw Mallnowski）：《科学的文化理论》，黄剑波译，中央民族大学出版社，1999。

② 李百浩、郭建：《中国近代城市规划与文化》，湖北教育出版社，2008。

二　城市文化——城市和文化的相互作用

城市是历史进步、生产力发展的产物，它最早产生于原始社会向奴隶社会过渡时期。城市一经出现，便成为一个区域的政治或经济、文化中心。一般认为，城市是以非农业活动和非农业人口为主的人类聚居地。美国著名城市学家、社会学家刘易斯·芒福特指出："密集，众多，包围成圈的城墙，这些只是城市的偶然性特征，而不是它的本质性特征……城市不只是建筑物的群集，它更是各种密切相关并经常相互影响的各种功能的复合体——它不但是权力的集中，更是文化的归极。"他还认为：城市是"权力与集体文化的最高聚集点"，"城市是文化的容器"。城市的发展不仅是政治和经济发展的结果，也是长期以来文化发展的结果，城市是文化形成的重要土壤，也是文化发生迁移最剧烈的地方，这些无一不体现了城市所具有的深刻的文化属性。

城市文化的概念同文化的内涵一样并没有具体的准则。施本格勒在《西方的没落》中认为，世界史就是人类的城市时代史。而吴良镛先生从广义和狭义两个层次剖析城市文化，"广义的城市文化包括文化的指导系统和社会知识系统，狭义的城市文化主要指城市文化环境"，并将城市文化分解为四个层面：物质（表层）、行为（浅层）、制度（中层）以及精神和生态（深层）。

为了更好地梳理城市文化与城市规划设计之间的关系，本研究中，我们认为城市文化是一种包括文化习俗、社会结构、亲属关系、宗教信仰、工艺技术、符号系统以及城市居民的生活方式、人格类型、行为方式、价值准则等多项内容的文化形态。

城市文化作为一种独特的文化形态，是随着城市的产生、发展形成的，因而具有鲜明的城市特征。城市文化是城市历史发展的积累，更是城市未来个性塑造的脉源，城市是多种文化的共存体，城市文化则是城市发展无形的推动力，其发展水平代表着一个地区或一个国家文明程度和生产力发展的最高水平。城市文化的体系中，城市与文化二者互为体现，互为作用。"城市即文化，文化即城市"。

1. 城市之于文化

"城市是文化的容器"，是文化的载体，也是文化的传承者。城市的文化功能主要体现在：一是文化传承性，城市通过各种设施，诸如建筑物、书籍、纪念碑等使得文化得以传承；二是文化差异性，不同城市的多样性正是城市文化差异性的体现；三是经济产业性，城市是文化产业发展的基地和市场。[①]

在人类社会发展中，文化传承始终跟随着物质、文化及人类自身的生产和再生产。每一个城市由于它的历史、地域不同，孕育着不同的文化，无论古代城市还是现代城市的发展，文化传承功能一直是其最基本的功能。城市的文化传承是其各种构成要素的传递，不仅包括文化承载的物质设施，比如文化设施、城市布局、历史文化遗产等一切可感知的城市基础设施，还包括城市的道德、法律、习俗以及作为每个城市成员所形成的一切能力和习惯。更深层次地讲，是一种文化知觉的传承，包括城市精神的传承、人们对于城市文化的记忆、对于城市的认同和归属感的传承等。

"大城市从来就是各种民族、各种文化相互混合、相互作用的大熔炉……新的种族、新的文化、新的社会形态就是从这些相互作用中产生出来的"。由于不同城市的历史传统、地域特点、经济水平、文化传承根脉、人文风俗，以及对文化理解的不同，往往造成城市彼此间文化习俗、文化样式、文化品牌的差异。这种差异性也恰恰体现了城市对于多样文化的承载和包容，从而形成各个城市独具特色的鲜明的城市个性特征。

在城市文化产业发展过程中，城市环境建设是基础。文化产业由

---

① 芒福德：《城市发展史——起源，演变和前景》，倪文彦、宋俊岭译，中国建筑工业出版，1989。

其对生产要素、人才资源、市场需求、城市交通、环境品位等各方面的高需求，使得产业发展对空间环境的要求更为苛刻。而城市建设综合性的不断提高正好满足了文化产业发展的需求，为其提供基地和市场。

2. 文化之于城市

文化对城市发展的价值体现在文化资源、文化设施（包括文化标志）、文化产业和文化软实力等对城市经济发展的综合影响，文化建设能够显著提升城市竞争力。

文化标识城市特征。城市的形象和特征是一个城市外在的基本反映。随着现代化城市建设，建筑的形象和风格越来越趋同，城市的肌理和结构越来越相似。然而，文化仍然坚守着最后的阵地，通过城市的历史、建筑、文化设施和文化活动等角度塑造城市特色，成为增强城市可识别性的重要一环。由此，越来越多的城市管理者、设计者和生活在城市中的人们，已经逐渐认识到文化对于标识城市特征的重要意义所在。

文化是城市经济资本。近些年来，西方发达国家很多城市的中心地区都面临衰败，在这些地区的经济复苏和城市更新的过程中，文化作为城市复兴的重要资本成为解决问题和促进发展的重要手段。城市长期积累起来的历史文化资源、当地居民的生产和生活方式、城市的空间特征和建筑特色，都成为城市发展的文化资本。在日趋激烈的城市竞争中，文化产业的兴起，使得人们对城市文化的认识提升到更高的层面。随着传统制造业和服务业的逐渐转型，文化产业已经成为一个朝阳产业，能非常有效地促进地方经济的发展[1]。

文化提升环境品质。城市的公共空间是城市环境的重要组成部分，文化有助于提升城市公共空间的品质。各种文化设施的建设可以

---

① 张鸿雁：《城市文化资本论》（第 2 版），东南大学出版社，2010。

提供大量的公共开放空间，开展有效的文化活动，形成良好的文化环境。通过文化设施的建设和相关文化活动的举办能为城市注入新的活力，提高市民的文化修养，改善城市的文化氛围，增强社会各个群体的自豪感和认同感。

文化促进城市创新。建设创新型城市已经成为目前我们国家各个城市的重要口号之一。20世纪90年代以来开始对"创新城市"的讨论体现了文化对城市发展的新的推动作用。在全球化以及产业转型的背景下，创新对于城市乃至社会的发展起着持续的推动作用。

文化在城市创新中的作用是举足轻重的。英国著名城市地理学家、科学院院士彼得·霍尔（PeterHall）对不同的城市进行研究后发现，具有创新特质的城市往往都处于经济和社会的变化过程中，大量的新事物不断涌现，新旧交织和融合，并形成新的社会。文化对创新的推动作用，主要体现在以下四个方面。一是通过文化的思维发现城市的创新空间和创新方向。鼓励文化和其他领域的交叉有利于产生创新。二是从文化的角度考虑和制定各类公共政策，开展城市创新决策。三是把文化资源置于创新实施的中心来整合城市的各项资源，达到整体的更加鲜明的效果。四是通过文化产业本身的创新，在不同文化形式上形成创新。

3. 城市规划设计与城市文化

城市化加速城市规划设计的形成。世界上的众多城市都有不同的类型，甚至它们的分类方法也纷繁复杂。从城市发展方式的角度来看，城市分为两种——经过人类规划、设计从而创造出的城市与自然形成的城市。作为本文的主要研究对象——北京市属于经过规划设计而创造的城市。人类在长期的城市生活中逐渐探索发现，只有合理规划城市的各个功能区域，充分利用城市各项资源，才能满足自己生产生活等各方面的需要。随着工业革命的发生和近代中国工业化的进程，中国开始迅速走向"城市化"，具体表现为城市人口迅猛增长，城市规模不断扩大。因此，城市规划设计和城市建设成为政府和人们重点关注的问题。政府方面只有采取全新的管理和技术方式，制定有效的提高工业生产和商业贸易的政策与措施，才能解决城市化带来的各种新问题，保障人们对生活环境的需求。只有道路、给排水与绿地等城市基础设施建设得到普遍重视，才能有力地推动城市规划设计制度的形成。

城市规划设计文化的概念。城市文化从构成来看可以分为人口组成、文化意识形态和物态实体存在。物态实体包括社区和居住区文化、广场文化、绿地园林文化在内的许多方面。而城市文化的来源与发展离不开城市的规划建设，甚至可以认为其与城市规划设计的发展有着直接关系，城市规划设计通过城市建设转变为城市物质空间形态而长期地影响着社会文化，同时社会文化又是城市规划思想与理论的来源。城市规划和文化之间存在一个转化过程，我们也可以认为，城市规划设计也属于城市文化的范畴，是城市文化的一种具体形态。

通过上面的分析，我们在本书中提出"城市规划设计文化"的概念，本书中所称"城市规划设计文化"是指城市在一定发展过程中所形成的较稳定的城市规划和建筑设计思想、观念与理念，以及规划设计的传承与传播过程、规划建设方法、管理与制度等结合而成的整体文化模式，包括城市规划文化与建筑设计文化，属城市文化的范畴。

第三节　北京市城市规划设计的发展与演变

北京至今已有 3000 多年建城史和 800 多年建都史，先后有辽、金、元、明、清五个朝代在此建都。早在六七十万年前就开始有人类活动，是中华民族的文明发祥地之一。北京建城的历史可追溯到公元前 11 世纪的西周时期，当时，北京地区为燕国和蓟国的封地。燕灭蓟后，定都蓟城（今宣武区广安门一带），蓟城成为北京地区的政治、文化中心。从秦汉至隋唐，蓟城在原有基础上不断发展，成为我国北方的重镇和交通要冲。契会同元年（公元938年），辽在蓟城（时称幽州城）的基础上，建南京城（又燕京）并定其为陪都。金灭辽后于金贞元元年（公元1153年）迁都于此，称中都。至元四年（公元1267年）蒙古汗国在中都城东北郊营建了新都——大都，至元八年（公元1371年），定国号为元；次年，元大都成为元的都城。永乐四年（公元1406年）至永乐十八年（公元1420年），明代北城在元大都基础上形成，以城市中轴线贯穿南北，皇城居中，左祖右社，朝后市，五坛八庙，星布城周，严整有序。顺治元年（公元1644年），清定都北京。清北京城基本延续了明北京城的格局，同时建造了北京西北的园林景区，营建了"三山五园"等离宫建筑群①。

北京的历史演变，脉络清晰，线索连贯，大体上是沿着部落、方国侯领地中心，进而成为统一国家北部地区的重镇，后来逐步发展，才上升到统一中国的首都，从而步入世界著名大都市的行列。与其他古都仅反映某一阶段的中国都城面貌不同，北京城代表中国都城发展的顶峰，包容了都城文明的全部内涵。在规划思想、布局结构和建筑艺术上继承和发展了中国历代都城规划的传统，形成了独特的城市建筑、都邑景观，在中国城市建设史上占据重要的地位。北京的城市历史发展展示着古代先民的艰辛建设历程，北京的城市规划建设历史不但对城市规划技术发展有着重要的科学研究价值，其过程中蕴含的规划文化思想的演变和积累对于现代北京的城市规划设计文化建设也有着极为重要的指导意义②。

---

① 北京市地方志编纂委员会：《北京志——城乡规划卷：建筑工程设计志》，北京出版社，2007。

② 本节内容主要参考《北京志》和刘欣葵《首都体制下的北京规划建设管理》，中国建筑工业出版社，2009。

一　中国古代城市发展及其城市规划设计文化思想发展
特点

在世界文化史上，城市的出现是文明社会诞生的标志。城市是指
人类从氏族社会聚落发展到文明社会的一种新的群居形态，它和氏族
社会聚落有着本质的区别，主要表现在布局的变化和建筑技术的改进
上。氏族社会聚落布局在考古学上所见有两种形式，一是半坡、姜寨
以广场和大房子为中心，呈环居半地穴式的居室布局；另一种是以郑
州大河村、淅川下王岗为代表的长排式居室布局，它们都属仰韶文化
时代，前者约为公元前 5000 年至前 4000 年，后者的年代稍晚一些。
大约在公元前 4000 年至前 3000 年，中国出现了筑有夯土城垣和城内
有夯土建筑物的城市，如湖南澧县城头山城址。人类的居住方式已从
半地穴提升到在地面上夯筑建筑物台基的做法。聚落的布局在龙山时
代城市中也变为以统治者宫殿为中心的形态。这是一个划时代的变
化，反映着人类社会组织和结构上的变化，表明它已经开始进入文明
社会城市的历史阶段。

中国古代城市史上的第三个阶段是秦汉时期。秦立国短暂，秦咸
阳只见宫殿遗迹，未见城垣遗迹。汉以长安为都，在秦旧宫（兴乐
宫）上修建长乐宫，同时建未央宫和北宫；惠帝时才围绕各宫修筑
长安城，是先建宫后建城，宫的面积约占全城的 2/3，东汉洛阳城先
有南宫，后建北宫，虽较西汉长安城宫苑占地稍小，但以宫殿为主体
的城市结构仍很突出。三代以来都城中最重要的宫庙，在秦汉都城中
起了变化。秦咸阳和汉长安都以宫为主，宫与庙分离，庙退居次要地
位。汉长安城中原有太上皇庙、高祖庙，但自文帝以后，庙与陵相结
合，皆在陵园附近建庙。东汉光武帝时立高庙于洛阳，祀西汉元帝以
前诸帝；光武帝死后，陵上不立原庙，明帝立世祖庙于洛阳城内，其
后东汉诸帝皆入世祖庙，开后世太庙之制。

自秦汉以来，都城中的皇帝宫殿为全城规划之中心的设计思想已

经确立，这在中国都城史上是一个划时代的变革。市民居住的里坊和商业市场正式纳入城市之中。就城市规划而言，秦咸阳无规划，汉长安是宫殿的组合体，如果说有中心的话，便是未央宫，但全城没有一条类似中轴线的设计；东汉洛阳则以南宫、北宫为中心，南宫为西汉以来之旧宫，北宫是新设计的宫殿区，但就全城来看，中轴线的设计思想并不明确。秦汉地方城市确立，与秦汉郡县制的地方行政管理系统相结合，地方城市皆是各郡县之首府，中国古代城市政治化的特质愈加巩固，一直延续至今。这不论在中国城市发展史上或是在中国社会历史上都是一个巨大的变化。

第四个阶段是魏晋南北朝隋唐时期。这是逐步发展为完备的封闭式里坊制城市的阶段。封闭式里坊制城市发端于曹魏的邺北城。其规划特点是：宫城位于城北部中央，西为铜雀园三台，东为贵族居住区戚里，中央官署集中于宫城前司马门外。东起建春门，西至金明门的一条横街，将全城分为南北两部分，横街以北为宫苑、戚里和中央官署，横街以南为里坊。里坊占地面积约为全城面积的1/2，大大超过了西汉长安城。城市规划中出现了中轴线，从南城垣中央城门中阳门，经止车门、端门至文昌殿，这是外朝；内朝的听政殿在其东侧；内外朝东西并列。曹魏邺北城在中国城市发展史上是一个关键的转折点，它结束了三代秦汉以来以宫庙和宫殿为主体的城市布局，开创了有城市中轴线的封闭式里坊制城市，同时它还是我国古代第一个比较全面地实施礼制的都城。北魏洛阳城则改变了邺北城内外朝并列的形式，宫城向纵深发展，自宣阳门、铜驼街、阊阖门至太极殿，形成了一条更为明确的中轴线，在中轴线铜驼街两侧布置中央官署和太庙、太社。外郭城内规划了三百二十坊，每坊一里，坊开四门，坊内辟十字街，这是我们了解的封闭式坊制最早的材料。

隋大兴城和唐长安城的城市规划，集魏晋南北朝以来城市规划之大成，发展成为中国中古时期封闭式里坊制的典型城市，其特点是：宫城在全城北部中央，宫城前为皇城，集中央官署和太庙、太社于皇城之内，朱雀门大街是全城的中轴线，南起明德门，北抵朱雀门和承天门而达太极宫；全城分为一百零九坊和东西两市，坊内开十字街，市内井字街，坊市四周皆有墙封堵，商业活动被官方严格控制，夜晚宵禁；城市景观是一片肃杀之色，这便是中国中古时期城市景观的特点。

唐代的地方城市更为制度化、规整化，按城市的行政等级规划城市平面，城内一般为十字街，府州以上城市用井字街，中国南方城市因地形水道复杂，则因地制宜，不拘一格。

第五个阶段是宋元明清时期。封闭式里坊制由于社会经济之发展，开始崩溃，从唐代末期到北宋前期（公元 10 世纪），封闭式里坊制逐渐为开放式街巷制所代替。北宋末年汴梁的城市景观，是临街设店，夜市达旦，与唐长安城的城市景观截然不同，这是中国城市发展史上的一个大变化，标志着中国社会历史已迈入另一个新阶段，开封北宋汴梁和杭州南宋临安这两个城市，都是在唐代州城旧址上改建的，其城市规划受旧城之约束，只能因旧改建，完全按照规划蓝图平地而起的新城市是北京的元大都城，它彻底废除了中古时期封闭式里坊制的城市规划，转变为近古时期开放式街巷制的城市规划。明清北京城沿用了元大都的城市规划，只改建了皇城、宫城，街道系统相沿未变。地方城市仍以地方衙署为中心，或用十字街，或用丁字街，明代以后街心设钟鼓楼，这在中原北方几乎已成为定制。以工商业经济性的城镇开始出现，如湖北的沙市和江西吉安南宋永和镇，前者是从不定期集市发展为"一条街"式的城市；后者是南宋著名的吉州窑产地，前店后场，是中国近古时期手工业城市之典型。

综上所述，中国古代城市的特点概括起来有两点，第一是在城市职能中，政治性一直是第一位的，不论是早期的宫庙一体，或后期的以宫为主的封闭式里坊制和开放式街巷制，皆是以政治性为主的。第二是从公元 3 世纪邺北城开始，在城市建设中有了明确的规划，城市的中轴线出现，城市的主体——宫城，坐北面南，左右对称，加强了中轴线的纵深，体现了皇权至高无上的城市设计思想。除此之外，由于受到古代哲学、政治、社会伦理等方面的影响，我国古代城市规划思想总体上显示出以下三个特征：第一，古代城市规划在传统哲学思想的熏陶下，反映出强烈的追求理性主义倾向，将城市的"崇高思想"作为神圣的有灵感的信念；第二，强烈的整体意识，古代城市，大至全国、区域的城镇布局，小至一组厅堂、庭院，都是有一个整体考虑的；第三，特有的空间组合观念，这是中国古代城市居民传统生活个性观念的强烈反映。

中国古代城市建设是有悠久的历史的，有很多优秀的城市规划传统值得我们在制定现代城市规划中借鉴。

中国古代城市在世界古代城市史上也有其独特的地位，它与世界其他文明古国的文化传统不同，因此，在城市的形成、发展和特点方面也不尽相同。特别是中国古代城市有近两千年的城市规划的历史，这在世界古代城市史上是罕见的。

二　封建帝都 800 余年的规划建设管理与规划设计思想发展

通过对中国古代城市发展以及城市规划设计文化思想特点的研究分析，我们可以认识到，中国古代城市规划与建设，不仅历史悠久，制度严明，规模宏大，构筑精巧，而且思想文化理论极其丰富完整，在世界城市发展史上可谓独具匠心，自成体系。其中，北京是我国公布的第一批历史文化名城，也是中国古代都城规划史上最后的经典之作，北京不但有世界上保存最完整最大的宫殿建筑群故宫，而且还有长达 8 公里的中轴线及天坛、地坛、太庙等众多辉煌建筑物。它们分列前后左右，簇拥着中心紫禁城。北京作为中国历史文化名城是当之无愧的，在世界古代城市规划史上也是独一无二的杰作。

北京在唐以前的城市规划，由于资料缺乏，但尚无可考证城址的方位可以据考古学的发现而确定。东周燕国的蓟城应在今陶然亭、广安门内北线阁、西便门和白云观一带；西晋时期的蓟城，由于八宝山西约半公里的地方发现了西晋王浚妻子华芳的墓葬（永嘉元年，307年），墓志上说"假葬于燕国蓟城西二十里"。根据其中出土的骨尺（长 24.2 厘米）长度折合为晋里长 435.6 米，"二十里"为 8712 米，正在今会城门附近。这个地点与唐幽州和辽南京城的西城垣大体是符合的，也就是说，从东周以来的蓟城基本上是在今北京旧城的西南部。

辽南京和唐幽州是同一个城，其城的四至大约是：北城墙在今西单以南头发胡同，头发胡同北面有浸水河胡同（即臭水河胡同），是辽南京城的北护城河，南闹市口是辽南京北城墙上的棋宸门。东城墙在宣武门大街偏西，菜市口南的烂漫胡同为辽南京的东护城河。南城墙在今陶然亭、广安门外的三路居、骆驼湾一线。西城墙在今广安门外南观音寺往北至会城门村稍西一线。每面两个城门，城内主干大街相交呈"井"字形，类似长安城中的东、西两市的布局。幽州城的府衙和辽南京的宫城都在城的西南部，著名的悯忠寺（今法源寺）在城的东南隅。公元 1151 年（金天德三年）金海陵王扩展辽南京为金中都，北城垣仍在原线未动，扩展东、西、南三面。1965 年，考古勘测了金中都，其东北角在宣武门内翠花街，西北角在军事博物馆以南的黄亭子，西南角在丰台区凤凰嘴村，东南角在今北京南站（永定门火车站）稍南的四路通。发掘了金中都宫城大安殿遗址和南城垣东段的水关遗址（今建为辽金城垣博物馆）。四面有十三个城门，东、西、南各三个，北面四个。它继承了唐辽旧城的布局，主要是改建宫城，里坊式的街道没有改变；但在新扩展的部分，则按北宋汴梁的新的开放式街巷规划建设。在金中都西南部钻探出来的街道皆为东西向平行的胡同。东部扩出去的部分较狭窄，已有东西向主干道，胡同只能是南北向了。宣武门大街以东的胡同，像椿树胡同、陕西巷等，都是南北向的。所以，金中都的城市规划是两个系统合成的，唐辽旧城中沿袭了唐代里坊制的街道，新扩展部分则采用了新的平行胡同的布局，这种开放式的新街巷规划在元大都城中得到了充分的发展。

元大都全城由九条南北纵街和九条东西横街，以及在东西城垣上两城门之间的等距离的 22 条胡同构成街道网络，这是从北宋汴梁城以来逐步发展形成的城市规划街道的定式。它的市场集中在宫苑之北的海子沿岸，太庙在宫苑的左侧齐化门内，社稷坛在宫苑的右侧和义门内。元大都是建设者经过实地考察精心设计而建设的都城，建设者根据城市的实际地理位置情况，参考遵循《周礼》中的传统礼治观念，设立城市南北中轴线并将宫城建于城市最中央的核心区域，突出皇权至上的政治意义。在城市的轮廓上突出都城礼制布局，遵循"方位在天，礼序在人"的等级体系。

明代既传承了元大都时期的城市规划设计精华，又在其基础上进一步改建与发展，最终形成了如今我们看到的北京城的"凸"字形状的空间结构；清朝沿用明代北京旧城，城市总体布局没有大的改动，集传统都城建设思想之大成的古都北京的格局逐渐定型。明清北京城主要是改建宫城和皇城，突出宫城位置，把五府六部摆到宫城前面，修筑外城以后，中轴线从永定门经正阳门、故宫、景山到钟鼓楼，更加纵深，中轴线两侧大建筑物明显对称，全城拱卫宫城。把为皇家服务的内官系统全集中到皇城内，开挖南海，扩大西苑，皇城变成北京城的中心，使东西城之间交通阻隔，造成北京城内居民在心理上总感到有皇帝的存在，从城市规划上体现了"皇权至尊"的效果。

中国传统的都城规划思想不仅重视维护政治秩序，在城市环境的设计上更注重遵循古代的风水思想。在都城设计和建造过程中，必须将天地人三者紧密联系在一起。因此，古代北京的城市规划具有多重属性，一方面为政治属性，城市格局中必须突出皇权中心；另一方面，城市的整体规划要在符合人们生活居住习惯的同时，结合传统的风水哲学来统筹综合环境的建设。

三 近代北京城市规划建设管理与规划设计思想发展
（1840～1949 年）

在经历了 800 余年封建帝都时代后，近代北京失去了其国家政治中心的地位，这种政治地位的变化，对近代北京的城市规划与城市性质的影响非常大。

1928 年 6 月，北平特别政府成立，设定了工务局负责城市建设的工作。但局势的不稳定使市政建设未得到实质性进展，只有一批积极人士通过学习西方先进的城市规划理论，潜心研究市政建设问题，结合中国实际情况提出了自己的城市规划设计思想与都市计划，但并未得到实现。1933 年 6 月，政府锐意革新，积极建设，力图整顿，陆续制定了《北平市游览区建设计划》《北平市沟渠建设计划》《北平市河道整理计划》等计划，成为官方编制北平城市计划的开始。从 1949 年新中国成立之后北京城的格局和古迹保存的成果来看，大部分应该归功于近代时期人们所付出的努力。

1937 年，抗日战争爆发，日本占领北平后将北京市工务局改为"都市计划委员会"，并制订一系列殖民性质的官方计划，其中最著名的是 1941 年的《北京都市计划大纲》。该大纲以大力保护北京内城古迹为中心思想，规划在城外发展新城，从而新旧城结合作为一个整体城市。1944 年抗日战争即将胜利，为了能够尽快重建家园，借鉴日本的大纲，从中国的实际情况出发，制定了《北京市都市计划草案》，对北京城进行分区管理。1947 年抗日战争胜利后，北平市都市计划委员会成立并制定了《北平市都市计划设计资料第一集》，提出"把北平建设成为现代化都市；注重保存、保护历史文物与名胜古迹，发展旅游区；重视文化教育；继续完成西郊新市区的建设，同时以郊区村镇为中心建设卫星市"。可见随着城市急剧扩张与人口膨胀，城市经济、社会复杂化，城市功能也日趋多样化，在近代末期北京已经呈现综合性城市的性质。

四 新中国首都 60 年的规划建设与管理

1. 1953 年城市总体规划确定改建和扩建北京城

（1）经济社会背景

1949 年初，随着解放战争的迅速进展，城市接管与建设成为建国初期面临的重大问题。在新形势下，中国共产党于 1949 年 3 月的中共七届二中全会做出决议，改变了坚持 20 多年的工作重心，由乡村移到城市，开始实行城市领导乡村的战略方针。

1949 年 1 月 31 日，北平和平解放，中央决定定都北平，改北平为北京。新中国成立初期北京经济十分落后，市民生活窘迫、基础设施残破、环境脏乱不堪，城市秩序混乱，恢复和发展生产是各项工作的中心环节。根据《北京志·计划志》的数据，1949 年底，北京市常住人口 203.1 万人，非农业人口 164.9 万人；工农业总产值 3.8 亿元，其中，工业产值 1.7 亿元，地方财政收入仅 0.2 亿元，社会商品零售总额 2.8 亿元，房屋建筑竣工面积 2.6 万平方米，城市人均居住面积 4.75 平方米/人。为了加快改进经济落后、居民生活窘迫的状况，1949 年 4 月 16 日，北平市委做出《关于北平市目前中心工作的决定》，提出"恢复改造与发展生产乃是北平党政军民目前的中心任务，其他一切工作都应该围绕这一中心任务来进行，并服从于这一任务"，即"生产压倒一切的中心"。首都北京率先成为变消费城市为生产城市的典型，进而提出的服务于人民大众、服务于生产、服务于党中央和中央人民政府的方针，成为首都工作的首要原则。

在中国共产党的领导下，经过人民三年的艰苦努力，北京市国民经济得到全面恢复和初步发展。1952 年，北京市国内生产总值达到 7.9 亿元，比 1949 年的 2.8 亿元增长 1.8 倍。工农业总产值（按 1980 年不变价格）达到 11.4 亿元，比 1949 年的 3.8 亿元增长 2.09 倍。国民经济恢复工作顺利实现，为大规模的城市建设奠定了较好的基础。

（2）城市规划建设实施

首都地位的确定自然就面临新中国首都应该是什么样的问题，需要通过首都规划明确方向。1949 年 5 月 22 日，北京市都市计划委员会成立，都市计划委员会在北京市委、市政府的直接领导下开始总体规划的编制工作。1949 年底至 1950 年初，中外专家就首都规划蓝图提出了很多方案，在首都北京城市的性质、规模、旧城保护、道路交通系统等方面，特别是首都行政中心的位置，存在不同意见，当时就首都的建设有两个方案：一个是"梁陈方案"——行政中心西移，另一个是苏联专家方案——以天安门广场为行政中心。

"梁陈方案"——行政中心西移。解放初期，由于北京城的城墙、城楼、牌楼都完整存在，建筑学家梁思成、陈占祥主张完整保留北京古城，并于 1950 年共同提出了《关于中央人民政府行政中心区位置的建议》，将自己的观点变成了具体的规划，即后来北京规划史上著名的"梁陈方案"。该方案的要点包括三点，第一，要对北京城市进行正确的定位，这是规划的基础。北京是政治与文化中心，不是工业中心。第二，严格保护老北京城。老城墙里的建筑物应限制在二到三层。第三，应另外在城西建设政府行政中心。同时，在"方案"的规划草图中，行政中心区以南规划了一个商务区，大致位于今天的北京西站及周边地区。

苏联专家方案——以天安门广场为行政中心。1949 年底，苏联专家巴兰尼克夫先生提出了北京市未来发展计划的报告。报告以建设北京成为现代美丽的首都为目标，包含了用地、行政中心位置等内容。具体在用地方面的措施，主张扩展市街用地面积并基本不改变原行政中心设置的位置。这种方案的主要依据包括以下几点：第一，可以充分继承以往的设施；第二，可以节省建设经费；第三，有利于行政中心的迅速完善和使用；第四，可以避免旧城区荒废；第五，首都需要集中一切可以积累的资本于工业。综上所述，将行政中心设于原市区，最基本的原因是出于经济考虑，即运用尽可能少的城市建设资金，在发挥城市市政基本功能的基础上将积累的资金用于工业；同时在保护世界最大规模的宫殿群的基础上，在可能的条件下兼顾旧城区的保护。

最终经过多年的反复斟酌与商定，北京市采用了以旧城为中心，逐步向外改与扩的城市规划建设方案，并在1953年提出了《改建与扩建北京市规划草案》，后经审批形成了北京市第一个城市总体规划纲要《改建与扩建北京市规划草案的要点》（以下简称《要点》），这个规划草案以"为生产服务，为中央服务，归根到底是为劳动人民服务"为基本方针，提出六条指导思想。

第一，北京是伟大祖国的首都，必须以全市的中心区作为中央首脑机关的所在地，使它不但是全市的中心，而且成为全国人民向往的中心。

第二，首都应该成我国政治、经济和文化中心，特别要把它建成我国强大的工业基地和科学技术的中心。

第三，在改建和扩建首都时，应当从历史形成的城市基础出发，既要保留和发展合乎人民需要的风格和特点，又要打破旧格局的限制和束缚，改造和拆除那些妨碍城市发展和不适于人民需要的部分，使首都成为适应集体主义生活方式的社会主义城市。

第四，对于古代遗留下来的建筑物，采取一概否定的态度显然是不对的；一概保留束缚发展的观点和做法也是极其错误的。目前的主要倾向是后者。

第五，改造道路系统时，应尽可能从现状出发，但也不应过多地为现状所限制。

第六，北京缺乏必要的水源，气候干燥，又多风沙，要有步骤地改变这种自然条件，为工业发展创造有利条件。

其中，第一条规定了城市的布局问题，第二条规定了城市性质问题，而第三、四、五条都是针对改建与扩建中对北京旧城的态度，说明当时在旧城改建中遇到了很多问题。第一个五年计划期间的北京城市建设，基本上是按照这个规划草案进行的。

（3）城市规划设计文化发展特点

第一，规划模式有所创新，将国外经验与城市具体情况相结合。北京市城市规划编制的参加者不仅有曾留学英、法、日本等国的中国专家、学校毕业生，还有政府邀请的莫斯科规划建设专家。由于莫斯科和北京同为社会主义国家的历史古城，北京在规划中借鉴了许多莫斯科的经验并结合参考了欧美等发达国家的规划建设资料。可以说，规划草案凝集了许多专家、百姓和政府官员的心血与努力，是将国外经验与城市具体情况相结合的成果。

第二，注重首都的文化中心地位，加强公共文化设施建设。《要点》中明确指出，首都应该成为我国政治、经济、文化中心。《要点》中确定西北不作为文教区，允许高等学校、中等技术学校设在城内及其他居住区或工业区内。确定北部、西部山区为人民游览、休养的地区。对于街坊建设的原则，《要点》要求，居住区 9~15 公顷为一个街坊，统一规划设计，配备绿地、儿童游戏设施，以及学校、幼稚园等文化福利设施。《要点》中对于城市的绿地建设也做了明确的规定。

第三，城市规划实施效果显著。首都职能设施形成以天安门广场为中心的"一个中心、多点分散"的格局；文教区和科研基地初步建成，西北文教区的高等院校从 1949 年的 15 所增至 31 所，文教区初具规模，中关村初步形成科研基地，1957 年，北京市有各类高校 31 所，在校学生近 8 万人，已居全国之首；建设了一批商务和公共设施，其中剧院、展览馆、体育设施等多处公共文化设施新建落成。

第四，对待旧城改建中的历史文化名城保护问题争议强烈。这一版的规划指导原则对历史城市的保护仅限于"古代遗留下来的建筑物"，而没有对旧城进行整体保护的意识。

第五，对首都新建筑的风格问题争议强烈。"在建筑形式方面必须反对复古主义和结构主义"，后来学术争议和讨论逐渐演变成一场政治批判，把讲究美观诉之为资产阶级思想，而使广大建筑师不敢创新，思想受到严重禁锢。

2. 1958 年城市总体规划构建特大城市的空间布局

（1）经济社会背景

从 1953 年起，中共中央制定了国家在过渡时期的总路线，提出了逐步实现国家工业化和向社会主义逐步过渡的总任务，开始对农业、手工业和资本主义工商业进行社会主义改造。"三大改造"是从生产资料私有制转变为社会主义公有制的一场革命，北京在全国率先实现了这一历史性变革，成为我国第一个完成社会主义改造的城市，进入了社会主义建设的新时期。

1956 年 9 月党的八大召开，提出了生产资料私有制社会主义改造完成后，我国的国内主要矛盾是先进的社会制度同落后的生产力之间的矛盾，党和国家的主要任务是集中力量发展社会生产力，尽快把我国从落后的农业国变为先进的工业国。为了提高社会主义建设的速度，1958 年 5 月中共八大二次会议制定了"鼓足干劲、力争上游、多快好省地建设社会主义"的总路线，成为指导"大跃进"的总方针。大跃进时期的主要表现是片面追求工农业生产和建设的高速度，不断大幅度地提高和修改经济计划，制定不切实际的高指标，出现了严重脱离生产力发展水平，脱离群众、脱离实际的共产风、浮夸风。全国工业大炼钢铁、农业"人民公社化"运动，大办公共食堂，建设不带厨房的筒子楼等，给国民经济和群众生活造成了严重后果，以致后来出现了国民经济严重困难的局面。

总体上来看，这一时期，北京从水利建设开始，随即在工业、农业、城市建设等领域，展开了大干快上的建设热潮，城市建设还是取得了重要的成就。一是建设了十三陵水库、密云水库等十余座蓄水量在 1000 万立方米到几千万立方米的中型水库，掀起了全国水利建设的高潮。二是建设了国庆十大工程，扩建天安门广场，创造了中外城市建设史上的奇迹。三是工业建设大干快上，到 1960 年末，北京 3

年工业基建总投资 20 多亿元，比第一个五年计划时期增加 1 倍以上。

（2）城市规划建设实施

1955 年，在原有的《改建扩建北京市规划草案要点》的基础上，对北京城市建设总体规划进行全面、深入的研究与编制工作，经过两年的工作，于 1957 年春拟定了《北京城市建设总体规划初步方案》。

这个初步方案在基本规划指导思想上和城市性质、城市规模上，与 1953 年的规划草案是基本一致的，但是各方面的规划内容大大丰富和深化了，许多规划设想更加具体化了。在城市布局上采取了"子母城"的形式，有计划地发展 40 多个卫星城镇。在市区，工业、仓库、高校、科研等功能布局在原规划草案的基础上有所调整；商业服务业采取集中与分散相结合、均匀分布的原则。规划设置了三个环路、三个公路环和十八条放射路。新辟城市水源，分步骤地从永定河、潮白河、滦河和黄河引水，开辟京津运河直接出海。此外，还编制了公共交通、铁路、供水、排水、供电、供热、供煤气、绿化等专项规划。1958 年 6 月，这一初步方案一方面以草案的形式印发各单位研究执行，一方面上报中央。

1958 年 8 月，党中央做出关于在农村建立人民公社问题的决议。市委决定对已上报中央的《初步方案》做若干重大修改，于 1958 年 9 月提出了修改方案再次上报中央。中央书记处听取了汇报，原则上加以肯定。这个修改方案有以下几个特点。

第一，在指导思想上强调向共产主义过渡，为消灭三大差别创造条件。

第二，在城市布局上提出了"分散集团式"的布局形式；提出由市区和周围 40 多个卫星镇组成"子母城"的布局形式。1958 年，根据市域范围扩大至 16800 平方公里的新情况，对上述方案进行了修改，特别是贯彻中央提出的实现"大地园林化"的思想，并为避免城市建设"摊大饼"式的发展，在城市布局上第一次提出了"分散集团式"布局原则和规划方案，即将市区分成二十几个相对独立的建设区，其间用绿色空间地带相隔离。实施这一具有前瞻性的规划方案，市区内保留了大片绿色空间地带，对于保持良好环境、防灾避灾以及为城市发展留有余地等发挥了重要作用。

第三，在工业发展上坚持"控制市区，发展远郊"。具体做法上，发展密云、延庆、平谷、石景山等地为大型冶金基地，怀柔、房山、长辛店、衙门口和南口等建立大型机械、电机制造工业；充分开发使用门头沟地区的煤矿，在大灰厂、周口店、昌平等处建立规模较大的建筑材料工业基地；主要的化学工业安排在市区东南部；通县、大兴等地将布置规模较大的轻工业。一些对居民无害、运输量和规模都不大的工厂可以布置在居住区内。郊区将根据本地资源情况就地设厂，建立起农村工业网。市区各工业区已成定局，并已基本饱和，今后一般不再安排新工厂，但要做必要的调整。一些为农村所需要的工厂，将根据可能迅速迁往郊区。

第四，设想在居民区中实行人民公社化的原则。并且，在每个居住区建设完备的服务设施提供给集体生活。农村旧式房屋要有计划地进行改建，根据条件建设市政设施，使之逐步接近城市水平。

这个方案对城市基础设施的大骨架均未更动，只是市区用地大大压缩，郊区市镇用地大量增加。这个方案的实施有效地控制了"大跃进"形势下市区工业过大地发展，分散集团式布局增加了市区绿色空间，有利于生态环境保护；工业发展从市区转向远郊区的方针，控制了市区工业的发展规模。但是，郊区工业布点过多、过散，大部分项目后来被取消，而城市里一些建设也因不实用而造成浪费，比如无厨房住宅、公共食堂，中小学和托儿所的住宿配套等。另外，在大学以及住宅区和小学校内发展了一批工厂也使布局格外混乱。

（3）城市规划设计文化发展特点

第一，城市规划设计更加注重对现状的调查研究。都市规划委员会在市委的支持下，从全市各条战线调集了一大批专业人才，就北京的自然条件、人口、城市用地、绿化、工业、交通、能源、市政设施以及公共服务设施等方面，进行了深入细致的现场调查。方案中提出的"分散集团式"布局原则，对保护市区的生态环境是有利的。

第二，创立了"开门搞规划"的传统。规划方案出来后，广泛听取各方面意见，通过规划展览，集思广益。

第三，"国庆十大工程"集中体现了首都政治中心、文化中心的功能。"国庆十大工程"改变了北京旧城的破旧面貌，是改变首都城市面貌的一次重大探索。另外，国庆工程是一项巨大的系统工程，十大建筑仅是工程的重点和主要代表，此外，还涵盖了众多的市政工程，如道路、广场、综合管道、桥梁、河湖、煤气、热力、电话等，集中体现了规划设计行业技术水平和施工组织管理水平。

第四，规划方案重文化教育，轻商业和居住。1958～1960年，三年内除了完成国庆工程外（"国庆十大工程"有六处是文化设施），还建成了自然博物馆、劳动保护展览北馆、地质博物馆、电报大楼、广播大厦、东北郊航空馆等大型公共文化建筑。科研、高等院校也有了较大发展。

第五，城区改建存在问题，旧城面貌发生较大变化。城区改建方面，由于分散建设，缺乏统一规划设计和统一建筑管理，不仅建筑速度太慢，建筑体型、色彩、标准也不协调。这一时期的旧城改建对旧城后来的面貌产生了较大影响，这一版总体规划确定的旧城总体格局到1982年前始终没有变动。

第六，城市规划部门加强反思总结。1959～1961年，国民经济出现暂时困难，规划部门乘城市建设处于低潮之机，对13年来北京规划与建设的实践进行了认真总结，并将规划理论和实际情况相结合，分析工业集中过度，环境污染严重，用房安排不当，设施建设不全，建设投资不足等问题。

3. 1972 年城市总体规划及建设秩序恢复

（1）经济社会背景

1966 年"文化大革命"开始，以彭真为首的北京市委被中央点名批判，1967 年 1 月 4 日，国家建委下令北京城市总体规划暂停执行。当时提出的建设方针是："凡安排在市区内的建设应尽量采取见缝插针的办法；今后除对现有的居民小区进行填平补齐外，不再开辟新的小区。"还批评了北京市对贯彻"干打垒"的精神认识不够，要求进一步落实"干打垒"精神。"文化大革命"初期的城市建设基本上是在这一方针的指导下进行的。

1967 年 4 月 20 日，北京革命委员会成立，取代了原市委、市人委的领导职权，城市规划系统的工作由市革命委员会工交城建组直接领导。1968 年 10 月，北京城市规划管理局被撤销，绝大部分职工被下放，接受所谓的工农阶级"再教育"。北京的城市建设开始在无规划的状态下进行。"文革"末期，在北京旧城区出现 100 多处扰民工厂，大量建筑侵占规划的道路红线，450 多处房屋建在城市各类市政干管上，造成自来水被污染，400 多亩绿地被侵占。同时，在片面贯彻"干打垒"精神的情况下，建起了几十万窄、小、低、薄的简易住房，给居民生活带来了极大的不便；在无政府思潮的泛滥下，违章建筑，违章占地十分严重，给城市建设和发展造成长期不良影响。

1971 年 6 月，周恩来总理安排万里同志主持北京城市建设工作。1972 年 12 月恢复了北京城市规划管理局。这一时期的规划管理工作，着重恢复规划管理秩序。1964 年和 1973 年市规划局两次开展地下线补测大会战，为首都规划建设与管理，以及防灾提供了完整、系统、可靠的资料。20 世纪 70 年代中期对居住小区报审方案，进一步加强了地下管线管理工作。1971 年 7 月 13 日，北京市革委会颁布了《关于加强城市建设管理工作的几个规定和办法的通知》，为重新恢复城市建设管理秩序提供了依据。

（2）城市规划建设实施

1973 年 10 月 8 日，北京市规划局提出了《北京地区总体规划方案》和《北京市区总体规划方案》，并草拟了《关于北京城市建设总体规划中几个问题的请示》报告，上报市委。这一版本城市总体规划，分析了当时城市发展的现状和存在的问题，实事求是地核定了城市人口和用地规模，提出解决城市规模过大、工业过于集中、住宅生活服务设施和城市基础设施欠账过多的问题，高度重视"三废问题"和环境建设，为北京市在十年后全面改变城市发展的方向奠定了基础。这一版的规划是一个过渡性质的规划，是北京城市发展从 20 世纪 50 年代的"大城市主义""大工业城市"向 20 世纪 80 年代控制城市规模、"不一定建设经济中心"转型的过渡。

"文化大革命"时期是新中国成立以来首都建设的最低潮。从 1966 年至 1976 年的 11 年内，总共建房 1811 万平方米，平均每年只建房 164 多万平方米。除了国民经济恢复时期外，这是北京市建房最少的时期。而住宅和生活服务设施 11 年内只建 931 万平方米，平均每年只有 84.6 万平方米，也是从第一个五年计划以来建房最少的时期。11 年内城市基础设施建设投资只有 2.9 亿元，只占基本建设总投资 100.7 亿元的 2.9%，平均每年只有 2600 多万元，比国民经济调整时期还低，因此出现了各项设施全面紧张的局面。这个时期的施工，除了中共特殊工程外，主要是过去已经批准和不得不进行的紧迫工程。

4. 1982 年城市总体规划调整首都城市发展方向

（1）经济社会背景

1976 年 10 月粉碎江青反革命集团后，我们的国家进入了新的历史发展时期。"实践是检验真理的唯一标准"大讨论，冲破了"两个凡是"的个人崇拜，掀起了一场意义深远的思想解放运动。1978 年 12 月 18 日～22 日，以党的十一届三中全会召开为标志，以邓小平为核心的党的第二代领导集体逐渐形成，全会提出把全党工作中心转移到社会主义现代化建设上来，健全党的民主集中制，标志着新中国成立以来，中国发展道路的伟大转折，标志着开辟有中国特色的社会主义道路的伟大起点。我国启程改革开放之路，首先是农村经济改革先行，随后，城市经济体制改革全面推行。同时，对外开放格局逐步形成。

中共十一届三中全会以来，北京的形势发生了深刻的变化。首都建设面临许多严重的矛盾：一是城市规模发展过大，人口增长过快，工厂等企事业单位过分集中在市区，近郊耕地大量被占用，引起人口密集、用地紧张、供水不足、交通拥挤等一系列问题；二是城市建设中"骨头"与"肉"的比例严重失调；三是环境污染严重；四是建设体质分散；五是城市建设法治不健全，城市管理工作薄弱。

1980 年 4 月 21 日，胡耀邦同志主持的中共中央书记处听取北京城市建设工作的汇报。汇报后中央做出了关于首都建设方针的重要指示。这一指示对北京进行了明确的定位，提出了北京不一定成为经济中心，也就限制了重工业在京的发展。中央书记还指出将来检查北京市的工作标准，北京市委今后要紧紧抓住的问题有四条：政治思想建设、城市美化建设、科学文化建设、适合首都经济特点的经济建设。在今后北京的城市发展中，必须遵循下列几个原则：北京人口任何时候不要超过 1000 万；要搞一个改造、美化北京的愿景规划；在京的党政军领导机关必须在北京市的统一领导下，通力合作。

中央书记处关于首都建设方针的指示，是首都建设的转折点。这一指示为未来北京的城市建设指明了方向，成为统一各方认识的基础，也是编制 1982 年城市总体规划的指导思想。指示中对城市性质、规模、布局、经济建设、建设原则等进行了明确的定位，符合首都北京的实际，为规划编制提供了依据。

（2）城市规划建设实施

中央书记处的重要指示，使得当时各方面对北京的城市性质、规模、布局、旧城改建等一些方针性问题的不同认识有了统一的思想基础，在中央书记处重要指示的指导下，展望 2000 年发展前景，由北京市城市规划委员会编制了《北京城市建设总体规划方案》（以下简称为《方案》），这一版总体规划的主要特点如下。

明确城市性质与经济发展方向。明确北京的城市性质是全国的政治中心和文化中心，不再提经济中心，但强调经济发展要适应和服从城市性质的要求，调整结构，根据资源情况重点发展能耗低、用水省、占地少、运输量少和不污染扰民的工业，对现有重工业进行技术改造，并改变工业过分集中于市区的状况。

控制城市规模与城市布局。提出严格控制城市人口的目标，坚持"分散集团式"的布局。首先，以旧城为中心进行逐步改建。其次，在近郊建设新居住区及相应配套设施。在最新的城市规划中，北京的中轴线北端以奥林匹克公园为中心，形成一个开放的运动休闲文化区。然后，在远郊开展卫星城规划，以黄村、昌平为建设重点展开。

保留、继承和发扬文化古都风貌。在文物古迹和革命文物的保护上，除了保护其本身，更重要的是保护它们存在的环境，注重与园林水系相结合，注重新旧建筑相协调，从而保留北京的特色。

关于旧城改造问题。提出"要把旧城改建和郊区新建相结合"，要在近郊区建设足够数量的周转房，逐步把旧城区的居民和单位疏散出去，腾出地来展宽马路，增加绿地，改善市政，安排首都中心区必不可少的办公楼和各项大型公共设施。

明确以居住区作为组织居民生活的基本单位，以便更好地安排各项设施，方便群众生活。20 世纪 80 年代，一方面由于受落实政策、知青返城等因素影响，全市人口尤其是市区城市人口增长幅度很大；另一方面远郊区经济发展和城镇建设规模受到很大局限，难以起到疏散市区人口和产业的作用。

强化近期建设和规划实施。提出近期建设重点，包括"调整城市布局，整顿改善城市环境""抓紧建设住宅和生活服务设施""重点开发建设远郊卫星城""有重点地改建旧城""整顿旧社区，整理建成区""城市基础设施抓紧还'旧账'""造林绿化，改善北京地区自然环境"等七项。针对城市规划实施，提出五个方面的实施建议：①健全法制，保证总体规划实施；②加强组织领导；③改革现行的基本建设计划体制；④制定分期实施的详细规划和基本建设计划；⑤逐步调整行政区划。

（3）城市规划设计文化发展特点

第一，在城市总体规划中首次对历史文化名城保护做了相关规定。《方案》指出："北京旧城是我国著名的文化古都，在城市建设和建筑艺术上，集中反映了伟大中华民族的历史成就和劳动人民的智慧。城市格局具有中轴明显、整齐对称、气势磅礴、紧凑庄严等传统特点。"并提出要"保护历史文化名城、文物古迹和革命文物……对标志每个历史时期的典型意义的遗址，要有选择地加以保护。要抓紧制定历史文化名城的保护规划和重点文物保护规划。对重点文物保护单位，不但要保护其本身，还要适当保护其周围的环境风貌。对其周围新建房屋的性质、高度、体量、形式、色调和布局等都要慎重研究，妥善处理"。这次规划对后来历史名城保护工作的开展有着极为重要的意义。

第二，文化设施建设如雨后春笋。据有关资料统计，1980～1991年，中央和市属各部门新建的博物馆、展览馆多达20余座，利用古建筑开辟了多座博物馆，开辟了多所名人故居，北京市各区县文物和园林部门新建或利用古建筑开辟的博物馆（所）也有大发展。1983～1987年，在西郊白石桥路西侧、紫竹院公园北侧建设北京图书馆新馆（中国国家图书馆），可藏书2000万册，成为全国最大的综合性图书馆。各大高校陆续兴建新图书馆。1979～1995年，北京18个区县均陆续建成新的公共图书馆。中国科技馆、中国科技情报中心、中央电视台彩色电视中心、中央电视发射塔等一大批文化设施建成。一批高等学校分散到远郊区建校。

第三，规划仍缺乏对旧城整体进行保护的观念。规划对旧城改建做了详细安排，提出建设现代化的首都中心区的总体设想，而不是对旧城进行整体保护。大规模的旧城危旧房改造的全面展开，对旧城风貌造成了比较严重的"建设性破坏"。

5. 1993 年城市总体规划确定建设国际城市的目标

（1）经济社会背景

进入 20 世纪 90 年代，国内外形势发生了新的变化。1992 年，结束了计划经济和市场经济的争论，掀起了改革开放的新高潮。

1992 年 10 月，党的十四大召开，对建设有中国特色的社会主义理论做了系统的、科学的概括。指出社会主义的本质是解放生产力。在经济指导思想上，做出三项具有深远意义的决策：一是坚持党的基本路线不动摇，关键是坚持以经济建设为中心不动摇；二是要抓住机遇，加快改革开放和现代化建设；三是确立我国经济体制改革的目标是建设社会主义市场经济体制，大力发展全国的统一市场，进一步扩大市场的作用。

从 1992 年开始，我国经济又出现生产全面增长、投资猛烈扩张的局面，经济生活过热苗头显露。1992 年 10 月开始，国家陆续制定和实施一系列加强经济宏观调控的政策措施。1993 年 6 月，重点整顿了金融秩序。从 1994 年至 1997 年，同时开展财税、金融、外汇、计划、投资等方面的重大改革，以间接调控为主的宏观经济体制框架初步形成。改革开放以后，通过放开搞活和对外开放，进一步发展商品市场，消费需求得到释放，人民生活水平进一步提高。北京第三产业蓬勃发展。1998 年全市社会零售总额达到 1195.2 亿元，比 1978 年增长 27 倍。城近郊区集贸市场发展 1034 个。

我国全方位对外开放政策实行。1992 年 3 月，开放沿边 13 个城市（镇），同年 6 月，开放长江沿岸五个城市，并进一步开放内陆 11 个省会城市。1995 年 2 月，国务院批准北京市全面实行沿海开放城市的有关政策，极大地推动了北京各类开发区的建设。1992 年下半年，市政府实施土地使用制度改革。1992 年全市推行住房制度改革，并同城区危旧房改造相结合。

1995 年 5 月 6 日，国家提出"实施科教兴国战略"，北京市作为全国科技文化中心，特别是中关村作为高校和国家科研机构集中的地方，焕发出科技创新的极核能力，成为北京高新技术产业发展的发动机。

随着改革开放的深化，北京市委、市政府对首都经济的内涵的认识更加清晰。1997 年北京市第八次党代会分析了北京的城市性质和功能，鲜明地提出了首都经济的概念，确立了以高科技产业和第三产业为主导的发展方向，首都经济结构全面优化，发展质量和效益显著提高。

（2）城市规划建设实施

20 世纪 90 年代初，适应深化改革、扩大开放，发展社会主义市场经济新形势的需要，北京市完成了《北京城市总体规划（1991～2010 年）》的编制，制定了跨世纪发展、首都现代化的新目标，并第一次依照社会主义市场经济体制的要求规划了城市建设方案。总体规划就增强城市功能、完善城市布局提出的主要原则及基本要点如下。

进一步明确首都政治中心和文化中心的城市性质，提出建设全方位对外开放的现代化国际城市的目标。因此，应在逐步改造首都自身的城市结构的同时，重视加强与国际、国内大部分地区的政治、经济、文化交流与合作，从而符合社会主义市场经济体制的要求。

提出发展适合首都特点的经济，调整产业结构和布局，大力发展高新技术和第三产业，这充分体现了首都的功能以及首都人才、信息、历史、自然资源的优势。同时要以第三产业发展来推动第二产业和第一产业实现高科技的改造，建立优质、高效的经济。

提出对城市人口实行有控制有引导的发展方针，将流动人口纳入城市规模中，在适度控制的前提下加强管理与疏导。

提出城市发展要实行"两个战略转移"——全市城市发展重点要逐步从市区向广大郊区转移，市区建设要从外延扩展向调整改造转移。具体实施上，应调整城市整体布局和结构，提升整体素质，发展城市新空间。同时，明确东部和南部地区为城市发展的主要方向，城市主要发展轴为沿京津塘高速公路。

（3）城市规划设计文化思想特点

第一，设计市场更加开发。这一时期，公共建筑的规划设计推行了国际、国内招标，方案征集等方式，国外设计力量涌入北京设计市场。北京设计市场的开放，促进了先进设计理念、方法以及设计企业运作模式的引进、消化和吸收，提出了设计全球化与本土化的冲突问题，也带动了规划设计水平的提高。

第二，设计文化环境更为健康，公众参与感更加强烈。2001年初，首都规划建设委员会办公室组织有关新闻媒体开展了北京20世纪90年代十大建筑评选，63万人参加投票。

第三，通过重大工程提升现代文化服务水平。这一时期，北京的文化设施建设较以前有了突破性的进展，建成了中华世纪坛、中国现代文学院、北京海洋馆、国家大剧院、首都博物馆等一大批标志性的文化建筑设施。

五　各时期北京城建筑特点

1. 历史时期的建筑特点

旧石器时代。距今约70万年前的旧石器时代，在离北京城西南约50公里的房山区周口店村龙骨山山洞中，发现住着最早的"北京人"，穴居野处。"周口店北京人遗址"1980年被列为世界文化遗产。

今东长安街北侧，王府井南口的东方广场地表下深12米处，1996年施工时发掘出古人类遗址，经鉴定距今约两万余年。北京先民在旧石器时代后期已从天然山洞进入平原地区，但未发现房屋遗迹。

新石器时代。位于平谷县城东北 17 公里的上宅村遗址和城西北 7.5 公里的北埝头村遗址，距今约 6000～7000 年，为新石器时代后期。上宅村遗址出土有石器和陶器；北埝头村遗址有残存房址 10 座，为半地穴式房屋，这是迄今发现最早的北京先民建筑的原始房屋遗迹。

北京地区发现新石器时代遗址 40 余处，分布于房山、门头沟、平谷、密云、昌平等区县，有形成原始村落或家族聚居地的迹象。

春秋战国时期。春秋战国时期，周成王元年（前 1042 年），周灭商纣后封召公奭于燕，燕国的都城在蓟，即今日北京城区西南部，位于今房山区琉璃河董家林村古城遗址，考古发掘出居住区、古城墙和墓葬区。战国末期燕昭王二十九年（前 283 年）建造燕长城，是北京地区最早的长城。燕长城遗址位于今昌平县城西北约 35 公里的西山上。除蓟之外还有"中都"和"下都"，据考证，燕中都在北京房山区窦店以西，燕下都位于河北省易县东南。

西汉。西汉元帝初元四年（前 45 年），广阳顷王刘建殁，葬于今北京西南郊丰台区大葆台，其地下墓室采用了汉代帝王墓制的"黄肠题凑"木结构，今建有"大葆台西汉墓博物馆"。

西晋。创建于西晋（265～316 年）的佛教建筑潭柘寺，位于门头沟区东南部的太行山余脉宝珠峰南麓，距北京城约 40 公里，是北京现存最古老的寺庙。

唐。位于今宣武门外教子胡同的法源寺（原名悯忠寺），于唐贞观十九年（645 年）下诏修建，于武则天万岁通天元年（696 年）建成，是北京城区内最古老的寺院。

辽。辽会同元年（938 年），契丹人夺取燕云十六州，升幽州为南京（也称燕京），北京成为辽朝的陪都。在北京发展史上，北京由一个北方军事重镇开始向政治、文化城市转变，并对全国发生重大影响，北京从此揭开了首都地位的序幕。辽南京城位于今宣武区广安门地带，城墙基本沿用宋代幽州城址，城墙重新修筑，辽南京皇宫是北京有史可查的最早的宫殿。经历辽朝180多年的统治，作为辽朝陪都的燕京得到长足发展，是辽朝五京中经济文化最发达的城市，也是唯一能与北宋都城开封相媲美的城市。可惜辽亡后，辽南京宫殿在幽州交还北宋后，被金兵毁坏，现存建筑很少，只有位于广安门内牛街中段的牛街礼拜寺是北京规模最大、最古老、最著名的清真寺，据传始建于辽统和十四年（996年）。位于宣武区广安门外的天宁寺塔，建于辽天庆九年（1119年），为北京现存极精美的古塔。辽塔还有燃灯塔、良乡塔等现存共15座。

金。金代贞元元年（1153年），海陵王完颜亮从上京（今黑龙江阿城地区）迁都燕京，并定名中都。这是历史上北京首次被正式定为国都。中都仿北宋首都汴梁（今开封）的规划，在辽南京的基础上，向东、南、西三面扩展，采取外城、内城、宫城"回"字形相套的布局。外城范围以今宣武区为主，周长37公里。修好后的中都城宫廷宏伟，街市繁华，成为街巷与里坊相结合的一代皇都。金中都在历史上存在了62年。金宣宗贞佑三年（1215年），由于蒙古族的攻侵，中都失陷，金王朝虽又延续数年，但在中都的统治至此结束。金中都城遗下的有一个鱼藻池（即今宣武区的青年湖），还有三处土城墙巍然屹立。此外，北京地区现存金代的地上建筑除9座金塔外，还有一座卢沟桥。位于昌平县下庄乡的银山塔林，其中有金塔5座，建于金天会三年（1125年），为砖石结构，密檐式，有八角形和六角形两种，颜色黄白相间，造型美观，分布高低错落。卢沟桥位于北京西南郊，今丰台区，金章宗明昌三年（1192年）建成，为11孔连拱大石桥，桥上两边各有140根望柱及石雕栏板，每根石柱上都雕刻石狮，神态活泼，姿势各异。

元。蒙古族克金灭宋后，建立元朝，元世祖忽必烈决定在旧金中都废墟的东北部建新城，即元大都城。至元二十二年（1285年）元大都基本建成，大都有三重方城，最外是大城，矩形，南北略长于东西，周长为28.6公里。大都城按古代汉族传统布局修建，皇城居中，建宫殿；城中有南北、东西纵横交错的街巷，衙署、寺庙、店铺、民居等各种建筑分布于街巷之间。元至正二十八年（1368年）明军占领大都，将大都改为北平府，大都结束了84年的历史。历经战争动乱，元大都遗迹保存得很少：有位于德胜门和西直门之间的后英房民居遗址；位于阜成门内大街的妙应寺内，建于元至元八年至十六年（1271~1279年）的白塔；元大都城垣遗址现存北城垣和西城垣的一段土城，延续长度约12公里。

明清。明永乐四年（1406年）明成祖朱棣下诏迁都北京，永乐五年（1407年）开始在元大都的基础上改建、扩建北京城，至永乐十八年（1420年）建成。从此，北京城即成为中国最后两个封建王朝明、清两代的都城，历时近500年。明清北京城总面积62平方公里，分为外城、内城，内城中央偏南为皇城，皇城之中有紫禁城（故宫），或称宫城。明代北京宫殿是以明初南京（今南京）、中都（今安徽省凤阳县）两处的宫殿为蓝本，同时继承和发展了历代尤其是宋、金、元宫殿的建筑成果，是中国古代皇宫建筑的总结，是现有中国古代建筑群体艺术的代表作。为中国现存最大、保存最完整的古代建筑群，1987年被联合国教科文组织列入世界文化遗产。

北京作为明清两代的国都，作为政治中心、文化中心，拥有各类建筑为之服务。行政办公建筑中，最高统治者皇帝使用的皇宫虽然完整地保留下来，而明清两代国家统治机构的"六部""五府"几乎无存者，只有建于清光绪三十三年（1907年）的陆军部和清宣统元年（1909年）建成的贵胄学堂（改为海军部），这两组建筑现保存完整。使馆性质建筑中有为接待来京少数民族官员和外国使臣而设立的会同馆，在今宣武区南横街和东城区东交民巷等处，这些馆舍均以木结构平房为主，坡屋顶，主要建筑参照宫殿建筑做法。文化建筑中，有图书馆、档案馆、戏楼、学堂、出版、寺庙等建筑。图书馆，有紫禁城内的文渊阁，档案建筑有皇史宬，保存完好。戏楼，有北京现存最早的民间戏楼，阳平会馆戏楼，建于明末清初；建于清光绪年间，现存完好的宫廷苑囿戏楼，颐和园德和园戏楼，有机械设施，演员可以"上天""入地"学堂，有作为明清最高学府的国子监，有作为小学的顺天府学等。此外，国子监也刻印图书；琉璃厂为繁荣的书店街。

寺庙教堂，潭柘寺、白云观、牛街礼拜寺（清真寺）在明、清两代都曾重修、扩建。位于前门西大街的南堂，是北京现存最古老的天主教堂。始建于明万历三十三年（1605年）的商业建筑，明代在各城门和钟鼓楼处有官建并出租的店铺房。清代商业区主要分布在东四、西四、东单、西单、前门外和鼓楼附近，临街商店面宽一至五间不等，以三间居多，后面庭院、房屋，作为库房、作坊，一般为平房，也有二三层的。居住建筑，以四合院为特色，明清住宅实行严格的等级制，现存的大部分四合院民居均为正房三间；正房五间是贵族府第；正房七间则是王府。纵深从一进院到四进院不等。

明清两代的工业为手工业，手工业基本工作场所是作坊，一般为木结构简陋平房。

明清两代的园林建筑，包括皇家宫苑建筑、坛庙寺观建筑。现存的有颐和园、北海、香山、景山、天坛、社稷坛、太庙、孔庙等处的建筑，无一不体现中国古建筑的精华。

2. 近代建筑的特点

清道光二十年（1840年）鸦片战争后，中国进入半殖民地半封建社会的近代历史时期。但西式建筑的传入，在北京可追溯到元代。明代已建有教堂多处，均为西式建筑。清康熙、雍正年间，西式建筑手法开始引进皇家园林建筑，至乾隆时兴盛。清乾隆十年至二十四年（1745~1759年）建于长春园的"西洋楼"建筑群，是以喷泉、水池为主题的西式宫苑建筑，将法国、意大利的建筑手法浓缩于此。但西洋建筑之风在清嘉庆、道光，乃至咸丰初年的近百年间并未劲吹，仍局限在皇家少量建筑上。

清咸丰十年（1860年），英法联军攻占北京，次年，在京设立公使馆，其后，俄、美、德、荷、比、西、意、日、奥九国也相继在京设使馆，但多沿用旧有房屋，加以改造，新建的极少。清光绪二十六年（1900年），八国联军侵入北京，各国依仗对华的不平等条约瓜分了东交民巷使馆区。除新建使馆外，还建造各国兵营、银行、教堂和医院、饭店等，形成所谓"国中之国"，这批建筑，除个别仍沿用中国建筑加以改造外，绝大多数都是20世纪欧美流行的古典折中式和夹杂着中国建筑做法的"殖民地式"。

使馆区形成后，其附近由崇文门内、东单、王府井到东华门大街一带集中了北京城内"洋化"的商业建筑。东安市场是北京最早的综合性步行商业街，北京饭店是当时层数最高（7层）、设备最好的旅馆。

从光绪三十二年（1906年）开始，北京新建了一批西式建筑的衙署，如陆军部、海军部、邮传部、外务部迎宾馆、京师模范监狱等。此外，还有大清银行、京师大学堂、京师女子师范学堂、京张铁路局、农事试验场、京师自来水有限公司、清河溥利呢革公司等一批具有西洋风格的建筑。这些建筑一般规模不大，多为一二层，三层以上者少。外墙饰面有西洋各国做法，也有掺杂一些中国传统装饰手法。

1912~1949年，中华人民共和国成立前的一段时间，是北京近代建筑向前发展并走向成熟的时期，其重要标志是开始采用钢筋混凝土和铜结构。这段时间内，大、中型建筑仍多由外国建筑师设计，但也有为数不多的中国建筑师从欧美留学归国，他们或在外国建筑师主持的建筑群设计中参与重要设计，或自己开业独立主持设计。这个时期的建筑既有旧建筑体系，又有新建筑体系；既有中国民族特色的建筑，又有西方各种风格的建筑。属于中国古典式建筑的以北京协和医院、燕京大学校园建筑、国立北平图书馆、辅仁大学新楼为代表，探索在满足新功能、新结构的条件下创造中国风格。特点是基本构图服从功能，但构图中心仍保持比较严格的古建筑比例和细部，并使用大屋顶作为造型。属于西方近代折中式的建筑以清华大学校园建筑为代表，特点是任意模仿历史上各种建筑风格，或自由组合各种建筑形式，不讲究固定法式，只讲求比例均衡，注重纯形式美。属于中国折中式的建筑以北京交通银行、仁立地毯公司为代表，这种造型手法脱胎于西方近代折中主义，是对中国古典式进一步的简化形式。其特点是取消了大屋顶和油饰彩画，也不考虑古典的构图比例，只在立面上增加一些经过简化的古建筑构件做装饰，起符号作用，以引人注目。属于西方古典式的建筑以开明戏院、真光剧场、盐业银行为代表，特点是借鉴欧洲文艺复兴时期某些公共建筑的构图手法，采用古代希腊、罗马形式的柱式、拱门装饰。属于西方现代式的以北京大学地质学馆和女生宿舍为典型代表，特点是外形完全服从内部功能。

中国建筑知识的延续一般通过师傅教习或者家族相传，容易在发展过程中发生中断现象，因此严重阻碍了建筑学的发展。这种状态一直维持到了 20 世纪初，现代建筑师的称号及其知识传授方式由西方传入中国，情况才得到变化与改善。20 世纪 20 年代，从日本留学归国的建筑师柳士英、刘敦桢等在苏州工业专门学校筹建建筑科，是中国建筑教育的发源地，也为高等建筑教育奠定了基础。1928 年，在北京大学的艺术学院设立了建筑系，学制四年，这是中国艺术院校培养建筑人才的开端，但 1931 年即停止招生。

在北京更为重要的是梁思成于 1946 年创办了清华大学建筑系，他是一位中国现代建筑学家、建筑史学家、建筑教育家，在 1934 年就成《清式营造则例》等著作，1943 年写成《中国建筑史》一书。他一开始便担任清华大学建筑系主任，直至 1972 年逝世，为国家培养了一大批优秀的建筑师。

表5-1 北京城市各时期建筑设计特征

历史时期	建筑设计特点	建筑设计方针
原始社会	旧石器时代,北京先民在旧石器时代后期已从天然山洞进入平原地区,但未发现房屋遗迹 北京地区发现新石器时代遗址40余处,分布于房山、门头沟、平谷、密云、昌平等区县,有形成原始村落或家族聚居地的迹象	
奴隶社会	北京最早的建城史,燕国的都城建在蓟,即今日北京城区西南部;考古发掘出居住区、古城墙和墓葬区,战国末期建造的燕长城是北京地区最早的长城	
秦汉时期	这个时期古代城市结构以宫殿为主体,广阳顷王刘建殁,葬于今北京西南郊丰台区大葆台,其地下墓室采用了汉代帝王墓制的"黄肠题凑"木结构	
魏晋南北朝隋唐时期	创建于西晋的佛教建筑潭柘寺,是北京现存最古老的寺庙。唐朝建成的位于今宣武门外教子胡同的法源寺(原名悯忠寺),是北京城区内最古老的寺院	
辽	辽升幽州为南京(也称燕京),北京成为辽朝的陪都。北京从此揭开了首都地位的序幕,由一个北方军事重镇开始向政治、文化城市转变。辽南京皇宫是北京有史可查的最早的宫殿	
金	金代海陵王完颜亮从上京迁都燕京,并定名中都。这是历史上北京首次被正式定为国都。金中都仿北宋首都汴梁(今开封)的规划,在辽南京的基础上,向东、南、西三面扩展,采取外城、内城、宫城"回"字形相套的布局。中都的城市是两个系统合成的,唐辽旧城中沿袭了唐代里坊制的街道,新扩展部分则采用了新的平行胡同的布局。北京地区现存金代的地上建筑包括9座金塔和卢沟桥	
元	元大都是建设者经过实地考察精心设计而建的都城,规划建设将"象天法地"的传统思想与礼治观念巧妙结合,并根据城市所处的实际地理状况,遵循《周礼·考工记》中"帝王之居,方九里、旁三门,面朝后市,左祖右社"的基本原则,将宫城、皇城建于城市的中央,突出城市的南北中轴线以加强皇权至上的政治含义	

续表

历史时期	建筑设计特点	建筑设计方针
明清	明代北京宫殿是以明初南京(今南京)、中都(今安徽省凤阳县)两处的宫殿为蓝本,同时继承和发展了历代尤其是宋、金、元宫殿的建筑成果,是中国古代皇宫建筑的总结,是现有中国古代建筑群体艺术的代表作。为中国现存最大、保存最完整的古代建筑群,1987年被联合国教科文组织列入世界文化遗产 清康熙、雍正年间,西式建筑手法开始引进皇家园林建筑,至乾隆时兴盛	
近代	大量西式建筑出现,这个时期是北京近代建筑向前发展并走向成熟的时期。中国建筑师逐渐参与重要建筑设计,这个时期的建筑既有旧建筑体系,又有新建筑体系;既有中国民族特色的建筑,又有西方各种风格的建筑	
1949～1957年	新中国诞生之时,创作思想特点是重视功能,讲究实用,外表简朴。1953年号召向苏联专家学习,学习把社会主义内容与民族形式结合起来的经验,提倡学习、摸索和大胆创作具有新生命的民族形式,设计了一批具有民族形式的建筑。1955年,反对不重视建筑经济原则,反对形式主义和复古主义的思想,坚决降低非生产性建筑标准,一概不准做大屋顶和很多花饰,束缚了建筑师探索和创新的步伐	"民用建筑的设计中,必须全面掌握适用、经济、在可能条件下注意美观"
1958～1965年	建成了十大建筑,风格多样,各具特色,较好地把民族传统与时代精神结合起来,在内容和形式上都有所创新。由于"大跃进"的失误,经济面临暂时困难,首都建设压缩了规模,设计任务相对减少。1965年开展设计革命运动,阻滞了建筑设计的创新发展	"古今中外一切精华皆为我用"
1966～1977年	历时十年的"文化大革命"给北京建筑设计业带来极大的破坏。设计人员下放到工地劳动,建筑设计"以工人为主体",设计服从施工,技术发展受到阻碍,建筑创作受到压抑。这一时期,仅满足对外关系的需要而承接的少量建筑设计任务	进一步贯彻落实"干打垒"精神。

历史时期	建筑设计特点	建筑设计方针
1978 年至今	改革开放以来,国际上现代化发展的影响,促进建筑设计人员视野的开阔,知识的更新和建筑材料的发展,还有城市设计理念的引进,建筑设计应不囿于考虑建筑物自身的造型,且须顾及街景与周围环境的关系,更全面地考虑建筑的艺术效果,重视内外的装修与装饰,更细致地考虑建筑物的功能需要,使建筑更好地满足人民的需求,为人民创造更好的环境,从而设计技术有了空前提高 北京市由于设计体制改革,设计单位增多,设计市场的形成为建筑工程勘察设计提供机遇和竞争,设计水平有了较大的提高。特别是中外设计师的合作与交流空前活跃,北京市建筑设计风格出现了比较多样化的局面。1988 年、2001 年、2009 年分别举行了三次"北京十大建筑"评选	1986 年,《中国建筑技术政策》中要求全面贯彻"适用、安全、经济、美观"的方针;1996 年,《中国建筑技术政策（1996 ~ 2010）》中提出,建筑设计要本着"适用、经济、美观"的方针进行创作

3. 新中国成立以来的建筑特点

（1）1949 ~ 1957 年的设计特征

新中国诞生以后,北京作为首都,党、政、军、民机构陆续建立,急需办公、住宅和配套用房。限于经济力量,建设规模较小。这个时期的创作思想特点是重视功能,讲究实用,外表简朴。代表作品有和平宾馆、军委后勤部办公楼、儿童医院。1952 年 7 月,全国建筑工程会议上提出:"目前建筑设计的总方针应以适用、坚固、安全、经济为主,适当照顾外形的美观。"这是当时建筑创作思想的总结与指导。

1953 ~ 1957 年第一个五年计划时期,五年内国家经济和文教建设的投资总额为 550 亿元,这在中国历史上是空前的。建筑设计任务之多,门类之广,规模之大,也是前所未有的。这个时期,建筑创作受政治、经济影响波动比较大。

继 1952 年在知识界批判盲目崇拜英美的单纯技术观点后,1953 年号召向苏联专家学习,学习把社会主义内容与民族形式结合起来的经验，提倡学习、摸索和大胆创作具有新生命的民族形式，设计了一批具有民族形式的建筑。属于中国古典式的有：苏联专家招待所（今友谊宾馆）、亚洲学生疗养院（今整形外科医院）、四部一会（第一、二机械工业部、重工业部、地质部、国家计划委员会）办公楼、国防部办公楼、军委办公楼、原交通部办公楼（在交道口）。这些建筑以传统建筑大屋顶作为造型的主要特征。属于中国折中式的有：政协礼堂、首都剧场、北京饭店西楼、王府井百货大楼、北京体育馆、中直礼堂等。这些建筑的特点是取消了大屋顶，只在立面上增加一些经过简化的中国古典建筑构件做装饰。

1955 年，反对不重视建筑经济原则，反对形式主义和复古主义的思想，坚决降低非生产性建筑标准。1955 年 1 月 5 日，市建筑设计院要求各设计室在当年的设计任务中，一概不准做大屋顶和很多花饰。四部一会办公楼主楼中部原设计为此建筑群中最大的歇山大屋顶，尽管屋顶琉璃瓦件等材料已运到工地，但仍将其取消，改为平屋顶，后来一直没有再加上去。

1956 年出现有些建筑"只管经济，忽视适用，不敢谈美观"的倾向。这是由于推行大屋顶带来了巨大的影响，也浪费了国家的建设资金。《人民日报》于 1955 年 6 月 19 日发表了《坚决降低非生产性建筑的标准》的社论，接着批判了复古主义，反对豪华浪费。而这场批判虽然从经济上制止了某些铺张浪费现象，但并没有弄清建筑形式与内容、传统与革新的关系，束缚了建筑师探索和创新的手脚，产生了一律反对大屋顶和片面节约的另一种倾向。但也有不少建筑师贯彻"适用、经济并在可能条件下注意美观"的原则，取得较好效果。如伊斯兰教经学院（1957 年竣工）、天文馆（1957 年竣工）建筑工程部办公楼（1957 年竣工）、北京电报大楼（1958 年竣工）等。

2. 1958 ~ 1977 年的设计特征

1958 年，以迎接国庆十周年的十大建筑为契机，迎来了北京建筑创作第二次繁荣。这一时期的建筑创作在"古今中外一切精华皆为我用"的方针指导下，建筑师在继承优秀传统、弘扬时代精神方面，努力地做了探索。

1959 年国庆十周年以前，北京陆续建成了十大建筑，即人民大会堂、中国革命和历史博物馆、中国人民革命军事博物馆、民族文化宫、农业展览馆、北京火车站、工人体育场、钓鱼台国宾馆、民族饭店、华侨大厦（已拆除另建）。十大建筑风格多样，各具特色，较好地把民族传统与时代精神结合起来，在内容和形式上都有所创新。

1960 年，建工部针对"大跃进"以来城市住宅紧张状况，提出解决房荒的办法，要求在五年内坚决停建楼、馆、堂、所。由于"大跃进"的失误，经济面临暂时困难，首都建设压缩了规模，设计任务相对减少。这段时期，有代表性的建筑设计作品有工人体育馆（1961 年竣工），中国美术馆（1962 年竣工），京西宾馆和一大批中、小型使馆。

1965 年开展设计革命运动，它是伴随"社会主义教育运动"而展开的，运动中，建筑创作又受到"左"的思潮冲击，建筑形式的多样化和不同风格的探索被斥为"封、资、修"，"洋、怪、飞"，而把当时建成的一批既不适用、又不安全、更不美观的所谓"干打垒"的房屋，说成建筑创作的方向，这又造成建筑师思想上的混乱，阻滞了建筑设计的创新发展。

历时十年的"文化大革命"给北京建筑设计业带来极大的破坏。无政府主义泛滥，生产秩序混乱，规划机构被撤销，设计部门被打散，许多规章制度被废除。设计人员下放到工地劳动，建筑设计"以工人为主体"，设计服从施工，技术发展受到阻碍，建筑创作受到压抑。这一时期，仅满足对外关系的需要，而承接的少量建筑设计任务，其中包括首都体育馆、北京饭店东楼、外贸谈判楼、建国门外四处外事建筑（国际俱乐部、两栋 16 层外交公寓、友谊商店、建国门立交桥公寓群的 3 栋）等。

3. 1978 ~ 2001 年的设计特征

从 1978 年党的十一届三中全会以后，随着经济迅速发展，科技突飞猛进，社会需求日益增长，以及国际技术、贸易、文化、体育等各方面的交流与合作，建筑创作领域百花齐放、百家争鸣的局面复苏，北京建筑进入蓬勃发展的新时期，建筑设计迎来创作繁荣的新局面。

改革开放的不断深化，国际上现代化发展的影响，促进建筑设计人员视野的开阔，知识的更新和建筑材料的发展，还有城市设计理念的引进，建筑设计应不囿于考虑建筑物自身的造型，且须顾及街景与周围环境的关系，更全面地考虑建筑的艺术效果，重视内外的装修与装饰，更细致地考虑建筑物的功能需要，使建筑更好地满足人民的需求，为人民创造更好的环境，从而使设计技术有了空前提高。如：通过京广中心、长富宫中心等的建设，逐步形成高层钢结构成套技术；通过亚运会场馆的建设，掌握多种空间钢屋架技术；在国内首次在奥体中心将斜拉索用于 117 米大跨度屋盖；现浇剪力墙大楼板技术在 20 世纪 80 年代逐步形成内浇外板、内浇外砌、全现浇三种做法的基础上，又进一步发展为"底层大空间、上层大开间大模板高层建筑"和"大开间灵活分隔住宅"的设计技术。这个时期的公共建筑，旅馆首先引入了国际标准和国外设计理念。初期主要由外国建筑师、工程师主持设计，如建国饭店、长城饭店；以后逐渐进行分专业的合作设计，一般建筑专业，机电部分由外方负责，结构由我方负责，如香山饭店、西苑饭店等；再后来发展为我方为主的合作设计，如长富宫饭店（1989 年）。20 世纪 80 年代初我国已经开始完全由自己承担设计，包括室内设计在内的高级宾馆，如昆仑饭店、国际饭店、首都宾馆。1993 年建成的大观园酒店，具有浓郁的民族特色。与此同时，现代化的高层办公楼也大量涌现，开始由一般的办公楼发展到智能型办公楼。如中国海洋局（1980 年）、国际贸促会办公楼（1980 年）、中国银行大楼（1986 年）、农业部办公楼（1986 年）、新华社业务技术楼（1987 年）、北京发展大厦（1989 年）、国家技术监督局办公楼（1991 年）、经贸部办公楼（二期 1994 年）、交通部办公楼（1994 年）、全国妇联办公楼（1995 年）。其中北京发展大厦由市建院与日本合作设计，具备先进的通信、办公自动化、管理系统自动化和高质量的建筑环境，是北京第一座智能化办公楼。这一阶段，发展成为办公、公寓、旅馆、商业为一体的综合使用功能的有北京国际大厦（1985 年）、长富宫中心（1989 年）、国际贸易中心（1990 年）、京广中心（1990 年）、城乡贸易中心（1990 年）、保利大厦（1990 年）、港澳中心（1991 年）、京城大厦（1991 年）、燕莎中心（1992 年）等。京广中心高 208 米，位于道路转角，采用扇形平面，设计人认为这种形状是中国古代幸福的象征。外墙铝合金幕墙和反射玻璃，但低层部分的设计有意识地采取中国古建筑的基座形状，以此与上部高塔的现代设计服务业形成对比，从而表现传统的美，表现中国自古以来的传统和现代融合的主题。

这一阶段还陆续设计建造了一批商场。有的是功能单一的建筑，如王府井综合商业楼、长安商场、隆福大厦、北京市穆斯林大厦、贵友大厦、天桥商场、北辰购物中心、西单商场北楼、蓝岛大厦（东大桥百货商场）；有的是综合使用功能的独立建筑，如燕莎友谊商城、国际贸易中心购物中心、赛特购物中心；有的是高层建筑中的地下和地面上的若干层，其上层为办公公寓，如华威大厦（西单购物中心）、北京城乡贸易中心等。多数商场在建筑风格上属实用性现代建筑。华威大厦的外墙为玻璃幕墙，仅为一例。天桥商场采用传统形式与新型建筑材料、新技术相结合，与隔路相望的天坛古建筑对话。南河沿食品街靠近故宫，采用传统形式中的大式。琉璃厂文化街属旧街改建，因地处外城，故采用小式，尽量保留原有气氛。

这一时期教育建筑大批涌现，一批艺术院校纷纷建设教学主楼，如中央音乐学院教学楼、中国音乐学院教学楼、中国画院等。这些建筑结合该校的特点和特殊功能要求，或浪漫、或别致、或典雅、或清新。20 世纪 50 年代的校园里空缺的一些教学主楼，这时也填补起来，如民族学院、林业大学和北方交通大学等。整体校园建设有电影学院、舞蹈学院、中央社会主义学院、中华女子学院、国家行政学院等。

图书馆建筑中，新建的北京图书馆（1987 年）是迄今亚洲最大，设施最齐全、最先进的现代化图书馆，不仅功能完善、环境优美、气势宏伟，而且在与北京古都风貌和谐方面做了有益的探索。此后一批大学如农大、市委党校、北方交大、中国工运学院、北京印刷学院等也相继建成图书馆。

博物馆、纪念馆、展览馆的建筑，有抗日战争纪念馆（1987 年），凝重肃穆的造型配以雕塑"醒狮"和"钢铁长城"，具有强烈的感染力；炎黄艺术馆，重视民族文化脉络，用斗形的斜屋面来淡化传统的大屋顶，塑造出令人联想太和殿的庄重体型，而不对称的布局以及材料与色彩的选用，又具有时代感；工艺美术馆，更侧重艺术的内涵，因坐落在城内长安街上，考虑古都风貌，在体型和色彩上都刻意处理，力求丰富。中国国际展览中心 2~5 号馆，四个展厅是正方形大空间组成，其连接体为主要人口几何形体的起伏，虚实曲直的对比，以及带拱顶的内廊、角窗，带圆弧的门楣，简洁的门窗洞和实墙面，富有雕塑感和强烈的时代感。

各种类型的剧场中，中国剧院设施完备，技术先进。北京剧院建在居住区内，和商业建筑组织在一起；东方歌舞剧院建筑形象轻松愉快，充分反映出使用性质；木偶剧院活泼的造型个性鲜明，性格突出；中日青年交流中心的世纪剧院，两个半圆形坡屋面与简洁的墙面结合，隐喻青年的萌芽、成长与交流。

这段时期最引人注目的是亚运建筑，新建的有 20 项，包括奥林匹克体育中心和其他小场馆。奥林匹克体育中心各类体育场馆、构筑物、水面、绿地和小品，疏密有致，创造了一个方便、舒适、优美的环境。个体建筑，统一而不雷同。亚运村的总体设计，围绕中心绿地布置旅馆、公寓、新闻中心、俱乐部等，建筑群高低错落，曲直搭配，绿地穿插其间，为运动员提供了良好的休息、交往环境。

这一时期的医疗建筑也有较大发展。建成中国医科院肿瘤医院、北医大口腔医院、中日友好医院、天坛医院、中国康复研究中心、回民医院、北京医院医疗楼、同仁医院新楼、儿童福利院、聋儿康复研究中心、协和医院业务楼等。中日友好医院占地 10.3 公顷，总建筑面积 9.3 万平方米，为集医疗、康复、教学、科研职能的综合性现代化大型医院，由 13 栋建筑物构成。同仁医院新建门诊病房楼占地 0.66 公顷，建 6 层门诊楼及 16 层病房楼，在二次候诊、岛式护士站等设计方面有所创新。

这一时期建造的电信设施建筑，包括中央彩色电视中心、国际广播电视交流中心（梅地亚中心）、中央电视塔等。

这个时期新建的旅游性建筑，有按遗址重建的颐和园苏州街，有按《红楼梦》构思的大观园。动物园熊猫馆则是造型新颖独特的另一种类型。

这个时期的住宅建设数量大增，设计水平迅速提高。北京 80、81 系列住宅通用设计适当降低层高，在不增加投资情况下每户面积扩大 3 平方米，增加方厅，改进了厨卫条件，建设部主管部门认为这是北京市住宅设计的更新换代。随后设计出 86~90 住宅系列，其中 87 院住宅在当时严格控制每户面积的情况下，设置了面积较大的直接采光的起居厅，使住宅平面有突破性的发展。

1980 年 4 月，中央书记处在分析首都特点、总结历史经验后，提出了四项关于首都建设方针的重要指示，其中特别指出，首都是全国的政治中心，"不一定要成为经济中心""要着重发展旅游事业，服务行业，高精尖的轻型工业和电子工业，下决心基本上不发展重工业"。为此，1982 年修订北京城市建设总体规划，提出北京工业已有相当基础，要按中央方针进行调整，今后近郊工业区不能再安排新工厂或占地扩建，并要有计划地把一部分工厂搬出市区。

总之,改革开放以来,房屋建造量连续大增。由于设计体制改革,设计单位增多,设计市场的形成为建筑工程勘察设计提供机遇和竞争,设计水平有了较大的提高。特别是中外设计师的合作与交流空前活跃,在北京由国外设计师为主设计的建筑有 30 多栋矗立起来。出现了比较多样化的局面。

这个时期有两次全市优秀建筑工程勘察设计评选活动。一次是 1988 年评选的北京十大建筑——北京图书馆新馆(今国家图书馆)、中国国际展览中心 2 ~ 5 号馆、中央电视台彩色电视直播中心、首都国际机场 1 号航站楼、北京国际饭店、大观园、长城饭店、中国剧院、中国人民抗日战争纪念馆和地铁东四十条车站。另一次是在 2001 年评选的北京 20 世纪"九十年代十大建筑"——中央广播电视塔、奥林匹克体育中心及亚运村新世界中心、北京植物园展览温室、首都图书馆新馆、清华大学图书馆新馆、外语教学与研究出版社办公楼、北京恒基中心、北京新东安市场和北京国际金融中心。

第四节 城市规划设计与文化元素

我国各大城市,包括北京在内的城市建设,正在悄然经历着"特色危机"。城市特色的消退、城市环境品质下降、文化本源的迷失以及心理层面的精神缺失等问题日益显现。

未来中长期是北京迈向"中国特色世界城市"的关键时期,同时也是北京城市规划设计与建设完善功能、提高水平、形成系统、规模发展的重要阶段。当前北京市城市规划建设必须总结以往的经验教训,深刻把握世界城市建设的发展趋势和规律,依托文化优势,将城市形象与人文因素相结合,寻求北京自身的特色文化特质,制定明确的文化发展目标,通过切实有效的规划管理手段建设具有北京特色的世界城市。

一　北京城市结构及城市空间发展战略

目前，北京市域城市空间由内向外分为三个层级，第一层级是旧城，由新东城和新西城两个辖区构成，面积约 87 平方公里；第二层级是中心城，由旧城和近郊四个辖区组成（不包括海淀山后和丰台河西地区），面积约 1080 平方公里；第三层级是北京市市域范围，面积约 16100 平方公里。

改革开放以来，北京市在政治、经济、社会、人文等方面取得了巨大进步，随着城市规模的日益扩大、功能的不断集聚和人口的快速增长，北京市同样也面临着其他国内外大城市发展中遇到的类似问题：中心城功能过度聚集，交通拥堵状况日趋紧张，生态环境压力巨大，水资源、能源供应不足，城乡二元结构的格局没有根本改变，京津冀城市群如何更好地协调发展，等等，上述矛盾和问题的解决，需要在城市总体规划的战略性、全局性层面寻求新的发展思路和解决办法。

在《北京城市总体规划（1991～2010 年）》中北京市提出了两个战略转移，即在主城区以外规划了 10 个边缘集团和 14 个卫星城，意图通过边缘集团和卫星城疏解主城区的部分城市功能，缓解主城区的压力。但是经过近十年的发展，边缘集团和主城区之间的绿化隔离地区不断被蚕食，边缘集团与主城区基本是连片发展，而卫星城因为产业功能发展滞后、建设水平较低、布局过多过散等原因，并未起到相应的分解疏导作用。

基于对北京历史、现实和未来发展的综合分析，充分考虑区域整体发展的需求，北京市在《北京城市总体规划（2004～2020 年）》中提出了"两轴－两带－多中心"的城市空间发展结构，通过打造中心城－新城－镇的市域城镇体系，确定了建设 11 个新城，近期重点发展通州、顺义、亦庄三个新城。

二　北京市城市规划设计文化特色

1. 历史文化特色是北京创建国际性城市的基础与优势

追求文化特色是世界城市发展的基本趋势。目前，全球化浪潮正席卷全世界，各个世界级的大城市都在这个进程中努力寻找自己在未来世界城市格局中的地位。在各种理论研究中，美国著名的政治学家、哈佛大学教授塞缪尔·亨廷顿 1993 年在美国《外交》杂志上发表的《文明的冲突》一文可谓是一枚"重磅炸弹"。亨氏以"文明"或"文化"的差异及冲突作为理解世界格局的"范式"，他认为，人类之所以有差别是因为"文化"而非因"种族"；文明应以复数计，不存在一种单数的、世界性文明；"进化论"或社会进化论关于人类社会单线进步的公式并不成立。实际上，随着"意识形态时代"的终结，世界上众多的国家被迫或主动地转向自己的历史和传统，寻求自己的"文化特色"（或者叫"文化个性"，Culture Identity），试图在文化上重新自我定位，这已是一个非常重要而显见的国际现实。而亨廷顿则认为这是文明发展的必然，并将其推演到"文化的冲突"，即未来国家之间的竞争和冲突将主要体现在文明（文化的实体）之间的差别上。亨氏关于文化冲突的预言多少有些夸大其辞、耸人听闻，按亨氏自己的话说是为了"唤起人们对文明冲突的危险性的注意，促进整个世界上的文明的对话"。但是，对于城市规划理论界来说，亨氏的话却在一定程度上总结了世界城市发展的一种趋势，那就是：文化将会逐渐取代意识形态和经济因素，成为下一时代区分城市之间差别的最根本的因素。换言之，如果说现阶段各个大城市之间的竞争，首要的是城市经济地位和基础设施的竞争，那么，未来世界城市之间的竞争，首要的必将是文化的竞争。从这个意义上看，北京作为中国的首都，作为拥有世界 1/4 人口的中华文化的中心，保持并发展自己的文化特色是一个极具战略意义的重要使命，它必将直接关系到整个中华民族在 21 世纪真正实现"伟大的复兴"。

　　近十年来，北京市的经济已经有了长足的发展，近年来，首都一些学者又提出了"知识经济""首都经济"问题，但是，在经济迅猛发展的过程中，作为北京文化结晶的北京旧城却不断遭到破坏，原有的北京城市文化特色正在被大量的"二流的舶来品"所侵蚀，许多老北京人都开始产生强烈的文化失落感。由此更加体现了保护北京文化特色的重要性和紧迫性。

　　目前，北京正在大踏步地向国际性城市（Global City）迈进，准备参与未来的世界城市之间的竞争。国际性城市一般包括政治、经济、文化等诸多方面。而纵观当今世界上公认的真正有魅力的国际性大都市，例如：纽约、东京、伦敦、香港、巴黎等，不管它们是以突出什么方面来发挥其中心作用的，都必定具有高度发达而且颇具特色的城市文化，从而成为其他城市居民"心向往"的"文化之都"，正如一位当代青年学者所指出的，"城市文化是城市的灵魂"。

　　从北京在世界城市中的历史地位来看，北京本身一直是一个世界首位度的历史文化名城。北京已有3000多年的建城史和800多年的建都史，长期以来一直是我国的政治、文化中心，其历史文化积淀所形成的特殊的文化魅力和人文价值，使之成为中华民族和全世界的人类文化之瑰宝。因此，历史文化是北京创建国际性城市的最基本条件，更是特色与优势之所在。

　　北京旧城是北京历史文化特色的源泉与结晶。北京旧城是"中国古代都城建设的最后的结晶"，更是"世界都市计划的无比杰作"。目前，北京旧城仍拥有巨大的文化价值，值得加以精心保护。

　　北京旧城留存着大量的历史文化资源。早在2000多年前，哲人亚里士多德就说过："人们为了活着而聚集到城市，为了生活得更美好而居留于城市。"按照人居环境科学的观点，城市是人类最重要的聚居地，而"文化的产生是人类聚居的结果"。从这个意义上说，北京旧城实际上是北京历史文化发展的一个最重要的源泉。北京旧城是唯一完整地在地面上留存到今天的中国古代都城（西安、洛阳、开封等中国古代都城都已埋在地下），其大部分至今仍保存完好，例如，传统的长达 7.8 公里的中轴线，以及六海等开敞水面目前仍基本保存完好，各种类型的历史文化建筑在北京旧城内仍比比皆是，丰富多彩的传统文化习俗也仍然在旧城中保持一定的活力。北京旧城作为老北京文化的载体，其独特的城市建设环境和生活环境为形成北京历史文化特色奠定了坚实的基础。

另一方面，3000 多年的北京建城史和近 800 年的建都史就是北京文化发展的历史。北京历史文化的精华随着漫长的历史发展进程不断积累、沉淀，也进一步推动了北京城市空间环境的演进，并逐渐形成了丰富多彩的北京城市空间特色。正如 E·沙理宁说："让我看看你的城市，我就知道你的人民在文化上追求什么。"而刘易斯·芒福德更进一步指出，"城市就是文化的最高表现"。

北京旧城还能为新时期的文化发展创造条件。文化发展还具有延续性的特征。亨廷顿指出，文化的"独特性和特殊性"是"它们长期的历史延续性"。显然，新时期北京的文化发展也不可能割断历史文化的血脉，这实际上就是所谓"传统"（tradition）的真实含义。博兹曼指出，"每一个在语言上和道德上统一的社会的命运，都最终依赖于某些基本的建构思想的幸存，历代人围绕着它们结合在一起"。希尔斯则指出，"传统无所不在"，"现代永远跳不出传统的如来佛手心"。因此，北京旧城作为北京传统文化杰出的、最大的物质遗存，它必然还会对现在和将来的北京文化发展产生深远的影响。

实际上，北京旧城今天仍然充满着勃勃生机，在北京的城市发展中发挥着重要作用。旧城及其周边地区几乎承担了全国和北京市的主要的政治、文化中枢功能，同时，旧城内还生活着 175 万北京市民，而每天在里面活动的人口更是数以百万计。因此，如果能够保持旧城的社会经济活力，同时积极发掘旧城的文化特色并根据新的生活要求加以创造发展，必将在传统的北京文化基础上产生新的灿烂多姿的北京文化。北京旧城完全可以担负起创造北京新文化的历史责任。菊儿胡同住宅改造工程的成功也充分地说明了这一点。

2. 历史文化本身也是庞大的社会经济实体

从社会经济角度来说，一个城市所具有的历史文化资源都是宝贵的物质财富。如能被善加利用，必将产生极其可观的经济效益。

首先，四合院、胡同这些传统城市空间为数百万市民的居住、工作和休憩提供了使用空间，因而具有明显的经济价值。同时，这些传统空间环境又是一种不可再生的稀缺性资源，国外的经验早已表明，"老房子是一笔巨大的财富"，并且随着城市社会经济的发展，它们在经济上的价值还会超前增长。目前，北京旧城内的一个普通四合院的市场售价已经高达数百万元甚至上千万元就是一个很好的例证。

从另一个角度看，北京是全国的政治文化中心，但同时也是一个严重缺水的城市，目前城市污染也很严重，因此，北京市正在加速产业调整，而各种与历史文化名城相关的知识型、服务型、文化型产业的价值正逐渐显露。

以旅游业为例。近二三十年来，世界旅游事业发展速度惊人，同时，旅游者的旅游动机也从单纯追求刺激、娱乐的所谓四个"S"（Sun 阳光、Sand 海滩、Shopping 购物、Sex 性）转为兼顾自然风景同时体验异国历史传统和风土人情的"文化旅游"，更具文化气息的人文旅游资源逐渐受到旅游者的关注。北京旧城无疑为这种"文化旅游"提供了得天独厚的优势，而北京旅游事业近年来的发展也明确地说明了这一点。

进入 20 世纪 90 年代以来，北京故宫旅游人数一直位居全国首位。1994 年以后，北京开始出现各种以欣赏历史文化资源为主的旅游项目，如："老舍茶馆听戏""胡同游""钟鼓楼游""王府花园游""逛老北京城""乘船欣赏什刹海夜景"等，并且还出现了各种以四合院为载体的宾馆、茶馆、饭店。据相关部门统计，2011 年北京旅游业全年接待国内外旅游人数首次突破 2 亿人次，同比增长 15% 左右；外国入境过夜游客人数首次突破 500 万人次，同比增长 6% 左右；旅游总收入首次突破 3000 亿元，同比增长 16% 左右。

事实上，北京旧城的文化旅游，目前无论从广度还是从深度上来说，都是远远不够的，这方面还有巨大的潜力可以发掘。例如：大量的名人故居、会馆或者仍被一些单位或居民占用，或者缺少整治（例如，最近刚刚发现的曹雪芹旧居）；旧城内许多独具特色的"胡同风情"（例如，白塔寺地区以及南城一些地区的胡同）还没有引起游客注意；旧城内的旅游线路、步行系统以及相关服务设施还很不完善；各种文化习俗以及传统工艺品、传统小吃等也尚未得到很好的利用，等等，北京旧城仍然存在潜在的巨大的经济价值。

3. 文化的多元与包容——北京建设世界城市的文化保证

（1）北京城市文化的多元性

世界城市从其构成要素标准来看，国际交往和外籍人士的比例是衡量一个城市达到世界城市的标准之一。基于此，作为世界城市，在多元人群构成的基础上必然产生多元文化的交融与碰撞。只有兼容并蓄，具有一定包容性的文化环境，才能协调各种文化形式和内容，成就世界文化的地位。

作为历史文化名城的北京，从元大都时就具有世界城市的文化影响力。历史上的北京从地理位置上来看，是北方少数民族文化和汉族文化交叉的中间地带，兼具了北方游牧民族的粗犷豪放和南方中原文化的宽厚包容。因此，多民族文化的融合性在北京得到完美体现，这是中国其他任何一个城市所不具备的城市特质。

改革开放以来，北京的国际政治、经济、文化等功能不断增强。据 2010 年第六次全国人口普查显示，北京居住的外籍常住人口为 59.38 万人，截至 2009 年 10 月，共有 165 家大使馆、23 家国际组织驻华机构、18 家外国驻京商社、337 家外国新闻机构。同时，越来越多的新兴产业的跨国公司都陆续在北京建立总部，设立研发中心和投资性公司。北京正成为全球拥有 500 强企业数量最多的城市之一，在全球各大城市排名中仅次于东京和巴黎，位居第三。这些机构与公司入驻北京，一方面看到了北京作为中国首都在世界政治经济中的地位和影响，另一方面，也为北京深厚的历史与现代文化相互融合的城市特质所吸引，并为之增添新的文化形式和内容。无论是中国自己的民族文化和节日，还是西方的一些文化和节日，在北京都能得到尊重和欣赏，特别是对于一些有影响、有意义的文化节日，如母亲节、父亲节，与我们的端午节、中秋节等一起成为大家共有的节日。

（2）北京多元文化的载体——融合的居住社区

在西方，贫富与种族的差异使得人们居住空间产生明显隔离，而很少有如北京这种不同种族、肤色、国籍背景的人们都同时居住在一起的融合性。虽然来到北京的外籍人士因为生活习惯的原因，也有部分相对集中居住在望京、赛特、燕莎附近等地，但从总体来看，北京城市内的任何一个社区都是开放的，只要遵守中国的相关法律法规要求，办理相应的居住手续，外籍人士就可以在任何一个社区找到适合的居住空间。当一个城市不带有任何偏见地给予接纳和包容，她能以开放的心态包容来自不同地域，具有不同文化特征的人群，意味着她自身具有足够的胸襟包容这些多元的文化，并能积极地从中吸取好的成分，丰富自身。这样的城市就具备了建设世界城市的文化风范。北京城拥有古都的底蕴，又经历了现代化城市建设的磨砺，基本形成了包容的城市精神以及多元文化并蓄的城市气质，2008 年的奥运会让世人更进一步了解和熟悉了北京城市的这一特质。因此，居住空间的融合是北京不同于西方城市的独特之处所在，不仅体现了北京城市文化的包容性，更说明北京具有建设世界城市的文化优势。

北京城市的历史文化特征，主要体现在以下方面。

第一，悠久的建城历史。公元前 1045 年北京建城，公元 1153 年建都，从时间轴线上可以看到北京是一座具有悠久历史与文化的古城。

第二，城市地理形态的独特之处。北京城背临太行山和燕山，面向平原，平原上分布着水系。山水相依促成了北京城的演变，也形成了北京城独特的自然地理景观。

第三，规模宏大的城市与宫殿，丰富的文物和历史遗存。明清北京城是中国历史上遗存下来的最大的帝王都城；明清两代24个皇帝的皇宫——紫禁城是当今世界上现存规模最大、建筑最雄伟、保存最完整的古代宫殿和古建筑群，由大约870余座建筑和8700余间房屋组成。在这个大古城中，珍藏着大量十分珍贵的文物和历史遗存。

第四，悠久的传统文化。几千年的城市发展史，使北京形成了独特的地方传统文化，拥有丰富的非物质文化遗产，如独具特色的庙会戏曲、老字商号、传统工艺、传统习俗等。

第五，较为完整的城市风貌与都城格局。①轮廓：从内到外由紫禁城（即宫城）、皇城、内城、外城组成，内外城呈"凸"字布局，层次分明。②中轴线：北京的城市规划以宫城为中心，左右对称，很多建筑都建筑在对称轴上，称为中轴线。中轴线南起永定门，北至钟鼓楼，直线距离长约7.8公里，不仅是古都北京的中心标志，更是世界上现存最长的城市中轴线。③水系：明清北京城的格局与水系密不可分。筒子河、护城河等有机活泼的水系增强了与规则布局的建筑群体的对比。永定河是北京的母亲河，北京悠久的历史文化发源于此。在北京的历史上，永定河多次改道、泛滥对北京城的城址及城市环境产生了很大的影响。同时，永定河的变迁还带动了北京水环境的变迁、发展，逐渐形成了今天我们看到的北京水系格局。④街巷与胡同：元大都时北京旧城形成棋盘式道路系统，明清进一步对其分类——大街、小街和胡同。

注重文化的传承是国外城市规划内容的鲜明特征之一，规划指标明确规定了城市景观和遗产问题。以法国为例，包括保护整体景观和城市景观的多样性、保护并发展遗产（包含自然或建筑遗产）、协调市区与环线周边地区的城市景观、景观整治或重塑以及提出需要改善的景观要素等。以英国为例，对闻名世界的各大商业、旅游设施以及国际机构等进行妥善保护，来巩固伦敦世界级城市的地位。这里，我们选择纽约、伦敦、东京三个典型的世界城市作为研究目标，具体分析三个城市各自的城市规划特点，总结三个城市在城市规划设计、文化发展方面取得的成功经验。

第五节　国外城市规划设计和建筑设计文化发展

一　纽约城市设计文化

1. 大纽约地区规划建设的主要特征

（1）宏观上以自发发展、蔓延发展为主，微观上开发相对有序

从宏观上看，由于美国是一个典型的资本主义国家，大都市区的出现、发展基本上都是由市场培育、驱动的，政府很少进行干预，因此很多都市区缺乏整体规划的思想，呈现自发发展、蔓延发展的特点。大纽约地区是美国最早形成的也是最大的都市区，尽管在历史上曾三次编制过相关的区域规划，在这一方面也同样十分突出。不过，从微观角度看，美国内部的市镇建设不管对于土地开发或者街道规划却具有严格的规定与限制，呈现相对有序的特点。[①]

（2）大纽约地区空间结构独具特色

大纽约地区与欧洲的大都市区相比，其结构形态存在着一些明显不同：它的中心区密度相比而言要更高，且重点向纵向发展，而它的郊区，则更为广阔松散，密度也更低（纽约典型的郊区如那骚县的人口密度目前仍不足 2000 人/平方公里）。

---

① 章光日：《大城市地区规划建设的国际比较研究——北京与纽约、洛杉矶》，《北京规划建设》2009 年第 4 期。

在美国，从19世纪末到20世纪初，现代技术的运用使得建设高层建筑成为一种典型的模式与潮流，纽约便是世界上最早建设高层建筑的城市之一。而当时的欧洲大部分城市中心区仍以传统多层高密度为主，大纽约地区高层高密度的空间结构独具特色，成为美国的建筑标志之一。

（3）比较完整地经历近现代交通的整个发展历程

大纽约地区与大伦敦、大巴黎等西欧主要大都市区都较完整地经历了近现代交通的整个发展历程。19世纪30年代，美国开始进入"铁路时代"，纽约是世界上较早采用有轨马车、电车与郊区铁路的城市，并且最早建造了城市高架铁路，但其地铁建设相对较晚。不过，在第二次世界大战后，随着汽车时代的来临，大纽约地区出现了更大规模的郊区蔓延现象。在交通组织方面，目前已形成围绕曼哈顿中心区、纵横交错的快速道路网络，这一快速道路网络与轨道交通系统相辅相成，适当分工，共同支撑了现代大纽约地区的高效运转。目前大纽约地区的人均汽车拥有量是美国各大都市区中相对较低的，而公共交通特别是轨道交通在客运交通结构中所占比例又是相对较高的，这既反映了独特的地域空间结构特征，也比较鲜明地表现出发展的时代背景。

2. 纽约城市规划在城市建设和发展中的作用

在美国，100多年历史的城市规划进程已促使其形成了较为完善的体系，从美国的体系中可以看到，城市规划对于城市建设和城市发展具有综合调控与引导的作用。

（1）多层次规划体系保障了城市建设的有序和协调发展

美国城市规划管理、实施细则以及各种强制性要求非常严格，具有绝对的权威性。但另一方面也预留了部分选择内容，保证了实施过程的灵活。从整体规划来看，美国重视自然生态环境和历史文化资源的保护，通过分区规划对土地开发进行有效控制，在满足人们生活需要和享受各种福利的同时，促进城市和谐发展和进步。而地块细分条例也是为了保证城市道路系统、学校、娱乐及其他公共设施的充足用地，确保城市建设的有序与协调。

（2）有效遏制了大都市区的蔓延问题

20世纪后期，由于各大都市区的迅速发展，城市蔓延问题不断产生和扩展，引起了政府和人们的高度重视。城市蔓延的优势在于扩大了城市发展空间，但与此同时也带来了许多意想不到的影响，包括住宅的建设蔓延侵占了城外原来的森林、农田与空地，远距离上下班问题使得汽车的使用率越来越高，环境受到了极大的破坏。为了控制蔓延趋势，实现可持续发展战略，1968年，纽约区域规划协会进行了第二次大都市圈规划，提出了五项规划原则，自此，纽约城市开始注重内部用地的开发，着力提高建设用地的利用程度与效率，而不再盲目追求外延扩张。

（3）切实提升了城市和区域的生活质量

1996年，纽约区域规划协会进行了第三次大都市圈规划，提出实施五个中心工作——植被、中心化、机动性、劳动力、管理。通过这项措施的实施，纽约地区的生活质量得到了明显的改善，相关数据表明，其休憩娱乐用地面积、住宅用地、交通运输及公用事业用地（不计道路面积）等都在几年内有明显的增长。

（4）有效协调了城市的空间布局

纽约市按照区域功能进行合理分区，工业用地、商业用地和停车设施用地的分布比较集中，居住用地布局遵循了高密度住宅与低密度住宅搭配建造的原则，休憩娱乐用地及公共设施用地分布比较均匀，且针对居住区的分布来配置。如此有效地协调整个城市的空间布局，为公民创造更加良好的生活空间，使公民在城市生活的幸福指数大大提升。

3. 纽约城市规划设计文化发展的成功经验

（1）城市规划理念注重可持续发展

"立足生态，立足发展"是21世纪美国制定城市规划蓝图时的重要理念之一。近年来，美国的城市规划体系中自然生态环境保护、历史文化资源保护和可持续发展是重中之重。

（2）公共利益引导城市规划

"市民至上"的规划理念在美国一直深入人心。"以人为本"长期以来是美国城市发展的核心理念。提升全体居民的居住环境是城市规划的第一大目标。因此，美国的城市规划建设从市民的需求出发，合理统筹安排各个功能区域，以便更好地满足人们发展的需要。

二　伦敦城市设计文化

（1）先发展、后治理

大伦敦地区是世界上最早的，在毫无总体规划的情况下形成的大城市地区，在其基本建成后，政府开始采取各种措施来逐步改善城市蔓延与无序发展的各种突出问题，因此归纳其特点为"先发展，后治理"。虽然各种措施并没有完全根治城市问题，但在环城绿带和新城开发方面还是有一定的改善。①

（2）地区空间结构特点

大伦敦地区城市蔓延的问题是在历史与当时市场条件下由多种原因造成的结果，而其中人口的不断增长和城市郊区化是较为关键的两个原因。随着生活水平的不断提高，交通技术的不断进步，人们开始向往和追求郊区安静平和的生活模式和更加清新舒适的空气环境。因此，大伦敦地区逐渐形成了内紧外松，内高外低的空间格局。在城市中心核心地区，建筑呈高层高密度发展，在郊区等外延地段，住宅基本为低层低密度分布，这在一定程度上也与英国人民的传统习惯有关。

（3）交通拥堵成为影响其发展的突出问题

大伦敦地区的发展经历了步行 – 马车 – 铁路 – 汽车整个近现代交

---

① 章光日：《大城市地区规划建设的国际比较研究——北京与伦敦、东京》，《北京规划建设》2009 年第 2 期。

通的演变过程，但最关键的还是 19 世纪经历的铁路时代。从历史上来看，英国是现代铁路的发源地，伦敦也是世界上最早建设地铁的城市。因此大伦敦具有很明显的铁路时代特点，轨道交通对伦敦整个空间布局和交通组织都带来了很大的影响。但在后来，小汽车的普及及其数量的大幅度增加使得大伦敦的道路系统越来越不适应时代的需要，路网改造成为整个伦敦关注的重点工作。由于社会和历史原因，原本打算围绕伦敦中心区建设四个快速环路的规划没有得到实施，目前大伦敦内部规划环路没有完全实现快速化改造，只在外围拥有一个完整的约 188 公里的高速公路环。因此，私家汽车的使用造成交通拥堵成为影响大伦敦城市发展的大问题之一，人们的出行尽量使用公交和轨道运输。

伦敦的城市更新为我们提供了城市规划设计的经验：城市规划设计中，可以容忍甚至刻意建立新老和仿品建筑共存的空间关系。更多地考虑时间与空间、文化与空间、人与时间，以及时间与城市等关系，注意文化与时间在城市中的传承与体现。将规划和设计更好地综合考虑，并双向推导，以提高规划和设计的合理性、创新性和即时性。

三　东京城市设计文化

1. 大东京地区城市规划建设的主要特征

东京地区的城市规划建设充分借鉴学习发达国家的城市发展经验，特别是第二次世界大战后，东京地区的城市建设更是实现了质的飞跃。与此同时，根据自身的国情特征，特别是面对更加复杂的城市结构，东京地区城市规划设计又呈现独特的魅力。

（1）城市结构更加复杂

在资本主义制度下，市场成为地区发展的主要驱动力，日本对于城市的开发同样呈现更加严重的蔓延发展、连绵发展与无序发展的特点。与伦敦地区城市发展的历史相比，大东京地区城市的人口密度更大、城市空间结构的调控面临的问题更多，如果城市设计不当，将极易导致城市空间失衡等问题。因此，大东京地区可以说是是目前世界上人口最多、涉及地域最广、内部组织最为复杂的城镇密集区域。

（2）城市的多中心体系

与伦敦单中心圈层式的封闭结构相比，东京成功构建了多中心城市体系，这是大东京地区在城市空间结构调整上取得的重大突破。大东京地区以城市铁路为骨架形成了"一核多心"的城市结构：以东京站为核心，建立了上野浅草（传统与现代文化旅游活动中心）、池袋（文化娱乐中心）、新宿（商业文化活动中心）、涉谷（文化信息中心）、大崎（高新技术信息交流中心）、锦丝町（工业文化中心）和临海（国际活动与信息交流中心）七个副中心，形成市区内"一核七心"的城市空间结构，为该地区的平衡稳定发展奠定了基础。

（3）独具特色的交通组织

日本的交通组织，特别是大东京地区的轨道交通在主要大城市地区中是最具有特色的。由于人口密度大、地面道路狭窄拥挤，日本的城市发展一直依托于强大的轨道交通系统。轨道交通的大运量、高速度、全天候等特点，引导东京都市区的拓展，使市中心由单中心向多中心发展。虽然战后日本也加大了快速道路系统的规划和建设，但是仍不能满足都市圈汽车交通的发展需要。而轨道交通系统则更好地适应了分散的中心城＋卫星城的城市布局结构。因此，大东京地区成为世界上最为典型的、以轨道交通为依托的大城市地区。

2. 东京城市规划指标

环境评价成为指标内容中至关重要的方面，而且随着社会的发展，指标内容日趋完善，内容涉及的领域日益广泛，城市规划的指标已经更加不只是涉及业务和技术，更多的是要考虑经济文化等多方面的因素。在诸多因素中，环境评价已经成为大东京地区城市规划指标中的核心因素，许多规划指标都是有关环境方面或与环境密切相关的，其中包含市民主体环境、绿带区保护等内容。

东京城市规划的指标体系中，对各种指标的定性与定量要求各有侧重，对长期性发展环境、发展目标、发展要求做定性要求，而对其中更加具体的指标则深入量化，如对市场发展、城市环境、市民生活等做定性要求，对建设规模标准及投入等指导监督评级城市发展的指标提出定量目标等。城市规划以市民这一群体为服务对象的特点决定了城市规划设计中必须注重人的生活需要以及对心理感受的环境塑造，而这些正是大东京地区当前城市规划设计指标中的重中之重。作为东京规划的总体指标中的核心部分，市民生活需求与心理感受主要包括居住环境、经济社会以及景观认同三个方面。其中，对于社会的可持续健康发展与城市居民的福利保障尤为重视，生活保健标准更加科学、医疗标准更加严格、福利设施标准更加全面。

在城市中心区与新城的建设上，东京致力于创造一个就业和居住平衡发展的城市，东京提出了"建设生活型城市"的政策目标，其核心是就业与居住功能的平衡。在城市中心区，通过社区的再开发和通过中心区的信息技术和教育设施的开发来促进就业和居住的平衡发展；新城建设速度放慢，集聚了众多的大学、服务业、研发和轻工业等产业活动，增强新城吸引力，满足区域居民工作需求和生活需求，实现就业与居住的平衡。大东京地区拥有优越的地理位置和多项核心产业的集聚优势，借助优越的区位条件、鲜明的区域特征。旅游业成为大东京地区城市经济的一个重要的产业。东京制定了独立的旅游业战略规划，战略目标是使日本成为21世纪的有大量居民和参观者的全球性城市。旅游战略规划将进一步带动城市建设，改善城市环境和交通系统，并且对文化设施的发展、相关文化遗产的保护等都将带来显著的推动作用。

3. 东京对于文化遗产保护采取的措施

东京旨在创造一个拥有深刻自然和文化底蕴的城市，2010年10月~11月，东京举办"2010文化遗产周"，就向市民集中介绍市内9

个区的 11 处古民居风貌、建筑特点、当时生活、周围环境以及保护情况。

　　对于古建筑，日本很早就通过立法予以保护。1950 年日本制定了以保护文化遗产为目的的综合性法律——《文化遗产保护法》，保护有形、无形文化遗产等。该法制定后不断修订，与时俱进。现在，《文化遗产保护法》规定，地方可以依据规定，指定各自区域内的文化遗产，并为其保存和有效利用采取必要措施。因此，日本各都道府县以及下辖地区都制定了"文化遗产保护条例"。比如，东京都的各区教育委员会一般都设有负责文化遗产的部门，对传统建造工艺、材料、保存手法等进行研究。

　　过去日本以"文化遗产保存"为重心的行为，近年来开始向以促进产业发展和观光等为目的的"文化遗产有效利用"转变。并且，日本仍在加紧进行古建筑的保护、再生、利用工作。冲绳县今年再次开展调查，研究古民居等古建筑的传统建筑技术、材料，以及如何让它们发挥其景观作用，拉动地域经济，如何才能更加有效地加以利用。

第六节　设计产业与文化软实力提升

一　行业自主创新能力提升与文化软实力提升

　　作为城市化建设的灵魂，城市创新的先导，设计产业的发展与北京市城市规划建设息息相关。"十一五"时期，北京市设计产业在推动北京城市建设，落实"新北京、新奥运"的战略构想中发挥了重要作用；"十二五"时期，北京市设计产业确定了新的发展目标：秉承"人文、科技、绿色"三大理念，着力打造"北京设计品牌"，按照建设"中国特色世界城市"的要求，以提升文化软实力为手段，以科技创新为驱动力，以打造行业人才高地为基础，加快推进国际化进程，全面提升设计产业质量与水平，真正发挥设计产业的作用，使之成为城市风貌的塑造者、科技创新和文化创意的践行者、经济发展的促进者、宜居生活的服务者，使行业地位和影响力得到新的提升。

1. 行业发展与首都文化设施建设

（1）文化设施是北京文化脉络传承的载体

公共文化设施，是指由各级人民政府或者社会力量举办，向公众开放用于开展文化活动的公益性场所。公共文化设施是公共文化服务体系建设的基础平台和首要任务，是展示文化建设成果、开展群众文化活动的重要阵地。公共文化设施的建设和管理水平，直接关系到人民群众基本文化权益的实现和文化发展成果的共享程度。

北京作为六朝古都，文化底蕴深厚，作为全国的政治文化中心，拥有丰富的历史、人文资源，各时期、各类的文化设施伴随着朝代的更迭也在不断地繁衍、集聚。

东西长安街、南北中轴线无疑是各类文化设施集聚度最高的区域，从北京建城之始，国家级的政治文化设施以及传统商业中心基本都分布在南北中轴线和长安街两条轴线上，新中国成立后的各级各类规划也延续了十字轴线的基本格局。

北京的历史文化遗址、皇宫及历史园林、各类宗教建筑、大型陵墓群落，以及革命遗址和纪念性场所等大型历史文化设施基本分布在东城、西城、朝阳和海淀等北部地区；新中国成立后，50年代的人民大会堂、民族文化宫、农业展览馆、军事博物馆等十大建筑，80年代、90年代及21世纪由广大市民参加评选的各年代十大建筑，主要以纪念馆、文化馆为主，集中在天安门广场、长安街沿线以及北城的一些地区；北京大学、清华大学等著名高等学府也在中心城及北部地区聚集。随着北京市产业结构的升级、调整，原有的部分工厂区逐步迁出，以工业遗产保护为基础形成了新的文化创意产业聚集区，打造一批体现首都文化品位与北京特色的新的活力地区和城市品牌。

北京市的文化设施建设包括标志性文化设施及社区类文化设施的建设。前者是北京近几十年尤其是近十年建设的重点，各时期文化设施的建设高潮基本都由标志性文化设施建设掀起；与此相应，标志性文化设施的建设也会极大地促进各类社区文化设施的建设，如在社区内开辟小型的文化活动场所，将社区文化活动作为居住区建设的必要内容之一，等等。不同级别、不同类型文化设施的建设进一步丰富和完善了北京文化设施体系的建设。

（2）北京市公共文化设施建设与管理取得成效

文化设施是北京城市文化脉络传承的载体。北京作为六朝古都，文化底蕴深厚，作为全国的政治文化中心，拥有丰富的历史、人文资源，各时期、各类的文化设施伴随着朝代的更迭也在不断地繁衍、集聚。

地标性文化设施建设和保护更注重提升城市文化品位和彰显城市特色。

高标准的文化设施为经济发展搭建了更为广阔的平台。

公共文化设施建设完善全市公共文化服务体系。截止到2011年末，全市共有公共图书馆25个，总藏量4650万册。全市拥有全国重点文物保护单位98处，市级文物保护单位255处。全市拥有注册博物馆159座。全市17个国家综合档案馆开放档案88万卷。

历史文化名城保护工作稳步推进。

2. 行业发展与历史文化名城保护

北京是中华人民共和国的首都，也是世界著名的古都和历史文化名城。北京建城的历史据考证始于周武王分封蓟国（公元前1045年），距今已有3000多年，北京拥有了丰富的历史遗存和相对完整的旧城。"明清北京城是在辽、金、元时期北京城的基础上发展起来的，是中国古代都市计划的杰作，是集中展现北京传统风貌的核心区域，也是北京历史文化名城保护的重点地区"。北京旧城特有的城市轮廓、空间肌理传承了几千年来北京市发展的历史人文信息，是未来北京市探求城市文化环境发展的基石与源泉。

《北京城市总体规划（2004 年~2020 年）》提出了旧城整体保护的十项措施（保护传统中轴线；保护"凸"字形城郭；整体保护皇城；保护旧城历史河湖水系；保护旧城棋盘式道路网骨架和街巷、胡同格局；保护"胡同－四合院"建筑形态；保护旧城平缓开阔的空间形态；保护重要的景观线和街道对景；保护旧城传统建筑色彩和形态特征；保护古树名木及大树），并提出了旧城保护与复兴策略。

2008 年，北京市委、市政府确定了旧城区"修缮、改善、疏散"的工作思路，2010 年 6 月，国务院正式批复了北京市政府关于调整首都功能核心区行政区划的请示，设立新的北京市东城区和西城区。2010 年 10 月，成立了北京历史文化名城保护委员会。以旧城整体保护为核心的文化名城建设取得新进展，旧城职能逐步疏解，环境和基础设施明显改善。

古都历史文化遗产是北京核心竞争力的重要因素，是北京城市文化环境建设的根本，也是北京是未来发展的永恒主题。北京城市文化环境建设必须处理好历史文化保护与发展关系这一核心问题，继承优秀的城市文化传统。

3. 行业自主创新能力与首都文化创意产业建设

随着社会经济结构的深刻变革，北京市文化领域的发展也必将面临重大的转变。自 20 世纪 90 年代中期，北京市政府制定了《关于加快北京市文化发展的若干意见》以来，从只注重文化的社会效益到社会效益、经济效益并重，北京市的文化建设取得了很大的发展，尤其在文化产业方面形成了北京自身的发展特色。

北京市的文化产业发展空间分布分为三个圈层。一是旧城地区，以文化艺术、文化旅游、艺术品交易为主；二是中心城，以新闻媒体、广告会展、设计服务、出版发行、软件网络、文化艺术为主；三是远郊地区，以影视基地、出版印刷、文化旅游产业为主。

依据 2006 年北京市发展和改革委员会提供的数据，北京市文化产业已经涵盖了国家统计局《文化及相关产业分类》所指的 9 个大类的全部内容，形成了门类齐全、多元发展的行业形态。初步形成了文艺演出、新闻出版、广播影视、文化会展：新城城市文化环境建设研究文化创意产业聚集区对全市文化创意产业的发展起到了积极的引导、促进和示范作用。由于文化资源的优势和良好的社会经济发展状况，朝阳和海淀区成为北京市文化创意企业聚集的重点地区，艺术类、设计类、媒体类产业聚集度都较高。此外，依据零点公司的调研，文化创意企业在西城区和丰台区的聚集程度也比较高。

文化产业的蓬勃发展在带给人们精神愉悦的同时也产生了极大的经济效益，提供了大量的就业岗位，带动了文化产业集聚区的经济发展。实践证明，文化建设的产业化运作模式是提升文化建设内涵的有效手段，也只有实现文化建设在经济效益、社会效益的有机结合，才能实现产业对于文化建设的助推作用，才能实现二者的双赢与共生。

4. 行业发展与文化承载空间建设

当前，北京市的城市建设进入新的历史时期，建设中国特色世界城市为北京的发展谋划了更为美好的蓝图，同时也提出了更高要求。经过几代人的不懈努力，北京的城市建设取得了为世人瞩目的巨大成绩，但我们也应看到，伴随着高楼拔地而起的是城市特色的消退，伴随着滚滚车流的是城市环境品质下降，伴随着快速城市节奏的是人们对文化本源的迷失，伴随着丰富的物质文化生活的是人们心理层面的精神缺失。

就城市规划而言，造成上述问题的根源是多方面的，城市形象特色不足，城市公共空间不足，城市管理措施不到位，等等。从未来北京市城市空间发展的战略选择来看，核心还是要改变现有中心城功能过度集聚的问题。一方面，中心城城市功能过度集聚使得中心城设施、市政、交通、环境的承载能力过度饱和，中心城的各种城市活动已在超负荷运转，而中心城强大的文化吸引力正是北京中心城人口不断聚集的重要原因之一。另一方面，能够有效疏解中心城压力的城市多中心的新城反磁力体系尚未形成，中心城的城市功能、人口压力无法得到有效疏解。目前北京新城还主要着重于功能的聚集，文化设施建设、文化产业的发展明显不足。近几年，新城的人口增长呈现上升的趋势，但新城文化环境的建设还是处于起步阶段。新城反磁力体系的形成不仅仅需要合理的城市功能布局、完善的基础设施体系，更需要丰富的文化环境作为支撑，形成新城居民的心理认同和文化归属感，这样才能打造真正能够疏解中心古玩艺术品交易等优势行业，文化市场的规模位居全国前列。这些重点行业的市场份额在全国已经具有了重要地位，其中影视、图书出版与发行、表演艺术和古玩艺术已经形成聚散全国同类文化产品的中心市场。北京有数量众多的出版机构，全国 568 家出版社中的 238 家集中在北京；全国年出版图书 17 万种，北京地区就出版近 8 万种；报刊种数占全国 35%，广告和传媒产业占全国 34%，古玩艺术品交易和拍卖业成交额占全国的 80%，电影和音像业占全国的 60%，电视剧出品集数占全国 54.5%，会展数量占全国 54%。

北京市的一批特色文化创意产业聚集区正在逐步形成。2006 年和 2008 年全市分两批挂牌成立了 21 个市级文化创意产业集聚区，汇集文化创意法人单位 5042 个，占全市文化创意法人单位总数的 9.2%。此外，集聚区还聚集了文化创意个体经营户 4203 个；集聚区内文化创意从业人员 9.9 万人，占全市文化创意从业人员的 9.2%；实现营业收入 615 亿元，占全市文化创意产业收入的 11%。[1]

北京在制定新城规划中明确提出，各类设施的建设指标和标准都要高于中心城，其中文化设施是其中重要的一项，表明新城发展之初城市文化环境建设就已经引起了重视。随着北京建设城市的不断推进，新城吸纳产业与人口的功能越来越强，北京的文化空间必然将从

---

[1]　中国社会科学院文化研究中心：《北京文化产业发展现状研究》，2005 第 5 章北京行动：新城城市文化环境建设研究城市功能与人口压力的新城反磁力体系，形成健康、有效、可持续新型城市空间体系。

中心城向更广阔的范围扩展。新城迎来了北京文化空间扩展的历史发展机遇，同时也将会因文化底蕴不足、文化资源缺乏、文化产业动力不足等因素面临前所未有的巨大挑战。

二 设计文化品牌打造对城市规划建设的影响

1. 有利于减少城市规划设计的盲目性

对于首都城市任何一个规划建设，都应当尽量减少盲目的个人的偏爱与个性。城市规划建设一定程度上具备不可逆性。城市规划设计的盲目性导致规划脱离实际，仅限于某些理想模式的探讨，没有务实，导致生态环境的严重污染和城市资源的大量浪费。打造城市设计品牌，将引导城市规划理念的转变，转变到真正以城市需求、市民文化性格为本的原点，促进城市空间、人际、生态的有机联系。

2. 有利于历史文化古城的保护与发展

历史遗存的建筑、街道及文物，能使人们对城市理解得更丰富，更深刻。北京，以保存文物极为丰富、古代都城风貌较完整和非物质文化遗产众多等特征，由国务院核定公布为国家级历史文化名城。北京市域内分布着数量众多、类型丰富，由人类生活史和城市发展史交织融会成的历史遗产。

随着首都现代化建设步伐的加快，妥善处理历史文化名城保护与城市现代化建设的关系，对北京的城市发展十分重要。有针对性地选择旧城内最具历史、艺术价值的历史文化遗产优先实施保护、整治计划，发掘丰厚的历史文化内涵，展示鲜明的城市特征，实现"人文北京"的目标，是"十二五"时期历史文化名城保护需要完成的重要任务。

3. 有利于城市旅游业的发展

随着社会经济的发展和人民生活的提高，旅游已成为当今社会的一大时尚，城市独特的设计文化特色是旅游的关键和重要动因。因此，一个城市的设计特色创造与城市的旅游业是息息相关的。传统城

市文化的有效保护与传承，城市特色的有效挖掘，将极大地提升城市
旅游吸引力，显著提高旅游综合效益，进而促进和带动整个城市经济
的发展。北京市拥有丰富的自然资源和深厚的历史文化资源，城市设
计品牌将更具内涵与魅力，将更好地突出城市旅游的服务功能。

4. 有利于增强城市的知名度传播

城市的建筑设计是城市的名片，尤其是标志性的城市建筑，不仅
仅是城市历史文化的积淀，也是城市固有个性风貌的体现，更是城市
知名度传播的重要载体。历史遗存的和现代的城市标志性建筑及名寺
古刹等，都在向人们讲述着这个城市的故事。北京的天安门、巴黎的
埃菲尔铁塔、埃及的金字塔、悉尼的歌剧院、美国的自由女神像，都
延续和发展了城市特色，代表着一个城市的符号，更是一种城市印
象。因此，城市文化品牌是对城市文化载体、城市文化符号以及城市
文化特征的几种展示，是获得城市文化认同的最有效的宣传名片。

5. 有利于城市的可持续发展

城市文化品牌的建设在直接拉动旅游业与服务业发展的同时，对
于城市文化生态环境的建设也起到十分重要的引导作用。城市设计文
化作为最显性的文化力，极易得到城市居民更加深刻的文化认同感，
从而增加人们的文化凝聚力与责任心，从而有效地完善健全城市文化
生态环境，在增加城市变现力的同时，推动城市的可持续发展。

参考文献

马文·哈里斯：《文化、人、自然——普通人类学导引》，顾建光、高云霞
译，浙江人民出版社，1992。

B·马林诺斯基（Bronislaw Mallnowski）：《科学的文化理论》，黄剑波译，
中央民族大学出版社，1999。

李百浩、郭建：《中国近代城市规划与文化》，湖北教育出版社，2008。

芒福德：《城市发展史——起源，演变和前景》，倪文彦、宋俊岭译，中国

建筑工业出版，1989。

张鸿雁：《城市文化资本论》（第2版），东南大学出版社，2010。

北京市地方志编纂委员会：《北京志——城乡规划卷：建筑工程设计志》，北京出版社，2007。

刘欣葵：《首都体制下的北京规划建设管理》，中国建筑工业出版社，2009。

沈玉麟：《外国城市建设史》，中国建筑工业出版社，1989。

高占祥：《文化力》，北京大学出版社，2007。

刘易斯·芒福德：《城市文化》，中国建筑工业出版社，2009。

汪德华：《中国古代城市规划文化思想》，中国城市出版社，1997。

李百浩：《中西近代城市规划比较综述》，《城市规划汇刊》2000年第1期。

东京都厅生活文化局国际部外事课：《第三次东京都长期规划》，东京都丛书，1991。

潘海啸：《大都市地区快速交通和城镇发展——国际经验和上海的研究》，同济大学出版社，2002。

刘望保、郑伯红：《国外城市规划的经验及对我国大城市规划的借鉴意义》，《现代城市研究》2004年第1期。

张晓军、万旭东、邢海峰：《国外城市规划指标的特点及启示——以美、英、法、德、日等国规划案例为例》，《城市发展研究》2008年第4期。

张景秋：《北京的文化包容性与世界城市建设》，《北京规划建设》2010年第5期。

章光日：《大城市地区规划建设的国际比较研究——北京与纽约、洛杉矶》，《北京规划建设》2009年第4期。

章光日：《大城市地区规划建设的国际比较研究——北京与伦敦、东京》，《北京规划建设》2009年第2期。

第六章　设计服务业管理创新

—— 勘察设计服务业行业诚信体系建设

第一节　市场与行业自律

根据国家关于"加快信用体系建设"的要求和住建部关于"加快推行建筑市场信用体系建设工作"的意见，北京市设计产业与测绘管理办公室作为全市行业主管部门，为进一步规范设计产业与测绘市场秩序，健全设计产业与测绘市场诚信体系，加强市场各方主体的动态监管，营造诚实守信的市场环境，加快建立系统、完整的信用体系建设，推进设计行业从业人员的信用档案，展开信用等级评价，通过资质管理、市场准入、招标投标、设计保险、施工图审查、评优表彰等工作环节和渠道，依法进行奖惩。充分发挥诚信体系建设对设计行业发展的促进作用，是提高行业软实力的重要指标。

当前的城市规划和工程勘察设计产业市场，机遇与挑战并存。机遇来自首都经济转型的进一步发展建设，而挑战来自国内外市场的竞争和对不适应市场经济体制的运行与管理机制改革的迫切要求。改革开放以来，设计产业与测绘行业发展迅猛，但仍存在扰乱市场秩序的问题，阻碍了行业健康有序发展。设计产业企业作为市场主体，其基本职责和义务是守法诚信，这是建立良好市场秩序的基础。强化企业守法诚信的社会责任和建立良好的市场秩序的基础作用，营建开放健康、诚实守信、行为规范、竞争有序的市场环境，激发和增强市场主体活力，促进行业发展上新水平，为推动北京向世界城市发展做出更大的贡献。

因此，创建公平的市场诚信评估体系是培育、完善社会主义市场经济的核心问题，更是设计产业与测绘行业发挥工程建设的灵魂作用，更好地落实国家经济、技术、产业、节能、环保等政策，保障建设工程质量与安全，提高投资效益的关键。

一 行业市场诚信体系的市场环境

目前，北京市正处于开发建设的高峰期，落实科学发展观、建设世界城市以及继续深化市场体制改革对北京设计产业与测绘行业的市场监管工作提出更高要求。为贯彻国家关于"加快社会信用体系建设"的要求，提高北京市设计产业单位的诚信意识和知名度，增强行业企业单位的市场竞争综合能力，北京市设计产业与测绘管理办公室根据国家关于"加快信用体系建设"的要求和住建部关于"加快推行建筑市场信用体系建设工作"的意见，高度重视行业市场监管工作，尤其是北京市设计产业与测绘行业诚信评估指标体系建设工作。

因此，开展诚信体系建设是十分必要的。具体表现在：①是完善设计行业市场机制的需要，是市场经济运行的前提和基础，是市场经济健康发展的基本保障；②是加强政府调控与监管的需要；③是激励企业创新发展的需要；④是弥补法律刚性约束不足的需要；⑤是繁荣行业市场文化的需要。

二 市场发展与行业的诉求

改革开放以来，设计产业的发展与改革都是围绕着市场化而展开的，到"十一五"末设计产业市场有了很大的发展。在2011年编制的《北京市"十二五"时期设计产业发展规划》中，就对北京的设计产业市场特点做了分析，北京的设计产业市场环境的特点可以归纳为四点：一是基本形成了开放的、不设门槛的、比较健康有序的市场环境，设计产业法规基本覆盖了设计产业工作的全过程，技术标准和技术规范也较为完善。为依法执政提供了依据。但市场、资源、人才、技术和标准的竞争更加激烈，亟待通过进一步建立健全北京市地方法规体系和技术标准体系，规范竞争行为，强化市场监管；二是随着市场投资多元化和设计产业市场要素多元化的发展，市场仍然具有新旧体制并存的转型期的特点，体制改革的任务依然艰巨。面对和顺应上述多元化的格局，必须要注意从法规建设到市场监管，努力营造依法平等使用生产要素，公平参与竞争，同等受到法律保护的体制环境，进一步激发市场主体活力；三是"新北京，新奥运"战略构想的全面实现，标志着首都发展进入了新的历史阶段。"人文、科技、绿色"理念上升为城市发展战略，确立了建设中国特色世界城市的宏伟目标，要以更高的标准推动首都的建设和科学发展。要求行业的建筑师、设计师肩负起这一重大的历史责任，在人才资源，特别是高端人才的培养、吸引、聚集，以及创新水平的不断提高上需要付出更大的努力，打造"北京设计"品牌。同时增强对全国的辐射、带动和示范作用；四是政府对市场监督管理的手段、内容方法和力度，以及企业行业自律、诚信体系建设需要进一步加强。

行业市场特点指出了设计产业和国民经济其他部门一样，处在一个亟待健全和完善市场机制的转型期。

三 行业市场诚信现状及主要问题

随着我国建筑业的飞速发展，设计产业与测绘行业发展迅猛，并逐步由计划经济模式转变为按市场经济运行的现代化企业机制，大大提高了企业的自主权和竞争力。但是，由于行业市场监管的不到位，造成了市场主体行为不规范、行业信用缺失、经济效益低下等诸多问题，扰乱了市场秩序，阻碍了行业的健康有序发展。

设计产业与经济社会其他行业一样，诚信缺失问题依然相当突出，行业信用信息体系建设上还存在很大差距。由于市场监管中法律依据及法律体系方面还需进一步完善，法制建设和行业发展不匹配直接影响到监管的力度。一些企业提供的产品质量还不能满足民生和社会不断发展的需要，服务质量也有差距，有的企业市场行为不规范，申报资质弄虚作假，出卖资质或无证挂靠；在投标中恶意压价，扰乱市场秩序等现象也时有发生。个别执业注册人员缺乏社会责任感，"人证分离""挂靠注册"等违反职业道德的不规范现象也屡禁不止，在行业中造成极坏影响。

为进一步分析行业市场诚信体系发展现状与问题，聘请行业内的专家、企业的管理者进行座谈，还设计了调查问卷，对行业诚信现状与问题、行业自律的内容与机制、促进自律的相关政策等内容征求意见。在这次调研中，对设计师、企业的管理者共发放问卷 300 余份，收回问卷 230 份。受访者中具有中高级技术职称的超过 80%，有 6% 以上在从事设计工作。通过问卷调查，感受到行业对这个问题十分关注，对市场中存在的问题既不满也有些无奈，对行业协会促进自律十分期盼，而且也提出了很多很好的建议。现将问卷的结果汇总（见表 6 - 1）。

对于市场中诚信缺失的问题，问卷中最突出的不规范行为按照反映强烈的次序依次为：在投标中互相串通或陪标；出卖资质或无挂靠；知识产权得不到保护；注册师人证分离。即有市场行为的问题、有准入的规则问题、有知识产权问题、有设计人员道德修养问题。说明大家看得很清楚、很全面。

产生诚信缺失、道德滑坡的原因有很多，调研中大家分析，一是当前社会大环境处于市场经济建设还不完善的情况下，各行各业多不同程度地存在道德滑坡、诚信缺失的状况；二是市场准入制度有待改革，"重准入、轻清出"，准入标准的不公平，进入市场的社会成本越来越高，市场资源未能得到公平合理分配。对注册人员执业动态管理相对薄弱，道德教育缺失，缺乏信用监督，失信惩戒不力。诚信者未得到应有的褒奖，是一些执业人员缺乏社会责任感，违反职业道

表6-1　建筑设计行业自律调查问卷结果汇总

问卷内容	较多认识(比例)/重要性排序
您认为目前设计行业的诚信度	尚好(78.1%)
设计市场中最突出的不规范行为	①在投标中互相串通或陪标;②出卖资质或无挂靠;③知识产权得不到保护;④注册师人证分离
您认为提高行业自律的必要性	必要(69%)
认为当前诚信缺失、道德滑坡的原因主要是	①社会大环境;②设计师地位被边缘化、无话语权;③业主不规范
抓好行业诚信体系建设的关键依次是	①政府调控与监督;②建立企业和设计师信用信息公开系统;③依靠立法;④改进市场准入方式。
认为北京设计产业协会在行业中的作用和影响	一般(47.6%);能发挥作用(34%)
关于2008年、2010年根据中国设计产业协会关于工程勘察与岩土行业和建筑设计单位开展"诚信单位"评估工作	不知道(78%)
认为采用诚信评估方法的作用	会有所改善(50%);是个好办法(24%)
诚信评估的四要素:①遵守法规;②社会责任;③企业形象;④文化建设	认为全面(100%)
行业协会制定出符合法律、法规惩罚措施	支持者(62%);欢迎者(29%)
建立注册师个人协会	有必要(71%)。因为:有利建立交流平台(74%);反映诉求(38%);可以自律(13.7%)
行业"十二五"规划提出"精心、诚信、一流"的行业核心价值观	不知道(73%)
出台《北京市工程勘察设计产业自律行为规范》	认为有必要(66%)

德、缺乏诚信等不规范行为的重要原因;三是对业主无有效监管手段,勘察企业被边缘化、缺少话语权,现行的招投、标评标方式、方法亟待改进,投标社会成本大,暗箱操作、低价中标、围标等现象极大地冲击了招投标的公正性;四是法制建设不适应行业发展的需要,影响到监管的力度,致使"违规成本"低,客观上助长了不正之风。

而且行政监管手段落后，信息化程度不高，等等，这些问题在问卷中也都得到了反映，而且受访者就重要性排序为：社会大环境；设计师地位被边缘化、无话语权；业主不规范。

四 行业诚信评估体系建设的必要性与迫切性

1. 行业诚信体系的建设是建设市场信用体系的重要支撑

国务院要求把诚信建设摆在突出位置，大力推进政务诚信、商务诚信、社会诚信和司法公信建设，抓紧建立健全覆盖全社会的诚信系统，加大对失信行为的惩戒力度，在全社会广泛形成"守信光荣、失信可耻"的氛围。"十二五"期间，要以社会成员信用信息的记录、整合和应用为重点，建立健全覆盖全社会的诚信系统。这是推进行业诚信体系建设的社会环境的要求，也是当前我国国民经济发展大环境的要求。

需要指出的是，社会上对社会信用体系建设的提法各不一样，有的是讲社会诚信体系建设，有的是讲社会信用体系建设。在调查和研究的基础上，有这样一个认识：诚信是一个道德范畴；是自我要求怎么做的主观能动性的、自律性的道德范畴；而"信用"实际上是在诚信的基础上形成的客观的、外在的、他律性的规则，并逐步形成的制度范畴，实际上是一种经济关系。是经济活动中必须要遵循的一种准则，如果违反这种准则，应该受到经济惩罚，因此也是属于制度建设的内涵。

党的十六届三中全会明确指出，建立社会信用体系建设具有深刻的经济内涵，是现代市场经济制度中必不可少的一个方面，并指出："形成以道德为支撑、产权为基础、法律为保障的社会信用制度，是建设现代市场体系的必要条件，也是规范市场经济秩序的治本之策。"这是非常规范的讲法，不能一边搞诚信体系，一边搞信用体系，否则就会造成混乱。

诚信是市场经济运行的前提和基础，诚信是市场经济健康发展的基本保障。良好的社会信用是经济社会健康发展的前提，是完善市场机制的要素，是每个企业、事业单位和社会成员立足于社会的必要条件。诚信缺失、不讲信用不仅危害经济社会发展，破坏市场和社会秩序，而且损害市场公正，损害市场各方主体的利益，也是行业生存与发展的大敌。

2. 行业诚信体系的建设是提高企业的文化水平和职业道德水平的重要支撑

诚信既然是道德的范畴，那么道德指的是什么，仅仅认为弄虚作假、不讲信义就是不道德的，这是不够全面的。其实全面理解道德的含义十分必要。国际建筑师协会（UIA）关于道德和行为标准的政策推荐指出，建筑师对社会、对业主、对同业者、对合作者等应尽的各项义务时，都是用道德标准来表述。首先是行业人才队伍在职业生活中，应当遵循的具有职业特征的道德要求和行为准则，这就是职业道德。设计产业从业者职业道德的特点是具有高度的专业性、独立性、公正性和职业责任，要具备诚信的道德素质和职业能力的标准，向社会贡献自己的专门和独特的技能，即是一种社会责任要求所具备的各项素质。从这个意义上理解道德，就能把诚信体系建设的内容做到全面的、深刻的理解。因此，行业的诚信首先应该重视的就是行业队伍人员的道德素质和道德风范，行业诚信体系的建设水平将直接关系到整个行业从业人员的职业道德水平。

其次就是企业文化的建设，现在行业已经充分地认同文化对提高企业综合竞争力的作用。在问卷中设计了各单位对自己的企业文化的表述。可以看出，各个单位对本单位的企业文化的表述无不包含向客户提供一流服务和诚信、道德的内容。在行业"十二五"规划提升文化软实力的表述中，也提出以"精心、诚信、一流"的行业核心价值观打造"北京设计"品牌，这也正说明了企业文化的建设直接关系到诚信体系的建设，两者形成了一种互为支撑的正反馈关系。

3. 诚信体系建设是行业监督管理的重要保障

建设部制定的全国建筑市场信用体系建设五年（2003～2007年）规划中就提出，要面向市场，加强建筑市场各方主体的诚信管理，提高诚实守信的水平；运用市场机制，强化诚信管理的内部约束和利益激励机制，建立失信约束和惩罚机制；在法律的框架内，建立行政监管和社会监督的诚信监管保障和激励的机制，运用现代信息技术手段建立诚信评价发布体系。这段论述基本覆盖了诚信体系建设管理层面的主要内容。

行业自律是行业协会为社会经济服务的一项重要的基本职责，包括促进和监督行业内成员对国家法律、有关法规、政策的遵守和贯彻，以及按照制定的行规行约进行自我约束、自我管理两个方面的内容。因此，行业自律是实现行业自我规范、自我协调、自我监督和自我保护的一个行为机制。在问卷中有70%的人认为通过行业自律促进诚信建设很有必要。

企业诚信评估是行业自律建设的重要内容，推进"诚信为本、操守为重"的信誉建设；不仅有利于维护市场秩序，也有利于提高设计产业单位的诚信品牌与知名度，增强市场竞争的综合能力。建立行业诚信评估体系，也是行业对市场监督管理的基础性工作。诚信评估的开展是一项复杂的、政策性强的工作，从评估内容设计到评审程序、组织机构的设置都要认真研究，严格按照标准评定，保证评审工作的公平、公正，评估结果在行业公示也起到了宣传和诚信建设的带动作用。

总之，无论是政府的监控，还是行业协会的自律措施，诚信都不是通过法律法规来规范的。它是弥补法律刚性约束不足的需要，属于道德上的法庭，是完善设计产业市场机制的需要。诚信体系建设不仅仅是道德的诚信教育和自律，同时它应建立信用的制度规范，即并存而且能成为一种良性的互动，既有自律也要有他律，才能形成体系，而自律是支撑。

五 设计产业企业诚信评估工作的经验与探索

北京市设计产业与测绘行业在市规划委的领导下，行业在不断研究制定设计产业道德与行为规范，不断推进企业文化建设，为健全行业自律机制提供了理论与实践经验。

为了推动行业诚信建设，规范市场行为，维护市场秩序，发挥协会自律作用，协会自2000年就开始和北京市工商管理局共同开展了"重合同，守信誉"单位的评定。2008年、2009年根据中国设计产业协会关于工程勘察与岩土行业开展"诚信单位"评估工作的布署，开展了两批诚信单位的评估和对第一批"诚信单位"企业的复审。北京地区共有23家工程勘察单位申报诚信评估和复审，成为了全国"诚信单位"，即占全市工程勘察单位数量1/4强的单位通过了诚信评估。

2010年，协会又根据中国设计产业协会要求，对北京地区建筑设计单位开展诚信评估的工作，汲取了工程勘察单位诚信评估的经验，制定了《北京地区建筑设计单位诚信评估评分细则》和工作计划，成立了北京地区建筑设计行业诚信评估委员会、诚信评估专家工作委员会和诚信评估仲裁委员会等工作机构，100余家建筑设计单位参加了申报动员会。通过自查自评认为基本满足条件的单位提交了申报材料，有64家建筑设计单位通过了北京行业的诚信单位评估，由协会和规划委公布，成为北京工程建筑设计的诚信单位。其中有19家单位通过了中国设计产业协会的诚信评估。

评审过程由行业抽调专家，严格按照北京的地方标准和中国设计产业协会指定的标准评定，建设部市场司、执业注册管理中心、市规划委监察处、市勘管办、工商、税务等政府部门配合提供不良记录（见表6-2），由协会监事会参加成立仲裁，以保证评审工作的公平、公正，使评估得到顺利开展。

表 6 - 2　建筑设计行业有关的行政主管部门网站诚信信息渠道

行政主管部门	网站查询项目
北京市规划委员会	政府信息公开专栏、行政处罚、违法建设公示、设计产业管理公告、测绘公告
北京市住房和城乡建设委员会	政府信息公开专栏、业务动态、结果公示
北京市环境保护局	政府信息公开专栏与通知公告、行政处罚栏
北京市地方税务局	政府信息公开专栏、涉税公告之违法案件公告、欠税公告
北京市工商行政管理局	政府信息公开专栏、公告公示
北京市安全生产监督管理局	政府信息公开专栏、监察执法、安委会动态、特种作业
国家住房和城乡建设部	事故快报、质量安全、处罚决定书、处罚通报、公示公告

六　国内协会企业诚信评估比较研究

1. 评估开展的主要经验

一是无论设计产业各行业还是各地方省市，都认为在行业开展企业诚信评估工作很有必要。中国设计产业协会与地方协会相互配合开展设计产业企业的诚信评估工作，是推进行业诚信体系建设的重要抓手，符合中央的要求，符合整顿全国市场大局的要求，也符合住房城乡建设部加快建筑市场诚信体系建设的总体部署。

二是诚信评估工作对行业企业的发展能起到一定的引导作用。评估的开展既是企业在道德和信用的层面认真审视自己企业的文化建设和市场行为，是规划自身发展的一次重要契机，也是为企业市场社会信用水平的提高增加了自觉性。而对于市场来说，是整顿和规范市场秩序的治本措施。因此诚信评估工作确实对设计产业健康、持续、规范、稳定发展，起到了积极的推动作用。

三是诚信评估工作评出了一批企业为诚信单位，北京市认定和中国设计产业协会认定的诚信单位对行业产生了一定的影响，一些首批没有申请的单位开始考虑这个问题，已经评上的单位考虑怎样在复审中保持诚信单位的称号。因此，评估工作对促进规范设计产业市场健康发展，促进设计产业企业普遍的诚信、自律意识，营造诚信经营的氛围产生了积极作用，诚信评估工作在行业中的影响力也在不断地增大。

四是通过评估的实践，为行业开展评估工作取得了难能可贵的经验，从制定办法到组织落实，从动员到材料申报，从组织专家到公示、公布，评定全过程积累了经验。体会到哪些是难点，哪些是关键的环节，都将为今后诚信评估打下良好基础。

2. 评估过程中存在的问题

如何进一步提高诚信评估工作的公信度，提高行业争做诚信单位的积极性，从而达到促进行业诚信体系建设的目的。

一是诚信评估办法和评分细则有待进一步完善和修订。评估中关键的是各要素权值的确定，以及哪些条款可以一票否决。比如在技术法规方面规定："设计产业文件符合工程建设强制性标准得 10 分，不符合按情况扣 5 ~ 10 分，当年被行政主管部门通报者为不符合。"被行政主管部门通报者已谈不上诚信，应予一票否决。

有些条款在目前是难以做到的，比如市场法规方面有一条款是："不低于国家规定的最低收费标准或无提供回扣进行不正当竞争得 5 分，违反不得分。"而实际上在现阶段设计产业单位普遍处于弱势地位，在业主强势压价之下要做到无低于国家规定的最低收费标准几乎是不可能的。因此，这样的条款难于操作。

评分细则中某些评价指标与企业是否诚信关系不甚明显，如管理制度方面对管理体系认证的要求，对于没有开展工程总承包的建筑设计单位有质量管理体系认证已满足要求，环境、职业健康安全认证似无必要。获奖情况的分值高低，且获奖多少，获奖等级高低不能反映企业是否诚信。

二是企业信用记录平台有待健全。诚信评估过程中获取企业信用信息及市场表现的渠道不多，信息量不够，使有的项目评分细则中考核、扣分的条款无法有效地实施。比如在遵守法规方面，特别是不正当竞争情况（挂靠、压价等），是反映强烈、普遍存在的诚信问题，但却缺少各个企业信用记录的平台，无法准确地对每个企业进行有区别的评价。

三是配套的激励政策难以落实。现行评估办法中提出了有关获得诚信单位称号后的四个优惠条件，尽管这四项鼓励政策还有待推敲，还难以起到更有效的激励作用，但由于在实践中设计产业协会没有实施的能力，因此也无法兑现。所以，在推动诚信评估工作的同时，相应的配套激励政策和措施未能跟上，评上诚信单位与未评上诚信单位无明确区别，就对诚信评估工作的持续性和评估结果效用产生了不利影响。

四是申报企业数量偏少。由于评分细则涉及项目等门槛要求较高，不少中小企业由于有所顾虑缺乏信心而望而却步。此外，目前在社会经济活动中缺乏诚信的地方太多，因此企业对诚信建设的理念不强烈，还有一些单位因担心被命名为诚信单位后相关优惠条件不能落实，没有实际意义。有些行业如电力、冶金等设计产业单位因本行业已开展了诚信评估，没有再申报设计产业参加评估，也都影响了参评企业的数量。

五是关于诚信单位参评范围问题。现在设计产业企业由于改革发展步伐很快，且鼓励较大的设计产业单位一业为主、两头延伸，为工程建设提供全方位的服务，不少企业拥有多种资质，包括勘察、设计资质（还可分为建筑设计、专业设计、市政设计等）、工程咨询、施工图审查、工程监理，等等。诚信评估通过在岩土和建筑设计两个专业进行试点后，应总结经验，全面推开，不再按专业授予企业诚信单位称号。

现在开展的诚信评估针对工程勘察和建筑设计两个专业企业，分别制订了两套诚信评估办法和评分细则，基本内容虽然差别不大，但仍有一些差异，不能通用。如果能抓住设计产业企业诚信内容的共性问题。统一制定评估办法和评分细则，不仅可以避免过于繁琐，也有利于企业在统一标准下进行比较。

对相关行业与地区协会开展的诚信评估工作也进行了分析比对，设计产业的地方协会都按照中国设计产业协会的统一部署开展了企业的诚信评估，地方协会有的开展的是诚信评估，有的则直接开展了企业的信用评估。

——中国煤炭建设协会在 2005 年 9 月，煤炭设计产业即在全行业启动了信用体系建设工作。对诚信体系进行了深入研究，开展了"煤炭行业设计产业企业诚信体系研究"工作，为开展评价工作进行了理论探讨。

——中国建筑业协会是建筑市场信用体系建设工作试点单位，2008 年 5 月商务部办公厅、国资委将中国建筑业协会列为第二批行业信用评价试点单位。建筑业企业信用等级根据对企业综合评分分为 AAA、AA、A、B、C 三等五级。采取企业自愿申请、行业协会或有关单位推荐、专家评价的办法。对申请企业的考核期为 3 年，其中对建筑业企业不良行为的考核期为 4 年。

——中国电力规划设计协会于 2007 年正式启动全国电力勘测设计行业企业信用评价工作。

——地方省市进行评估的同时，有的还制定了地方评估的标准和自律的制度，如：浙江省出台了《浙江省设计产业单位信用建设标准》、《浙江省设计产业单位信用评价办法》和《浙江省设计产业单位信用评价评分细则》三个文件，并颁布了《浙江省设计产业自律公约》与之相配套。

开展诚信评估的协会，都是采取自愿申报，组织评审，发牌和证书，各方共同反映的问题是对获得荣誉的单位缺乏激励机制，在社会上诚信单位的影响力显现不突出，某些较为垄断的行业直接进行信用评价也是可行的。

第二节　行业诚信评估指标体系
构建原则与方法

当前设计产业与测绘行业诚信评估体系的建设工作主要分为四个

部分：第一，行业诚信评估指标体系构建；第二，企业诚信评估工作；第三，从业人员的职业道德建设；第四，行业单位企业文化建设，其中前两个部分主要由行业主管单位引导并主管，也是整个诚信评估体系中最核心的工作。

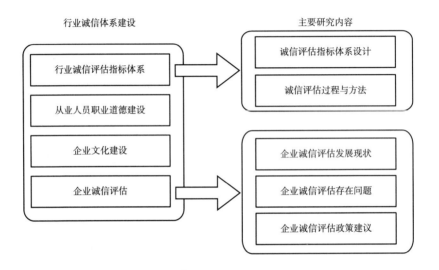

图 6 - 1 行业诚信体系建设研究框架

一 诚信评估指标体系的内涵

诚信评估指标体系是诚信评估机构（征信机构）对被评对象（企业或个人）的诚信状况进行客观公正的评价时所采取的评估要素、评估指标、评估方法、评估标准、评估指标权重和评估等级等项目的总称，这些项目形成一个完整的体系，就是诚信评估指标体系。

二 行业诚信评估体系建设的指导思想

开展诚信评估工作的指导思想是：全面落实科学发展观，坚持法治与德治相结合，加强思想道德建设，强化企业守法诚信的社会责任和建立良好的市场秩序的基础作用，逐步建立健全全行业的诚信体系，营建开放健康、诚实守信、行为规范、竞争有序的市场环境，激发和增强市场主体活力，促进行业发展上新水平，为推动设计产业又好又快、全面持续发展做出更大的贡献。

三 行业诚信评估体系建设的依据

一方面，市场经济既是法制经济，也是信用经济。北京市应借鉴国内外的先进经验，建立工程质量诚信体系，制定诚信体系评估指标，完善责任主体信用管理办法，明确信用记录记分标准，加强对建设工程勘察设计产业与测绘责任主体和有关机构的不良行为形式进行界定以及记录管理，提高各类市场主体的信用意识和信用水平，是市场经济条件下设计产业与测绘质量监督保证机制的重要内容，从而达到鼓励优胜、惩治违法，实现设计产业建设市场良性发展，提高工程质量水平。

另一方面，北京市设计产业应依据国家以及北京市的相关建设方针、法律、法规和工程建设的有关标准、规范，开展诚信评估指标体系构建工作。

（1）建设部 2002 年颁发了《建设工程质量责任主体和有关机构不良记录管理办法（试行）》。

（2）依据《全国设计产业从业公约》《全国设计产业职业道德准则》和中国设计产业协会制定的《全国工程勘察设计产业单位诚信评估办法》《全国工程勘察设计产业单位诚信评估评分细则》，根据中国设计产业协会颁布的《诚信宣言》，以及《北京地区建筑设计单位诚信评估评分细则》《北京工程勘察设计产业单位诚信评估评分细则》等。

（3）参考设计产业国内部分省市出台的相关信用体系的管理办法，如重庆市制定了《重庆市设计产业施工企业不良行为管理暂行办法》、湖北省出台了《湖北省设计产业水电建设监理、施工单位信用管理办法》、广州市出台了《广州市设计产业建设市场诚信行为管理办法》、浙江省出台了《浙江省设计产业单位信用建设标准》《浙江省设计产业单位信用评价办法》和《浙江省设计产业单位信用评价评分细则》三个文件等。

四 指标体系设计原则

综合性。综合性是指标体系设计的基本出发点。根据设计行业的基本特点,指标体系需要综合考虑企业的管理与运营状况、企业对于相关法律法规的遵守状况、从业人员的基本素质与专业素质以及企业的社会责任感等,以能够全面、客观、公正地对企业的诚信状况进行评定。

科学性。科学性是对指标体系的基本要求,也是该体系能够客观发挥作用的客观保证。为了保证体系的客观性和规范性,对于体系中指标的选取、层次的构成、评估标准的选取、评估技术方法的确定、评估等级的划分等各方面,都要进行科学化设计。例如,制定的评估标准,应当尽量进行量化处理,以确保评估结果的客观性等。

针对性。针对性主要是指针对行业现状,设计具备可操作性强的评估指标。指标诚信评估体系在某些行业已经得到了较为全面的发展,为设计行业的指标体系构建提供了借鉴性的思路。但鉴于勘查设计测绘行业的特点,评估体系有针对性地增加或调整评估的重点、指标及标准。例如,作为对专业技能有较高要求的行业,在人员的基本素质、企业的设备先进性以及行业法规的遵守方面,评估体系都应针对性地提出指标与评估标准。

层次性。层次鲜明的指标体系是评估技术方法的要求,也是体系可实施性的保证。通过对体系进行层次性的设计,可以使体系更加科学规范、明朗易懂,降低实际操作的难度。该体系拟分为目标层、要素层与指标层,三层结构的构建充分保证了体系的综合性、科学性以及可操作性。

公平性。建立公平公开的指标体系既是评估的基本原则,也是诚信体系实施的重要目的。一方面，对于公开的信息要具备公平性，即科学公平地选择评估条件和评估信息；另一方面，要求对进入市场的企业单位一视同仁、同等对待，要努力消除地区界限，不搞歧视性政策，使市场参与者都能平等参与到诚信评估体系中。

五　指标体系构建与框架设计

以诚信体系的相关理论为基础，根据设计行业特点与存在的问题，从基本素质、运营管理、遵守法规、社会责任四个方面建立诚信评估指标体系。其中，基本素质是企业诚信的基础条件，运营管理状况是企业诚信的保障，遵守法规是诚信必备条件，履行社会责任是诚信的重要表征。

1. 基本素质

企业基本素质的高低是其诚信的基础条件。就道德角度而言，较高素质的企业能够更加自发地遵守诚信的道德标准；就专业技术角度而言，较高素质的企业使其更有资本与条件减少不诚信行为的发生；同时，高素质的企业更加注重企业形象，能够较好地承担和履行社会责任。从领导素质、员工素质以及企业竞争力三个方面分别考察企业基本素质。

领导素质。领导主要是指总经理、总工程师等，领导在行业内承担组织管理、技术指导以及战略决策等职能，故而需要综合考虑其道德水平、专业技能以及组织管理能力。选取领导诚信品德、专业学历水平、工作年限、组织管理能力作为领导素质的衡量指标。为了更加客观地反映诚信水平，指标的判定标准进行了量化表达。领导诚信品德主要通过领导在先进工作者、劳动模范等荣誉称号方面的获奖情况进行判定；专业学历水平通过领导的学历及专业进行判定，工作年限是反映领导工作经验的有力依据，分别以 15 年、10 年划等进行判定。

员工素质。员工是企业诚信行为的主要践行者。除道德素质、文化水平、技术水平外，体系同时设置了员工培养作为诚信衡量指标，以期能够提高行业内企业自身培养高端人才的积极性。在指标的量化方面，为综合考察员工的整体水平，员工的道德素质以其获奖情况加以衡量；文化水平以具有本科以上学历的员工数占总员工数的比例作为衡量标准；技术水平以具有专业技术支撑的员工数占总体员工数比重进行衡量；员工培养以一个评估周期内企业培养员工出国进修或辅助员工提升学历考取资质的具体情况加以衡量。

企业竞争能力。诚信作为一种生产力，主要体现在可以使企业提高效率、降低生产成本、摆脱诉讼、提高竞争力等方面。企业竞争力是提升其诚信水平的重要能力，可作为衡量诚信水平的要素之一。以企业资质、企业规模、企业工程业绩、企业技术设备先进性、企业获奖、企业发展规划等六项指标综合考察企业竞争力。企业资质决定了企业承揽工程的范围与竞争实力，根据《北京市规划委员会关于公布设计产业与测绘资质行政许可公示制度（试行）的通知》（市规委〔2007〕1574号），可以通过企业的资质等级判定诚信水平；一般而言，企业规模越大，竞争力越强，发展前景越好，诚信状况越好，故而可以通过考察企业员工数与行业平均员工数的对比关系衡量企业诚信水平；企业承担重大工程项目的状况可以有力地反映企业的竞争力，可以通过考察评估周期内企业承担超过一定金额以上项目占总项目比重的指标来判定；一个企业技术设备越先进，工程质量保障性强，竞争力越强，故而可以对企业拥有的先进技术设备进行考察，以判定企业诚信水平；科技进步奖、优秀设计、勘察、标准、软件奖或优秀企业等行业专项奖的获奖情况可以反映企业的创新能力，因此可以作为衡量其诚信水平的指标；合理的企业发展规划与战略定位，对于提高企业竞争力有积极的促进作用，因此可以通过专家对企业发展规划材料的审查为诚信评估提供依据。

2. 运营管理

良好的运营管理状况是企业诚信的保障，也是构建诚信评估体系不可或缺的要素之一。分别从管理能力和运营状况切入，对企业的诚信水平加以考察。

管理能力。企业的管理能力体现在组织管理机构、管理制度、质量管理和安全管理四个方面。组织机构的完善直接决定了企业的管理水平和效率；健全的管理制度是高效管理的保障，可通过环境、健康安全、质量管理体系的认可证件加以考察；质量管理能力体现为企业的工程质量优良品率；安全管理能力反映企业的安全质量事故情况，可通过评估周期内实际安全质量事故发生情况以及建设行政主管部门开展的设计质量检查结果加以考察。

运营状况。良好的运营状况、资金信用和经济效应是衡量企业诚信水平的重要因素。体系拟从营业收入、资本收益、资产负债及工程运行四个方面对企业进行考察。通过分别对评估周期内企业的营业收入增长率、资本收益率、资产负债率以及年度工程竣工率来衡量企业的运营状况。

3. 遵守法规

遵守法规是诚信必备条件，也是对企业诚信经营的基本要求。根据设计行业的基本特点，业内的企业必须遵守行业法规、市场法规以及技术法规。该评估体系从三方面分别对企业进行考察。

行业法规。行业法规从建设程序与承揽业务的情况两方面展开，分别通过企业是否严格执行建设工程勘察设计产业程序以及是否超越资质或以其他单位名义承揽业务进行量化考察，以此对企业的诚信水平做出评估。

市场法规。市场法规从企业的职业资格、收费标准与合同履约情况对企业进行考察。职业资格方面，重点考察企业执业注册人员有无出卖执业资格证书，执业印章和职称证书，为其他单位设计产业项目签字、盖章、挂靠等行为；收费标准则考察企业有无低于国家规定的最低收费标准或提供回扣进行不正当竞争行为，是否依法纳税；合同履约情况则是通过企业依法签订合同的合同履约率对企业进行评估。

技术法规。技术法规重在考察企业是否遵守行业工程技术标准。通过查验企业的设计产业文件是否符合工程建设强制性标准对企业进行评估。

4. 社会责任

履行企业的社会责任是企业诚信水平的重要表征，是企业诚信水平的重要佐证。体系拟以节能环保、客户满意度、劳动保障、公益事业及诚信形象等五个方面作为企业社会责任的判定指标。

节能环保。节能环保是建设资源节约型社会的基本要求，自觉按照国家相关法规政策规范企业行为是社会责任的重要体现。通过检测企业在各个工作环节中是否达到国家环保和节能的相关要求，可以对企业加以评估。

客户满意。客户满意度可以集中反映企业的服务质量与信誉状况，故而可以通过客户对企业的信誉满意度反馈情况及发生纠纷的责任落实情况对企业进行评估。

劳动保障。劳动保障体现了企业对于其员工福利的责任感，通过对企业是否按规定缴交社保、医疗等费用，是否保障员工福利等情况的考察，可以评估企业对员工的劳动保障状况。

公益事业。积极参与公益事业是企业社会责任感的直接体现，根据企业参与和支持社会公益事业的业绩对企业进行评估，可以有效反映出企业的社会责任水平。

诚信形象。诚信形象主要通过各级政府及相关机构授予企业的荣誉进行评估，以客观公正、公平有力地证实企业的诚信水平，也对企业提高诚信水平、积极争取精神文明荣誉起到促进和推动作用。

5. 行业诚信评估的技术路线

（1）信息的采集

信息采集是建立诚信评估体系的基础。信息采集的指导思想为：准确、全面、快捷、公平。信息采集和管理系统主要包括信息收集、信息加工和信息输出三部分。信息收集工作是按照诚信评价体系中评价标准的要求，选取实际过程中的数据，为诚信评估准备原始资料。考虑到诚信体系的特殊性，信息加工主要负责将原始信息分类为定性与定量所需信息，有利于分别进行处理。最终开发出计算机程序对信息进行加工输出。

信息采集的方法主要分为四种：网络收集、现场考察、调查收集以及座谈讨论。而信息采集的渠道主要包括企业经营活动提供、有关部门和机构提供、市场反馈等。

（2）评估路径

诚信信息采集后经过初步的汇总，将所有信息按照行业诚信评估体系要求进行数据分类、存储和相应的数据分析，形成基本数据，作为诚信等级评估的基本依据。

具体的诚信等级评估方法为标准等级评估，分为三个过程。

①指标权重确定：层次分析法、专家打分法。考虑到上述指标设计定性分析与定量分析相结合的特点，许多指标只能定性地比较出相互间的重要性，并且评价指标应具有可比性，因此我们采用层次分析法进行诚信评估的指标权重的确定。

层次分析法的主要思想是把复杂系统中的各种因素，通过划分为相互联系的有序层次，使之条理化，根据一定客观现实的判断，就每一层次的相对重要性给予定量表示，利用数学方法确定每一层次各元素相对重要性的权重。这种方法主要针对一些较为复杂、较为模糊的问题做出决策的简易方法，它特别适用于那些难以完全定量分析的问题。

层次分析法是将评价目标分为若干层次和若干指标，依照不同权重进行综合评价的方法。根据分析系统中各因素之间的关系，确定层次结构，建立目标树图→建立两两比较的判断矩阵→确定相对权重→计算子目标权重→检验权重的一致性→计算各指标的组合权重→计算综合指数和排序。

该法通过建立目标树，可计算出合理的组合权重，最终得出综合指数，使评价直观可靠。采用 Satty1 - 9 标度，针对不同情况的比较给出数量标度。该方法要求满足一致性要求，需要进行一致性检验，与其他标度相比具有良好的判断传递性和标度值的合理性；其所需判断信息简单、直观，做出的判断精确，有利于决策者在两两比较判断中提高准确性。

②指标的标准化处理。确定各个指标的权重之后，由专家打分确定各个指标下一级的具体表现评分（0～100 分）。将各指标的权重与相应的得分相乘求和，得出综合评价值即为各参评单位的最终诚信度量值。其中，可根据实际情况对指标进行适当的模糊化处理，另外，诚信体系中一票否决的事件，在权重设计和标准化处理中是需要特别关注的情况。

③计算评价结果，建立等级标识。各地方根据不同的标准要求，建立企业单位诚信等级标识。

（3）信息的发布

通畅科学的诚信信息发布和查询平台是建立、完备诚信体系的重要组成部分。而该系统应当具备诚信报告生成、诚信信息发布以及诚信信息查询三大功能。首先，该系统应向参评者和用户提供完善的诚信报告。报告采用统一的诚信报告标准文本，可以了解企业的基本信息，包括企业基本经营注册资料、经营行为和经营能力的一般信用状况，在某一专业领域的诚信状况以及主要经营者诚信经营情况等；其次，信息发布主要通过专有网站发布诚信单位名单、相关单位的违规行为以及政策法规的宣传条文。同时，与行业内网站、刊物以及有影响力的媒体实现互动，使诚信有价，以诚信为荣，特别是对重大的设计产业工程质量失信行为，在主要的大众媒体和行业媒体上做定期通报，并保持一定的滚动通报时间；最后，信息发布与查询系统还应具备实时网络功能，将诚信评估机构对建筑企业质量诚信评估信息可以低成本地查询，特别是可以通过互联网进行免费查询。

第三节　诚信评估工作机制

诚信评估工作政策性强，涉及行业内众多企业。做好了对诚信体系建设将起到积极作用，如果不处理正确也会产生负面的影响。

一　提高认识，加强对诚信建设的学习与宣传

推动行业诚信体系建设，推动诚信评估工作，首先就是要提高全行业对道德观念的重视，要在全国推动诚信与信用体系建设的大环境下，针对行业的特点进行学习和宣传。从这次诚信调查的问卷可以看到，人们对道德回归的期待，对现状的不满，但更多的是无奈。的确，技术问题可以通过培训来解决，而道德水平的提高只能靠长期的教化，靠个人的修养。靠企业文化建设，更要靠大环境的道德水平的普遍提高，才有可能促进思想认识的转化，去实现社会主义的核心价值观。具体讲有以下三个方面的工作。

一是从业人员的道德教育，特别是要加强对职业注册人员的学习教育，要在继续教育的内容增加道德规范和行业的法制教育，而且要常抓不懈。使遵纪守法成为自觉行为，就不会出现类似人证分离等现象变成罚不责众的现象。

二是推动企业文化建设，其作用在前面已有论述，这里不再重复。

三是要对诚信评估的结果，通过各种信息渠道在业内在社会上大力宣传，形成以诚信单位为荣的市场环境氛围，提高评估的作用，促进参评的积极性，从而提高诚信价值功效。调查问卷反映出70%的受访者不知道有诚信评估这件事，业内都如此，体现出宣传工作的缺乏。

二　健全完善北京市设计产业诚信评估的组织机制

1. 明确组织领导，健全协会自律机制

总的思路是从政府和协会两个层面都为加强组织领导创造了良好

条件。明确这项工作由属地城市建设与城市科技信息部门推动,行业协会具体组织实施,协会名义颁布评估产生的诚信单位。

从问卷可以反映出,大家对政府监管的期望值最高。为加强政府监督,市规划委设计产业与测绘管理办公室规划在"十二五"期间将不断加强信息化管理,提高技术手段,通过信息化手段,将各种制度、各项工作、各个环节串起来,实现精细化管理,提高行政效率和监管水平,为推动诚信评估工作发挥积极作用。

同时,北京工程勘察设计产业行业协会也要不断加强协会的自身建设,进一步合理调整机构设置,强化协会在行业中的地位,加强与政府的沟通和服务,提高对会员单位的凝聚力,为行业提供服务、反应诉求、规范行为做好多方面的工作。为发挥协会作用,推进行业诚信体系建设创造良好的条件。

2. 健全评估工作机构,完善评估工作制度

评估工作机构关系到评估工作的具体运转,应为协会的常设机构,把评估监督检查复评作为日常工作来抓。人员不一定多,但要有专职人员负责,这个机构要有秘书组、专家组、企业代表组、用户代表组构成,同时还应有接受和处理投诉的工作机构。各机构要建立工作制度,包括例会制等。

在原有北京设计产业的企业评估办法与细则基础上,征求行业与社会意见,吸收调研成果,修改完善再行颁布,使这项工作有章可循,使工作程序更加规范,评定工作更加科学、公正。

三 建立设计行业诚信评估综合信息平台

1. 建立企业诚信信息采集与管理系统

按照行业发展规划确定的要完成全市监管的信息系统的升级,建立"企业、人员、项目"三库合一的动态监管体系,建设和完善"北京市设计公共服务平台",随信息技术的不断发展,为诚信评估提供更加广泛、准确、动态的信息。

这里应特别注意的是，按照《中华人民共和国注册建筑师条例实施细则》的要求，管理部门要建立注册建筑师信用档案。并且注册建筑师及其聘用单位应当按照要求，向注册机关提供真实、准确、完整的注册建筑师信用档案信息。注册建筑师信用档案应当包括注册建筑师的基本情况、业绩、良好行为、不良行为等内容。违法违规行为、被投诉举报处理、行政处罚等情况应当作为注册建筑师的不良行为。注册建筑师信用档案信息按照有关规定向社会公示。这项工作现已在北京市启动。它将有效推动执业注册人员职业道德的建设。

2. 完善行业诚信评估专家系统和行业与社会监督体系

在现有的诚信评估专家人员的基础上，建立起专家库，也是开展评估的重要支撑。为了进一步扩大视野，还应建立起社会上的包括业主、施工、监理、设备建材等相关方面的信用信息收集和监督的体系，聘请一些监督员回京，进一步提高评定工作的公信力。

3. 建立行业诚信单位信息发布与查询系统

为了加强对评估工作的宣传，特别是要将评定产生的诚信企业推向社会，要积极研究建立起有效的信息发布机制，行业内有网站和刊物，还要与有影响的媒体和相关网站实现互动，以诚信有价，以诚信为荣。诚信单位信息发布与查询系统还将为今后信用信息系统建设提供信息。

四 制定设计行业诚信建设的激励机制

1. 制定与企业诚信评估挂钩的市场准入政策

一是简化诚信单位在市场准入行政管理中的各项手续，包括每年北京市更换设计文件报审章，以及积极和兄弟省市研究如何使评定出的诚信单位对等简化准入手续等；二是在招投标中，对诚信单位在入围中予以优先考虑，在同等条件的投标单位中享有优先权。从而使诚信单位确实感到政策的激励，这将促进全行业争创诚信企业的积极性。

2. 行业协会制定行规、行约和奖惩制度

协会制定行规行约是行业进行自我约束、自我规范的有效手段，在问卷中对"行业协会制定出符合法律、法规惩罚措施"的回答，支持者占 62%，欢迎者占 29%。可以说，对此行业是认可的。近期协会正在积极研究出台有北京特点的，简短、易记、实用的自律公约。同时制定纪律检查办法，对违反道德的行为采取通报批评、直至开除会籍等，对失信行为予以惩戒。逐步提高协会组织的自律能力。

诚信建设是行业发展的生命线。推进设计产业与测绘行业诚信评估指标体系的研究与建设意义重大。为了加强设计产业与测绘行业诚信体系建设，迫切需要做的工作主要有以下三项。

一是要加快整合信息资源，建立统一诚信信息平台并实现信息公开。向社会公开企业和人员的基本信息，保障广大人民群众的知情权和监督权，督促企业和人员自觉规范自身行为，公开曝光违法违规行为，使其"一处违法，处处受制"。

二是加快企业、注册人员和工程项目三大基础数据库建设。制定相应的实施计划，健全和完善设计产业与测绘市场监管信息系统基础数据库，实现与中央基础数据库的对接，实现互联互通。充分利用信息手段加大市场动态监管。

三是完善相关政策，使诚信体系与担保制度相结合，通过发挥信用规范和经济制约的合力，促使有实力的企业适度规模经营，仍不具备实力的企业因无力提交担保，自动退出市场，让违法违规企业付出信用和经济的双重成本，建立"优胜劣汰"的市场机制，为行业发展创造良好的竞争环境。

参考文献

Abramowitz，A. J. *Speak out*：*a lawyer finds that architects*，*in their intense pursuit often ethics*, *often deny themselves a pragmatic practice*，Architectural Record，1998，11：7 – 24．

Pressman，A．，Professional Practice 101，*A Compendium of Business and Management Strategies in Architecture*，John Wiley and Sons，USA. 1997：105 –118．

Fryer，B. G．，*The Practice of Construction Management*，Blackwell Science：Oxford. 1997：34 – 37．

孟凡荣：《我国建筑业信用体系建设与探讨》，《山西建筑》2005 年第 1 期。

李崔云：《建筑工程质量诚信评估体系研究》，华中科技大学，2007。

李京玲、周崇潜：《浅谈监理行业诚信评估体系的建立》，《建设监理》2008 年第 1 期。

刘伟：《工程造价咨询企业诚信评估研究》，西安建筑科技大学，2007。

《建设部加强建筑市场诚信体系建设》，《建设科技》2007。

赵静：《数学建模与数学实验》，高等教育出版社，2000。

杨南桔：《建筑施工企业信用评价体系的构建研究》，西安科技大学，2010。

李京玲、阳芳：《浅谈监理行业诚信评价信息的采集》，《建设监理》2008 年第 6 期。

郭汝岭：《构建建筑业诚信体系》，《建筑科学》2009 年第 11 期。

第七章　设计服务业产业发展模式创新

——建筑设计事务所企业形式可持续发展研究

第一节　建筑设计的机会、市场与发展

近年来，在我国市场经济体制不断完善以及加入 WTO 等外力的推动下，建筑设计行业已逐渐步入了一个经济全球化的时代。在这一大背景下，传统的国有设计院的生产经营模式与市场不相适应的矛盾，已表现得日益突出。建筑设计机构的多元化与专业化是适应和满足信息化社会中市场需求的多样性的必然选择。发展建筑事务所是大势所趋，是与国际惯例接轨的必经之路。

事务所是一个新的产业形态，它在中国发展的时间并不长。从1999 年 4 月，上海颁布了《建筑专业专项设计资质标准（试行）》，在全国率先推行建设工程勘察设计专项事务所。根据中国设计产业协会建筑设计分会编制的《中国建筑设计行业年度发展研究报告（2010 ~ 2011）》数据统计，2010 年全国共有专业建筑设计事务所126 家。设计事务所以其精品意识，灵活高效的生产经营方式，重视新技术新成果的运用，高度的市场服务理念等得到了市场的认可，队伍逐渐发展壮大。但由于发展时间过短，比起国外成熟的建筑设计事务所来说，我国的专业建筑设计事务所的发展还落后了很多，如，体制不够完善、专业分工不够精细、专业技术上尚存差距、企业管理以及外部市场环境都亟须完善。并且，由于我国市场经济体系的不完善等原因，设计事务所在发展过程中也面临若干问题：政策尚不配套、

体制限制较大、市场环境不够理想、中层管理人才缺乏等。我国设计
事务所在体制发生、发展的十几年时间里，经历了建筑市场逐渐规
范、相关配套政策的完善、国际化生产经营体制的本土化运作、事务
所形式和规模不断成熟等一系列过程，具有与西方建筑事务所体制不
同的特点。

随着中国加入 WTO，建筑事务所行业的竞争形成了多元化的格
局：国外设计事务所涌入国内的步伐日益加快，对国内设计市场形成
了强烈的冲击。它们凭着先进丰富的设计经验和先进的管理模式，占
领了国内高端设计市场的大部分份额，并吸引了一大批优秀的建筑事
务所人才，进一步挤压了国内建筑事务所的发展空间。

因此，设计市场的竞争会随着国外建筑事务所的进一步涌入而变
得更加激烈。中国建筑师以及中国的建筑事务所该如何应对新的竞争
形势是应该认真思考和解决的问题。

一　建筑事务所的现状

当代中国建筑事务所开始于 20 世纪 90 年，后在上海、深圳、广
州等三个重点城市的试点，是国家关于改革体制，实现现代企业制
度，加强竞争、繁荣创作的前提下展开的。

当时的人们对建筑事务所的看法可谓谈虎色变，有观点如此认
为："建筑事务所对国家、集体所有制的设计院有冲击，对国家没有
什么好处，只是先富了个人，不能允许其存在，口子开不得。"如深
圳市对于建筑事务所的管理办法有如下描述："在人员的组成上要尽
量避免给本地和外地的设计单位带来大的冲击。为此我们在管理办法
上明确规定：事务所的发起人必须是非公职人员；有特区常住户口；
有组织管理能力和经营活动能力、身体健康。为保证队伍的相对稳
定，减少对内地设计单位的冲击，要求事务所人员组成中，深圳户口
的要过半数。为防止私拉设计单位在职的工程技术人员从事第二职业
和业务设计，要求聘请的人员中一定要是非现职公职人员。"可以看

出政府在政策的制定上碰到了不少阻碍，整个政策尽管体现了充分的支持，但在很多规定上力图保护传统设计院的地位。尽管这样的政策对于稳定市场、平稳过渡起到了不可忽视的作用，但也客观造成了整体市场的不公平，直到现在，这种影响仍然存在。

从上述情况中可以看出，在中国尝试重新建立起建筑事务所的初期，有以下几方面的问题。

1. 传统设计院与专业建筑事务所共存

传统的大型设计院半国营的性质使其与政府保持着密切的联系。因为历史沿革，政府的政策无法拒绝大型设计院对于自身利益的要求。这使政策的制定尽管允许私人建筑事务所的成立，但加上了必要的前提，即保证大型设计院利益的前提。可以说，在中国现在的情况下，建筑事务所的业务性质被政府局限在传统设计院的补充上，这使建筑事务所失去了发展壮大的机会。在一定程度上也阻碍了小型建筑事务所通过合作取得大型项目的机会。

这种政策实际并没有取得好的效果，优秀的管理体制势必吸引优秀的人才。现实的情况是政府政策的愿景并没有达到，大量的在职公职建筑师在设计院以外的事务所挂名从事第二职业。"我国建筑行业实行的是个人执业资格与单位资质并行的管理体制，政府比较重视单位资质管理。由于单位资质条件与个人执业资格挂钩。在近期的建筑设计行业资质就位过程中，使得大批注册人员变更单位，新单位以优厚条件聘用，老单位又不愿意放人，造成一些单位与个人间的矛盾，同时加大注册管理难度"。可以看出，政府在发展建筑事务所和保护设计院的政策上初衷是为了保持市场的有序，但这样的政策并没有收到实效，反而成为了阻碍建筑事务所发展和传统设计院改革的重要因素。

2. 企业多种所有制的组织模式

目前，中国建筑事务所的企业形式还比较单一，现在业界比较认可的两种企业形式还没有适当地考虑对风险的管理，市场上比较著名的建筑事务所都是以两个方面的特征体现与传统设计院的区别。"以行业内名人领衔成立；采用合伙人制的企业形式（无限责任公司）"。

所谓合伙人制公司，一度是发达国家存在数量较多，发展最为稳健的设计公司形式。尽管在当前国内的经济条件下，合伙人制体现出它的优势，也确实是与国际设计机构接轨的企业形式。但是不可否认的是，这种无限责任公司的企业形式对建筑师是极大的挑战，一旦发生意外不仅会倾家荡产，还会连累所有的合伙人。

2007 年以后，政府出台相关政策，允许事务所从"无限责任"的合伙人制转变为"有限责任"制。这种改制对于建筑事务所的发展有一定程度上的促进作用，事务所对于风险的承担压力也相应削弱很多，但是从近几年的发展情况来看，建筑事务所仍旧在市场上处于较为弱势和边缘的地位，虽然当今建筑市场发展态势良好，市场机会非常多。但是从事务所的角度上还是较难获得，而在重大项目上的竞争相比大型国有设计研究院还是处于劣势。因此，建筑事务所的进一步发展仍需依靠政府的协调与引导。

咨询服务为方式的体制外建筑服务实体。体制外企业包含三种模式，包括建筑咨询公司、建筑顾问公司、建筑信息公司。

体制外的咨询服务主要从事建筑规划咨询、可研报告、工程勘察设计、招投标代理、工程代建、项目管理、工程监理、建筑节能、建筑新能源利用、建筑施工图审查以及商业地产咨询。咨询服务以专业、特色的工程咨询（建筑节能和绿色建筑、商业、地产投资运营咨询）为龙头，带动工程勘察设计、工程管理、产品贸易、资本运营一体化发展，在建筑领域提供全方位、全过程的高端服务。

建筑顾问公司也是近年来建筑市场新兴的产业实体。建筑顾问指一方聘请另一方担任临时或常年市场顾问，或委托另一方就建筑市场进行信息处理，远景预测等。建筑市场咨询，一般可分为两个层次：一是宏观决策咨询，包括指导市场策略、方案、论证等；二是微观服务咨询，包括有关市场的经济、技术、竞争、信息、管理。

建筑信息公司指从事运用已有的科学知识和最新的情报信息,对建筑工程项目建设全过程进行系统分析和综合服务,为建筑企业咨询服务的内容主要包括:确定施工方案、做好施工准备、编制施工进度计划并检查执行情况、投标报价、签订合同、结算工程款、控制工程成本等业务。

二 北京市建筑设计产业集群特征

1. 产业业态

(1) 设计产业单位情况

按单位数量统计。截至 2012 年 6 月,北京有勘察、设计、城市规划编制单位共 1142 家,其中,工程勘察设计单位(包括综合、行业、专业、专项资质)902 家;设计施工一体化单位 315 家;勘察单位 151 家(其中只具有勘察资质的单位 68 家);城市规划编制单位 89 家(其中,只具有城市规划编制资质的单位 23 家)。

按资质数量统计。由于上述单位有的一家具有多项资质,经统计,目前总共涉及资质 2177 项,其中,工程勘察设计资质(包括综合、行业、专业、专项资质)1579 项;设计施工一体化资质 351 项;勘察资质 158 项;城市规划编制资质 89 项。

(2) 从业人员和执业人员情况

从业人员情况。北京市设计产业聚集了一批优秀、高端人才,截至"十一五"末,全行业从业人员 16 万人。设计产业大师 121 名,占全国大师总数的 28%。

执业人员情况。执业人员方面,截至 2012 年 6 月,已实施注册的北京市建筑设计注册人员共 15648 人。其中,注册建筑师 4457 人(其中一级注册建筑师 4010);注册结构工程师 5262 人(其中一级注册结构师 5067);注册土木工程师(岩土)807 人;注册公用设备工程师 2153 人;注册电气工程师 1415 人;注册化工工程师 486 人;注册城市规划师 1068 人。

（3）北京工程勘察设计产业在全国的地位

北京设计产业企业具有较高的经营水平。北京设计产业企业数量在全国比重不足6%，从业人员约占全国的11.39%，却创造了占全行业约 1/4 的产值（25.92%），利润水平达到全国的 20% 以上（21.94%），拥有资产达到全国份额的 27.87%。北京设计产业人均产值在全国最高。

北京设计产业在全行业处于科技领先的地位。北京设计产业企业科技成果转让收入占全国的一半以上（51.83%），企业累计拥有专利和专有技术约占同行业总和的 30%（29.54%），企业科技成果转让收入在营业收入中的比例达到 5.21%，是全行业平均水平（2.61%）的近两倍（199.96%）。企业获得的国家级奖项，约占同年全行业同级别奖项的 19.78%。

北京设计产业工程总承包和境外业务开展较好。北京拥有的工程勘察设计综合资质企业数量在全国领先，工程承包收入在全行业的比例达到 29.05%，开展境外业务收入占全国的 20.74%。

（4）行业发展态势

产值和利税稳步增长。2011 年北京市设计产业全行业营业收入（31468464 万元）比 2010 年（24745089 万元）增长 27.17%，其中，工程勘察设计收入增长 21.51%，工程勘察收入增长 87.76%，工程承包收入增长 22.40%。2011 年北京市设计产业营业税金及附加增长 35.14%，利润总额增长 27.26%，净利润增长 30.56%，资产合计增长 31.11%。

行业规模有所发展。2011 年企业数增加 116 个，增长 13.50%，其中，甲级资质企业增加 13 家，工程勘察设计综合资质企业增加 1 家。从业人员增加了 15.28%，专业技术人员增长 3.41%，注册执业人次增长 18.99%。

科技投入力度进一步加大。2011 年北京市设计产业科技活动费用支出总额达到 807938 万元，增长了 25.50%；企业累计拥有专利达 8610 项，增长 16.56%；企业累计拥有专有技术达到 4864 项，增长 13.51%。科技成果转让收入总额达到 1485048 万元，增长了 15.11%。

受国际市场变化的影响。2011 年北京市设计产业境外收入有所下降，为 2010 年度的 83.99%。

（5）资质分布特点和趋势

对资质审批数据的统计分析显示以下情况。设计资质中建筑、市政和电力位居前三，占北京市规划委员会设计资质审批总量的近一半。建筑总量最多，体现我国建设速度加快；市政、电力工程等基础设施类设计资质日趋增加，体现国家政策对基础设施的推进和资金投入。

随着《城乡规划法》的颁布和城市建设的快速发展，城市规划编制工作受到越来越多的关注。现有 89 家城市规划编制单位中，有部分单位只是为了能参与建筑设计的投标，还有一些科研机构随着市场拓展开始涉足城市规划编制领域。

申请勘察资质的单位有所增加。原因有两方面：一是轨道交通建设中检测、监测工作增加了对勘察资质的要求。二是住房和城乡建设部即将出台勘察资质新标准，对人员数量和技术装备的要求有很大提高，有些单位为节省成本赶在新标准出台前申请资质。

由于引导企业多元化发展，设计施工一体化资质申请 2012 年达到了高峰，一体化资质的申请已占北京市规划委员会资质申请总量的 1/3。

大批境外设计单位和海归建筑师进入内地建筑市场。通过近几年对参与方案竞赛和方案设计单位的统计，16 个国家的 160 余家设计团队和 10 余家港澳台设计团队进入内地建筑市场，74 家外资单位取得设计资质，其中 16 家中外合资单位取得建筑工程勘察设计证书。

2. 产业集群特征

改革开放 30 年以及中国城市化进程的全速发展，大大刺激了北京设计产业的发展,设计单位经历了国企及其改制,设计市场逐步开放的发展过程,调动了设计师的创作热情和工作干劲,形成了百花齐放、硕果累累的局面。北京的设计力量已经立足北京、面向全国、走向世界。

北京市规划委设计产业与测绘管理办公室于改革开放之初就已成立,随着设计企业的属地化管理,设计产业与测绘管理办公室的作用日益重要,从管理发展到服务,设计产业与测绘管理办公室对北京设计产业的健康发展起到了关键性作用。

(1)产业特色鲜明,已形成一定规模和品牌

北京设计产业的发展不同于其他文化创意产业的发展。由于自身的文化特点和历史背景,北京设计产业逐年稳步发展,形成了大师领衔、明星荟萃、设计师高学历高水平、行业收入丰厚、创作热情高涨、产业不断壮大、上下游产业链配套齐全的产业特色。

产业规模稳步增长。目前北京市拥有1142家设计企业(有资质),甲级资质企业270家,境外设计企业160家,港澳台设计企业10家,2010年北京市设计产业产值为2400亿元,2011年为3400亿元。产业已形成一定规模并形成自身产业的独特发展模式。

由于设计产业的迅速发展,企业的品牌效应不断体现,中国建筑设计院2012年收购新加坡CPG集团,无疑为北京品牌走向世界打下坚实的基础。

(2)产业空间集聚及多样化发展

北京设计产业空间集聚区是由于历史原因自发形成的。在空间分布上基本有四大区域:建设部周边的车公庄大街区域,清华大学周边区域,北京市规划委员会周边区域和朝阳区CBD区域。

建设部周边的车公庄大街区域,主要位于西城、海淀车公庄大街沿线。由于交通便捷,原有办公场所(含部分厂房)比较便宜,以中国建筑设计院为龙头企业迅速成长为北京市最知名、产业链最完整(包括建筑设计、规划设计、建筑图书出版、建筑文化交流、效果图

制作、模型制作、图文打印晒图装订等)、人才聚集最深厚、建筑相关社团最多的设计产业集聚区。

清华大学周边区域。由于清华大学是中国土木建筑领域学科最广、专业最全的重点大学,由清华大学建筑设计院和规划院为旗舰企业,带动了众多清华学子开办的中小设计企业,逐步形成具有清华特色的设计产业集聚区。

北京市规划委员会周边区域。主要位于西城区南礼士路周围地区,由于北京市规划委员会在规划与建筑设计方面独特的管理服务与规划业务方面的地位,加之北京市建筑设计院和北京市规划院在北京设计行业的影响力,围绕着这两个核心,形成具有北京设计特色的设计产业集聚区。

朝阳区 CBD 区域。位于朝阳区的泛 CBD 区域,由于改革开放,且临近机场,交通便捷,国际化程度高,吸引了较多国际大牌建筑设计企业入驻,例如英国阿特金斯、德国冯格康、美国 SOM 和 KPF 等。从而带动了众多国外事务所和中国海外留学生组成的设计咨询企业集聚,逐步形成具有国际氛围和国际特色的设计产业集聚区。

与此同时,北京亦有众多设计咨询企业和工作室散落在各艺术园区和写字楼里,甚至租用小厂房、学校等,形成多样化的小型设计产业集聚空间,呈现多样化的发展。

(3)北京设计人才聚集效应

北京建筑设计人才济济,目前从业人员有 16 万人,其中,注册建筑师 15680 多人,注册结构工程师 5000 多人。注册水暖工程师 2000 多人,注册电气工程师 1400 多人,均为全国省市占比第一。同时,北京拥有 121 名设计大师,约占全国的 1/4。而且北京具有建筑、规划相关专业的大专院校有 15 所之多,在校大学生有数万人,为北京设计产业的发展提供了雄厚的人才基础。

由于北京独特的政治、经济、文化地位,人才聚集效应明显,不管是大学毕业生,还是海归人才,在建筑设计行业里均能找到合适的位置，创新发展。

（4）产业中各方角色作用和收益逐渐明确

随着改革开放和中国城市化进程的大力发展，国内外设计机构在中国及北京这个国际建筑设计大舞台上竞争与合作，促使行业快速发展，设计产业知名度不断提升，增加本地就业，调整产业结构，繁荣地方经济。在竞争中，逐渐明确了各方角色的作用和收益。

表 7 - 1　国际间设计产业协作分工

产业中角色	作用和收益
国际大牌设计机构	占据北京标志性建筑设计市场，重大项目的设计费由这些机构占去 50% 以上份额，国内相关合作机构出力（人力、物力）最多，责任巨大，而收益明显偏小
国内大院设计机构	由于北京设计市场投资独特性，国内非京籍设计大院在北京的设计市场份额普遍不高，相对在京项目收益不高，但在技术实力和创新研发方面能起到带头和主导作用
京籍企业设计机构	占据北京中高端建筑设计市场，几乎垄断大型公共建筑设计市场，市场份额高，收益颇丰，可以说在北京设计行业起到主导作用
境外设计咨询机构和由留学生创办的咨询机构或名人工作室	由于这些机构均没有设计资质，它们游走于建筑设计方案创作市场，因为这些机构个人创新能力较强，方案独特，往往抢得方案设计市场，占据项目设计费的 30% ~40% 份额。它们繁荣了创作，是一支有生命力的创作团队
国内中小设计机构	由于机构众多，占据北京中低端建筑设计市场。是北京设计产业的生力军，这些年来，通过不断的技术、人才、资金的积累，得到迅速发展，因为体制和创新方面的优势，它们会脱颖而出

3. 市场情况

招投标市场。目前，北京市建筑市场的主体已经形成。发承包双方均已作为独立的法人，依法在市场中进行建设活动，市场交易行为不断得到规范。招投标方式的不断改进，"有形建筑设计市场"的建立和规范，有力地促进和保证了市场各方主体公开、公平、公正的竞争。建筑设计中介服务机构有了新的发展。建立了为建筑设计市场配套服务的建筑技术市场等生产要素市场，初步形成了建筑设计市场体系。各级政府加强了对建筑设计市场的培育、管理和监督。

创新投入。北京的建筑设计企业在目前普遍还处于发展状态的情况下，要获得设计理念或者是施工方面的发展，就必须学习和借鉴国外更先进的经验，不断地消化和融合，最终成为发展的内涵，也使我们的建筑设计企业能够更好、更快地发展。

政策及未来市场竞争。建筑设计被列为北京市的创意产业之一，享有申请各种科技创业人才资助资金申报的权力。即政策期望的建筑设计行业的市场环境是越来越全球化、市场化的，行业技术是节能、创新的。建立符合社会主义市场经济体制的管理制度、行业规则、公平的市场是上层建筑的当务之急。北京将发挥地区优势继续吸纳最优秀的建筑师，建立设计产业公共平台，完善为建筑设计服务的相关设施。

建筑设计企业体制。我国的建筑设计管理体制是以前苏联体制为模式，走的是综合设计院的道路。在中国建筑师在与国外建筑师同台竞技的舞台上往往处于劣势，其中一个重要原因，是缺乏对全球化环境下体制创新的认识。

三 国内外建筑事务所比较

1. 专业化程度

目前，建筑设计院的专业化发展方向成为市场关注的热点。境外的设计事务所大部分都是以建筑、结构、机电等纯技术工种的形式存在，这种专业化分工的组织模式或多或少都对国内综合性的建筑设计院产生了影响。为了提高竞争能力，随着设计企业的专门化，公司间协作可能会成为一种必然趋势。另外，建筑设计行业不断进行中的结构调整，要求企业间合理协作。

国际较为知名的设计公司的竞争力通常由其设计的创意水平决定，而不取决于其规模。国外设计公司通常都是通过专业化协作，来完成各自的项目。而国内目前大部分的建筑设计院还是采用综合所的模式，也就是一个综合所包括建筑、结构、机电等各专业工种。一般的设计任务在一个综合所里面就能够单独完成，综合所成为一个能够独立完成生产任务的组织机构。综合所使得众多企业在同一平台上进行不必要的竞争，也不利于专业水准的提高。同时，这种模式也很难保证整个工程在各个方面都能够做到最佳。

（1）建筑市场的细分是直接导致建筑设计专业化的动因。随着经济水平的提高，人们对于专业类建筑的要求也越来越高，体育场馆、酒店宾馆、文化教育、医疗卫生、交通建设、工业建筑，等等，每一个领域的专业化要求都大大提高。

（2）建筑类型的细分化必然导致技术上的差异化和专业化。由于长期以来国内的建筑设计院不重视技术的研发，建筑师掌握了一般的基础技能就能够胜任所有的建筑类型业务，这种局面将逐渐在市场竞争中消亡。对于国内众多的各种类型的设计院而言，专业化同时也意味着市场对象的聚焦和细分。

（3）市场的成熟同时也是业主的成熟。随着建筑市场的发展，投资主体的多元化，业主对于房产开发的要求逐渐回归理性，对于建筑的功能、使用等方面的要求逐渐提高。同时，业主对于建筑设计院的选择标准也发生了变化，比如业主认为对于医疗建筑设计单位的选择，一定会要求设计院在医疗建设方面有丰富的经验，要求设计者有过相应的工程勘察设计经验。

2. 企业组织形式

据统计，美国目前约有 10000 家建筑设计事务所，其中超过 8 成的事务所人数在 6 人以下。其形式也比较多样化，包括合伙人制、私人公司、专业公司、有限责任公司等，其中，有限责任性质的公司占大多数，无限责任的合伙制公司则很少。

与美国的情况类似，英国有 90% 以上的公司人数不超过 6 人，员工人数超过 40 人的仅占 1%。有限—合伙人制公司是近年来开始流行的企业形式，在 15 年前还不允许有这种性质的企业成立。英美的建筑设计事务所大部分采用的是"有限合伙人制"，这种形式较无限责任的合伙人制更易控制风险和保障合伙人的利益。

国内大部分业主对于传统设计院的极端信任以及相应设计保险制度的缺位，都给小型事务所的发展增加了难度。小型建筑事务所的进一步发展还需要各种注册制度，知识产权保护措施和资格准入制度的建立和完善，另外，也需要行业市场对事务所的信任。

3. 管理结构

较国内的综合设计院，建筑事务所的管理模式具有一定的独特性：事务所的行政和管理权通常集中于一人身上。为了保证自己对项目设计的控制权，起主导地位的建筑师往往掌握着事务所大部分的股份且不对外出售，即对事务所的行政和管理起着决定作用。建筑师不仅需要进行设计，还需要对项目进行管理，才能够保证工程按照设计意图执行。

第二节　我国建筑事务所存在的问题

事务所制度与目前的综合性设计大院相比有其特点和制度的先进性，尤其是在发挥工程勘察设计人员的创造力和责任心方面有很大优势。所反映的问题一部分是由于各方对于建筑事务所的认识不够全面准确，一部分是由于体制不能满足与行业发展现状所造成的，还有一部分则是各事务所从自我发展的角度提出的需要现行政策进一步予以明确的。

一　体制创新与行业发展问题

建设 285 号《建设部关于印发〈建筑工程勘察设计事务所管理办法〉的通知》中规定"建筑工程勘察设计事务所（以下简称设计事务所）是指具备一级注册执业资格（或取得高级职称的），在当地有一定知名度的专业设计人员合伙设立"，"合伙人对设计事务所的债务承担无限责任和连带责任"。

建设部对于事务所体制的要求是无限责任的合伙人制，合伙制企业的特点是核心层是几个合作人的扁平化管理。合伙人制的公司不宜发展得太大，适宜走品牌化"专业"路线。这种体制一方面使事务所不接受挂靠，一定程度上促使市场更规范；另一方面，"无限责任"在本地发展合作伙伴时成了事实上的阻力。以合伙人制作为设计事务所的基本企业形式固然有利于规范市场，但单一的企业形式并不利于青年建筑师成立事务所，不利于建筑行业的人才培养。

二　建筑设计产业定位不够明确

这从建筑设计在创意产业分类中的定义即可看出，从而导致设计产业集聚区自发形成，而政府关注度不够，缺乏政府主导和规划先行。以英国，美国，中国的香港、台湾、上海、北京文化创意产业分类中建筑设计产业定位比较可以看出。

表 7 - 2　全球主要国家和地区建筑设计产业分类

国家或城市	创意产业的类别	产业活动描述
英国	建筑	建筑与工程活动及有关技术咨询
美国	部分版权产业中：专业、科学及技术服务	建筑、工程、测量；室内设计
香港	建筑、测量及工程策划服务。	建筑设计服务；建筑设计及结构工程服务；与建造及地产活动有关的建筑、测量及工程策划服务的综合服务；建筑物内部装饰及其他综合工程
香港	设计业	设计服务
台湾	设计（商业、家私、时装、景观及室内、产品及包装等）	设计业；产品设计；独家商品设计；包装设计；景观设计；室内设计；庭园设计
台湾	建筑（包括设计、出版）	建筑及工程服务产业、建筑设计服务；建造及结构工程顾问服务

续表

国家或城市	创意产业的类别	产业活动描述
上海	建筑设计创意	工程管理服务:指建筑工程有关的工程筹建、计划、造价、招标、咨询、监理等服务活动 设计产业:指建筑施工前的地质勘察和工程勘察设计。包括设计产业、室内设计、住宅区规划设计、园林设计 规划管理;城市绿化管理;建筑装饰业
北京	设计服务	建筑设计,工程勘察设计产业(仅有部分活动属于文化创意产业)城市规划、规划管理、其他设计

表 7-3 世界设计之都的定位与发展方向

国际设计之都城市	经验借鉴
柏林	1. 自 20 世纪 70 年代末开始导入联邦德国的"城市缝补"概念后,这个城市中的"洞"以国际竞标或邀请的方式,引进世界一流的建筑师与德国本土的建筑师竞技,使柏林的公共空间成为汇聚现代建筑艺术的大舞台、各种建筑理念和风格的博览会 2. 柏林有 1.04 万人专门从事设计方面的工作,此外,还有数不清的自由职业者以设计为生;柏林有 600 多家设计公司,年营业收入高达 14 亿欧元。柏林有 4 所大学开设设计课程,当地设计界的特点是跨学科工作,不同行业的设计彼此互补 3. 在这个拥有包豪斯传统的城市里,众多的政府资助项目使那些年轻的设计师们走上独立的生活道路
布宜诺斯艾利斯	通过公私协作,布宜诺斯艾利斯的设计行业形成了推动当地经济的主要元素,这座城市的时尚、建筑、工业、城市设计的生成综合了许多最新科技和专业知识,是一座依靠设计发挥灵性的城市
蒙特利尔	蒙特利尔有两万多名设计师,每年为蒙特利尔带来超 7.5 亿美元的经济收益。蒙特利尔在发展设计产业上采取很多做法,例如市政府为设计产业投入财力,提供方便,设置大奖赛,对设计产业大力扶持,使设计师们备受鼓舞,动力强大

表 7 - 4 深圳和上海"设计之都"产业设计定位

国内设计之都城市	经验借鉴
深圳	以自主创新之路,落实"文化立市"战略,以文化产业发展探寻现有经济结构转型的方向。目前,深圳设计产业在中国处于领先地位,全市有 6000 多家设计企业,专业设计师 6 万余人,涵盖平面设计、工业设计、建筑设计、动漫设计、软件设计等 10 多个领域
上海	上海要建设"四个中心",实现"四个率先",加快创新步伐。在经济全球化的今天,各国的经济发展更多地取决于通过创造、创新和创意进行的"知识生产"。创新和创意,已经成为上海综合竞争力的重要资源,成为决定上海未来发展的重要因素

由此可见,建筑设计产业在北京的定位不够明确,建筑设计产业在城市建设和发展中最具有创新性和竞争力的要素得不到充分反映,从而导致政府关注度不够。

三 政策配套与激励措施对行业发展的影响

事务所制体现在一个工程项目中必然是多个公司的配合。以北京、上海等一线城市的市场来看,建筑事务所和结构事务所的结构比例差异较大,专业分工与合作难度较大,结构事务所在业务上不能掌握主动权,现有的政策也在一定程度上限制了事务所之间的合作。

1. 管理制度

一个成熟的设计体制是根据市场选择的,现在我国私营的事务所只是处于初期阶段,与之相关的制度建设并不完善。专业事务所种类不全,关于建筑工程项目设计总包的承包方的政策规定也限制了专业事务所之间的合作。

2. 市场体制

资质与资格、市场准入与清出、招投标、收费等方面的管理对事务所来说都不是量身定制。比如不少事务所都表示有境外事务所寻求合作,而担心现行政策不允许。

许多没有设计资质的设计企业机构利用自身优势冲击了建筑设计

市场，虽然由于它们的聪明才智，繁荣了北京建筑创作，但也影响了设计行业。而这些机构由于没有设计资质，参加不了正规的设计投标，只能挂靠，不仅使得自身苦恼而又扰乱了行业管理。北京前不久发生的"美国休斯敦设计公司"事件就充分说明了这一点。另外，设计责任问题、知识产权保护问题，都涉及设计产业良性发展的管理问题。

3. 设计保险制度

日前，建设部印发《关于加强 2003 年工程质量工作的意见》，表示要积极推进工程质量保险制度。该意见指出，2012 年重点推进和开办设计责任险和工程质量保证险等险种，要在 15 个以上省市开展设计保险工作，并力争两年内，在全国全面实施工程勘察设计保险制度。在目前的体制下，对专业事务所而言设计保险制度难以全面推进，但这又是设计事务所制得以健康发展的必备保证，应该尽快建立起来。因为当设计事务所为各项工程勘察设计购买了保险以后，业主对事务所是否有能力承担责任就不会再怀疑了。由此可见，相关政策条款的制定应与事务所的体制、运行中的具体情况相配合，才能真正推进设计事务所制的发展。

四 人才问题的战略性

与综合的设计院相比，建筑事务所对于人才的吸引力较低。特别是小型事务所，人员流动性较大，人才缺失以及流失的问题常年存在。发展较好的建筑事务也存在中间层断档等问题。由于地方性人才机制限制，建筑事务所很难拥有人才引进的指标，因此于事务所来说，如何有效地培养人才、留住人才，如何通过企业品牌的树立做好行业内的宣传工作，是企业实施人才战略需要解决的几个现实难题。

以北京为例，北京有 16 万设计从业人员，数万设计类大学生，但是缺少针对性强的建筑设计人才培养计划和基金。大学是设计创意人才生产部门，政府是设计创意人才转化部门，企业是设计创意人才使用部门，可见政府和规划管理部门在其中扮演着重要角色。政府应当建立相关的人才培养机制及引进评估机制来为设计人才发展进行战略定位。

五　面临税负的问题

众所周知，国内建筑设计事务所绝对算作小微企业，在目前情况下，面临沉重的税负问题，尤其是重复上税的问题：建筑设计事务所均为单一专业，在建筑设计事务所承揽任务（总承包）之后，一般均需要将结构、机电专业相关任务分包出去，相关设计费用分包后均要重复上税（营业税等）。

2006 年，国家税务总局已下发国税函〔2006〕1245 号文件，已明确设计产业分包问题，但北京市相关税务部门对建筑设计事务所不执行此文件：它们解释说，建筑设计事务所不属于设计产业，没有设计产业的字样和资质，如此一来，给建筑设计事务所发展带来压力。

如何给小微企业减税，如何让市场和相关部门认识了解建筑设计事务所，我们的政府部门还有许多工作要做。

六　发展环境的配套

产业集聚区规划问题。目前，全国缺乏针对设计产业集聚区规划的规范，产业用地性质和用地类型不明晰，公共设施配套规模和等级不明确，难以指导规划建设实践，相关规划审批程序过长、效率较低，在很大程度上制约了许多项目的落实。一些集聚区，基础设施、配套设施、各种平台建设严重缺乏，自发形成的产业集聚区缺乏引导和提升。

招投标与资费问题。整体来说，业主观念还有认识上的偏差，社会对事务所存在误解，以为人少就不能做大项目，所以事务所可能就没有机会被邀请投标。而一些综合实力较强的事务所则反映经常被邀请招标，但即使拿到第一名也中不了标，因为业主只是在"骗"它们的方案。所以多数事务的项目基本上是住宅和一些小型的民用建筑；还有就是业主认为事务所人少，成本低就拼命压价；多个公司在一个项目中出现，一方作为工程总承包的地位好像也还有疑义，因为在质监等有关机构备案时，需要每个参与的公司都要盖章，责任方也比较多。

市场地位问题。大部分事务所感觉目前自己在市场上地位比较低，在行业内也没有得到充分重视，与业内同行交流的信息渠道也不畅通。建筑事务所需要改善目前的现状，一方面加强内部交流，另一方面与业界和社会加强沟通。通过加大对事务所的宣传力度，创造健康的市场大环境。相信"精而专"的事务所制度会因为它们的探索而发展得更健康，更快成为市场的主流。

从业主的角度来看也验证了事务所的市场地位，相比之下业主还是倾向于综合院。虽然社会大环境已经接受了事务所这种形式，但对一些大项目来说，业主还是认为设计院比事务所综合实力强。还有招标项目在资质方面都有明确要求甲级或乙级以上，绝大多数事务所没有资质级别，也就是直接把事务所排除在门外。

行业交流问题。众所周知，建筑行业的国际知名活动很多，例如世界建筑师大会，威尼斯建筑双年展，每年普利兹克建筑大奖颁奖大会。我国设计产业的国际交流明显不够，更缺少世界级影响力的活动。努力打造建筑设计品牌，树立起建筑双年展、建筑设计大奖等一系列活动，这是建立市场经济体系，国家不能不思考的问题。

第三节　建筑事务所行业可持续发展

一　规范行业管理创新

目前，我国的建筑设计事务所在新的产业体系背景下，在机制、体制、市场管理方面存在诸多问题。主要表现在建筑事务所与当前中国设计产业发展的突出特点比较主要表现为四个不匹配：服务业尤其是设计服务业的发展水平与生产性服务业发展升级需求不匹配；中国设计产业发展结构与设计全球化外包结构不匹配；高新技术产业发展态势与我国设计产业的发展战略难以匹配；境内事务所和境外企业在产业发展中的政策待遇不匹配。

1. 完善建筑设计的市场经济体制模式

国外的建筑设计企业形式是以小型私人事务所为主，它们通过合理科学的专业化合作，高质量地完成项目。而国内目前的建筑设计市场的经济体制和社会意识都不利于建筑事务所的发展，市场经济体制并未真正形成，传统的设计院依然占据主导地位，市场管理政策对于事务所的发展处境也没有实质性的引导和推动作用。因此，建筑事务所的灵活、高效的活力不能得到完全释放，不利于行业的进一步发展。

2. 明确市场经济体制的改革导向

随着行业对外开放程度的加大，国内设计咨询业的保护生存空间越来越小，国内的建筑事务所面临机遇与挑战。创作环境的开放以及开放所导致的市场细分化、专业化发展都为国内的建筑事务所提供发展的机会，与此同时，事务所自身必须明确发展方向，是走向设计、采购、施工总承包的大规模综合性的工程咨询公司的道路，还是专业化占领一定的细分市场。前者对于事务所来说，不具备改革的市场环境和管理政策，后者可能更适合于当前国内大部分的建筑事务所的发展。

未来我国的建筑设计行业应当加快以市场为取向，符合设计行业规律，从我国实际出发，并充分借鉴国外成熟经验的设计管理体制和机制改革，明确市场经济体制的改革方向。

允许建筑事务所直接参与建筑设计投标，与建筑工程甲级单位同台竞争，而不是将建筑事务所以建筑单项资质排除在外，或以不需要联合体为名将建筑所资质排除在外，造成市场不公平。

招投标分概念方案阶段和实施方案阶段，使不同类别单位能参与市场竞争。

3. 加强行业自律与社会效益优先原则

建筑师相对于其他行业的从业人员，应当具备更强的自律意识，必须拥有更加严谨的治学态度。建筑师背负的不仅是技术作品，更有社会效益、文化传承的压力在身上。只有不断地学习，不停地思考，培养良好的个人心性及职业道德，才能担负得起建筑师的责任感与使命感，提升行业的整体竞争力。

二　加强政府行政管理

1. 严格市场准入，规范招投标活动

《建设工程勘察设计产业招标投标备案程序暂行规定》的执行，开展了建筑工程勘察设计产业招投标的监督备案工作。近十年来，政府不断出台有关规定，完善监督管理程序；网站公示有关法规文件和示范文本；探索监督服务的方法。同时，建立了从招标工程的登记、审核招标公告、招标文件备案、评标专家库的建立和完善、评标专家的抽取、评标开标过程监管、招标结果的备案、受理投诉和违纪处理等多方面、多层次的监管体系。

严格监督管理，规范各方行为。严格对设计产业招标人、代理机构、投标人以及评标专家等进行监管，重点加强政府和国有投资项目招投标监管。审核招标人是否具备立项和规划文件；审核代理机构是否按照资质准许的范围承接业务；严格要求设计产业单位按资质等级参与项目投标，严禁借用资质投标、围标串标；加强对评标专家的监督管理，对违反有关规定的专家做出暂停评标资格的处理。初步建立设计产业招投标服务有形市场，开设受理窗口，设置开、评标室，各标室的监控设备与数据库系统相连，形成影音文件刻录保存。

2. 重视行业协会监管

中国的建筑工程量在不断地增大，建筑设计行业的从业人员也

越来越多，行业协会是一个强有力的，有监管能力和素质的行业监督管理机构。在协会的严格监管下，可以很好的规范和约束建筑设计市场行为，同时也增加了建筑设计行业内的诚信体系建设，重视设计及创新的理念，从而提高各个建筑设计事务所的设计竞争力。

3. 减轻企业税负负担

避免重复上税，协调政府管理部门，在京建筑事务所税率统一按 2006 年国家税务总局已下发国税函［2006］1245 号文件执行。

营业税改增值税后，因事务所均为人力资源密集型企业，支出款项大部分为人力成本，很难再有增值税发票进行抵扣，建议对事务所类企业实行增值税减免，可将增值税从 6.72% 减至 5.5% 或 3%（按小规模企业征收）。

4. 加强知识产权保护

工程勘察、设计、咨询是富有创造性的智力劳动。工程技术人员利用工程勘察设计产业理论、技术与实践经验所完成的每项成果都凝结着他们的心血、智慧和创新精神。政府应增强知识产权的保护意识，是对这种原创或创新性智力劳动成果的保护，是对工程技术人员创新与发展的鼓励，有助于工程勘察设计产业咨询业的技术进步，同时也符合建设单位和公众的利益。

三 增强行业产业化进程，推动产业整体发展

1. 推动建筑设计产业的发展

国家现代产业体系的完善，发展其创意设计产业是不可缺少的一环。推动建筑设计产业发展，必须完善产业政策，立足政府引导；实现产业升级与转型，促进经济发展；依托人才优势，发展高端服务业；提高城市国际化水平，树立城市形象与文化品质；提升文化软实力，弘扬中国文化的主张。

设计服务业是随着专业化分工程度不断深化，逐渐从制造业中分

离出来形成的产业业态。改革开放 30 年以及中国城市化进程全速发展，大大刺激了设计产业的发展，设计单位经历了国企及其改制，设计市场逐步开放的发展过程，调动了设计师的创作热情和工作干劲，形成了百花齐放，硕果累累的局面。

建筑设计产业的作用日益重要，从管理发展到服务，设计产业的健康发展作为现代产业体系发挥重要作用。

设计产业的发展不同于其他文化创意产业的发展。由于自身的文化特点和历史背景，设计产业逐年稳步发展，形成了大师领衔，明星荟萃，设计师高学历高水平，行业收入丰厚，创作热情高涨，产业不断壮大，上下游产业链配套齐全的产业特色，产业已形成一定规模并形成自身产业的独特发展模式。

2. 加强市场引导、服务产业需求

规范并提高设计服务收费，保护建筑设计单位的正当利益，保证其健康有序发展。

资质中对明星事务所取消全部注册人员都是股权人的限制，加强资质审批的灵活性和有效性。

引导咨询公司进入市场申请资质。

加快与国际的个人执业注册互认，区域间的执业互认，引导境外设计单位和技术人员与我国设计队伍的融合。

搭建交流平台，加大宣传力度，提高建筑设计单位地位，加大话语权。

3. 注重人才战略、形成人才带动行业发展的模式

当前建筑设计行业各单位的竞争集中体现在对核心员工的争夺上。各设计单位不能仅靠待遇来留住人才，更要给人才提供更广阔的发展平台，通过培训和不断的实践，提升设计师的综合素质；通过核心价值观的打造，凝聚企业精神；实施有效的激励机制，充分调动设计师的创造力和积极性，让设计师找到释放自身创新能力平台的归属感，这样才能保证企业的可持续发展。

（1）建设包容的文化体制

现代制度所建立的市场机制、民主机制，就是使包容制度化的机制。设计产业是一个文化与技术创新的产业，必须建立包容的文化体制，才能吸引人才，促进创新。

所以必须明确设计产业行政管理主体职能，健全设计产业组织体系，"设计产业指导管理委员会"的建立势在必行。

所以必须打破条块分割、行业壁垒，建立充分竞争机制和设计行业市场化机制，构建设计产业发展外部环境，才能调动设计人才积极性和创新性，繁荣建筑作品创作。

所以必须在关键领域的关键性制度上有所突破和创新。比如在设计产业投融资体制改革方面，就有待突破与创新。设计产业是轻资产重智力的行业，如何以此为主体吸纳社会资本，如何建立北京资本市场，如何在创业板上市，必须有相应的配套政策，才能使设计产业有飞跃的发展。

（2）制定包容的人才政策

包容是城市的基本品格，包容也是城市的活力所在，包容更是北京精神。实际上，在世界各国的国际大都市中，不仅有各界精英，也有从事各种职业的普通劳动者，有来自全国甚至世界各地的囊中羞涩却雄心勃勃的移民，正是这些城市人口流动的开放性和人群的多元性，才保持了这些城市的勃勃生机和创新精神。北京百年的发展，在很大程度上因为它是一个高度开放的移民城市和移民所形成的多元文化和敢为人先的创新精神。

4. 走专业化道路，重视创新投入

我国建筑事务所在产业体系中属于新兴产业，想在已经被国有大型设计机构和国外事务所占去大部分的市场里占有一定份额就必须有自己的特点和专长。建筑事务所无论是在大型项目的经验，还是资金实力以及技术能力方面，都远远落后于大型设计机构，各个事务所应该根据自身的特点发展阶段及工程经验等，对事务所的发展方向做出选择。同时，建筑师也应重视设计创新，对自己的操守和素养提出更高的要求。

5. 坚持质量至上、提高社会效益的文化战略

加强对产品质量的管理控制。产品质量是企业生存的根本，而且建筑设计成果关系着社会和人民群众生命财产安全，质量更是重中之重。随着市场开放的深入，价格策略不再具有竞争优势，而且还会损害竞争双方的利益，设计单位要想在竞争中获胜，必须提高产品质量。坚持质量第一，求实创新，提供符合国家法规和设计标准、顾客满意的产品和服务，实现经济效益和社会效益的双丰收。

具体来说，建筑事务所应该在企业文化中强调，工程勘察设计质量是其可持续发展的基石。并且，通过建立健全各项管理制度，逐步推行全面有效的质量监督管理，不断提高设计质量。同时，也应注重对设计人员的再培训，提高技术水平以及工作积极性，鼓励他们开展多方面的研究。

四 转变发展方式，促进行业健康发展

1. 编制行业规划，引导科学发展

以规划引领行业发展，明确了行业中长期发展的基本思路、工作目标和重点任务，做出全局性、前瞻性的谋划和部署，对规范我国建筑设计市场、推动行业发展具有重要的指导意义。

2. 创新监管思路，提升执法能力

实现六个转变，提升综合执法能力。一是由"重审批"向"动态监管"转变。对资质单位进行动态核查，将核查结果进行汇总、分析，对不符合资质要求的单位限期整改。二是由"分段式"监管向"全过程"监管转变。通过信息化手段，建立企业资质、人员资格、招投标、施工图审查、违法查处等信息共享和联动监督机制。三是由"随机性"向"针对性"转变。将日常工作中发现有问题的单位和数据库中涉嫌存在问题的单位作为重点对象，有针对性地进行检

查。四是由"单一执法"向"综合、联动执法"转变。五是由"自己检查"向"借助外脑"转变。借助专家力量，完善检查方案，深化检查内容，参与现场检查。六是由"执法检查"向"调查研究"转变。对检查中发现的共性问题进行分析，研究解决办法。

3. 加快信息化建设，开通网上服务平台

按照规范管理、强化服务、提高效率的原则，在整合原有信息资源的基础上，建立建筑设计行业公共服务平台，该平台以"企业、人员、项目"三大数据库建设为核心，建立了企业、人员、市场监管于一体的综合办公平台和公共服务平台。综合办公平台具有业务审批、日常管理、综合信息查询、辅助决策功能，实现对企业资质、注册人员资格、设计产业项目的动态联合监管，为政府部门决策提供依据。公共服务平台为行业单位提供网上申报、法律法规、公示公告、行业信息等及时、准确、便捷的服务。

4. 优化合作模式，建立联动机制

工程勘察设计产业市场的行政监管，涉及多个政府部门。为更好地落实监管职责，提高监管效果。建立与住建委、工商局、商务委、市发改委、人力社保局等有关委办局的沟通联动机制。初步建立政府、协会和企业"三位一体"的工作机制；形成合力，打组合拳。

5. 加强研究，引导行业科学发展

紧跟时代脉搏，引导行业转变发展方式，走科学发展、健康可持续的道路，提高行业的科技水平，增强竞争力。破解行业单位认定高新技术企业的瓶颈问题，引导行业科技进步，同时企业也享受税收和人才优惠政策。

参考文献

唐海培、罗谦：《浅析中外建筑事务所的管理与体制》，《商场现代化》2008

年第 12 期。

　　罗威、叶嘉、白彬彬：《境外设计企业进入我国市场管理政策的思考》，《北京规划建设》2011 年第 3 期。

　　《中华人民共和国注册建筑师条例实施细则》，《电力标准化与技术经济》2008 年第 3 期。

　　李保峰：《中国建筑设计事务所体制研究》，华中科技大学，2004。

　　王妍：《中国建筑事务所运作模式及发展对策研究》，天津大学，2009。

第八章　设计服务业与创新要素市场

——打造城市设计品牌

第一节　工程勘察设计行业科技
创新与市场激励

一　设计产业科技创新态势

1. 奥运机遇促进了设计服务业整体创新能力的提升

在"绿色奥运、科技奥运、人文奥运"三大理念的指导下，创新贯穿了奥运工程建设的全过程。奥运工程的综合建设水平达到了国际先进水平，部分技术填补了国内空白。初步的统计数据显示，取得创新成果 200 余项，获得自主知识产权上百项，奥运机遇促进了行业整体创新能力的提升。

2. 创新成果提高了首都基础设施建设的能力和水平

以工程勘察产业为例，近年来，北京市工程勘察设计产业企业围绕增强自主创新能力，积极参与和承接了大量科研课题研究工作，在绿色建材产品的研究、开发、生产、应用及相关标准规范的制订方面，在解决城市快速及大规模发展中城市基础设施存在的关键问题方面，在研究生命线系统抗灾与灾后快速恢复关键技术和重大建（构）筑物健康监测与诊断技术等方面进行了卓有成效的研究工作，取得了大量的研究成果并结合工程需求进行了积极的推广应用，提高了北京市工程勘察设计产业承担首都基础设施建设的能力和水平，提高了对首都经济社会的持续、快速、健康发展的支撑作用。

3. 对全国设计产业技术发展的引领作用不断提高

北京市截止到 2012 年拥有 1000 多家设计单位，拥有专利近 2000 项、专业技术 2000 多项，获得国家级、省部级奖项 1000 多项。"十一五"期间由北京市工程勘察设计产业单位完成了如首都机场 3 号航站楼、国家体育场、国家大剧院、北京南站、国家游泳中心、首都博物馆等一大批享誉全国的工程项目，这些工程项目在为全国城市建设起到了很好的工程示范作用的同时，也积累了宝贵的工程经验。此外，"十一五"期间，在京的工程勘察设计产业单位还积极主编或参编了国家、行业、地方等技术标准的制修订工作，仅 2008～2010 年主编的住建部行业技术标准就达 90 余项，在推动和引领全国设计产业技术进步和技术发展方面发挥了积极作用。

4. 行业内企业科技创新机制初步形成、科技创新实力得到加强

目前，已有相当一部分设计产业单位在科技创新、开发专有技术方面具有较强的意识，用于技术创新和科学研究的研发经费明显增长，一些单位的科研投入已达到设计收入的 3% 以上，取得了一定的成绩。在科研管理机制方面，不少优秀的工程勘察设计产业单位已经走在了前面：成立了院士大师工作室、实验室、博士后工作站、企业技术中心等科技研发基地；加强了与高等院校和科研院所的全面合作。

近年来，行业产业联盟的组建成为新的趋势，设计单位作为联盟产业链中的关键环节，在提高投资决策的科学性、保证投资建设的质量和效益，以及促进新技术、新设备、新工艺应用等方面发挥了重要作用。

5. 科技创新已开始关注理念创新，使创新工作步入一个新的高度

近年来，国家对"低碳节能""绿色环保""以人为本"等理念的提倡，已成为工程建设领域的重要指导思想。工程勘察设计产业已逐渐开始注重从创新设计理念出发，从社会发展的良性循环和可持续

的战略角度进行基础设施的规划和设计工作。通过优化城市空间功能布局、大力发展循环经济、提倡绿色交通出行、推进节能环保、搞好新能源利用、加快绿化实施建设等方式，将"绿色城市""生态城市""宜居城市"等先进理念付诸工程实践。用理念创新指导技术创新，体现了技术创新的系统性、前瞻性、全局性、战略性和可持续性，使得行业整体科技创新水平步入一个新的高度。

6. 政策完善推动了高新技术企业认定工作在行业内的开展

2008 年，科技部在已有高新技术企业认定管理工作的基础上，与财政部、国家税务总局共同出台了新的《高新技术企业认定管理办法》和《高新技术企业认定管理工作指引》，北京市也颁布了相应的政策和规定。新政策的出台得到了设计产业单位的广泛关注，同时，行业主管部门也充分重视此项工作，由北京市设计产业与测绘管理办公室组织完成了"北京市设计高新技术企业扶持政策研究"课题，积极推动了行业内的高新企业认定工作。截止到 2012 年底，北京市设计产业单位已有 70 多家被认定为高新技术企业。

二　设计产业科技创新工作面临的问题

在产、学、研科技创新体系中，工程勘察设计产业的定位有待明确。如今工程勘察设计产业单位的业务范围由最初单纯的工程勘察设计已扩展为参与城市建设宏观政策研究、工程前期立项研究等为政府主管部门科学决策提供技术支持的领域，行业定位也随之发生了变化。工程勘察设计产业的科技创新成果多体现在将先进理念、技术、设备及新工艺、新材料推广和应用到工程建设之中，而在推广、应用中的一项重要工作就是将技术研究和工程试验的成果凝练形成工程技术标准，这与以产品开发和生产为目的的产业创新研究有所不同。工程应用创新和集成创新是工程建设的一个环节，它为研究明确需求，为应用提供平台，同时又参与学、研的过程，通过学与研的成果支持生产。由于目前国有工程勘察设计产业单位大多数已从事业单位转为企业，作为"研"的重要环节被忽略了，工程勘察设计产业在产、学、研科技创新体系中的位置变得模糊了，缺乏明确界定和归属。

我国现行的科研、设计分离的管理体制对设计产业的科技创新支撑不足。以高新技术企业认定为例。工程勘察设计产业属于知识密集型行业，院士、大师、中高级工程技术人员占比高达70%以上，但在认定高新技术企业、申报创新成果、享受扶植政策、获得优惠贷款等方面尚缺乏与设计产业企业特殊性相配套的政策支持。虽然人均指标突出，但评定条件中关于科技成果转化的量化标准很难适用于新理念和技术标准的成果应用转化，这两部分应用转化恰恰是最能反映本行业创新成果带来社会效益和公共效益的部分。而且高新技术企业的优惠政策也是偏重于产业方面，设计产业很难享受得到，影响行业创新能力的提升。

工程勘察设计产业科技创新立项方向有待明确。对于设计产业单位而言，科研创新活动需要依托工程勘察设计咨询服务这一平台，一些科研项目往往是在生产过程中衍生出来的，既有共性也有其特殊性，且其适用性、收益率、可推广性都需由工程勘察设计咨询服务的实践活动来证明。所以工程勘察设计产业创新立项方向与通常的基础性研究和产品开发研究有较大的区别，目前科研课题立项多为产品研发或基础研究，因此工程勘察设计产业的应用创新研究立项方向有待进一步明确。

企业内部的科技创新管理制度有待完善，主管部门的政策引导和措施激励需要进一步加强。目前，还有一部分企业内部仍缺少完善有效的创新机制。一些工程勘察设计产业企业的科研管理是粗放式的，对科研的立项、经费、人员、成果转化等方面尚没有明确的制度支撑，缺少有效的制度保障。另一方面，由于设计产业的特殊性，企业通过科技创新而形成的设计产品自我保护能力很弱。相关法律法规对设计产业知识产权的概念过于简单和笼统，对行业内知识产权管理的强制性规范较少，行业内存在的知识产权管理问题依然无法较好解决。对与技术创新密切相关的科技投入等缺乏政策层面的扶持和引导，如税收优惠、优质优价、招投标向新技术方案倾斜，等等。这些在一定程度上抑制了国内设计产业技术创新的能力。

三　提高行业科技创新水平的发展方向

构建产、学、研、用的工程应用科技创新体系，使工程勘察设计产业的科技创新工作有明确的定位。"十二五"期间，要通过完善相关政策，构建产、学、研、用的科技创新体系，加强以工程应用为主体的工程勘察设计参数和安全度的科研立项方向，建立工程建设规范体系的科技支撑，强化工程咨询设计行业在研究和应用方面的主导和桥梁作用，使工程勘察设计产业的科技创新工作有明确的定位。

进一步完善相关政策，为设计产业企业创新提供有力支撑。制定或完善有关扶持和引导行业科技创新层面的政策，如：优质优价、招投标向新技术方案倾斜、优秀设计评选中的创新要求等，以激发设计产业企业技术创新的积极性。制定和完善行业内知识产权管理的相关法规，明确设计产业知识产权的定义和企业专有技术的认定，加强必要的监管机制与处罚手段，避免设计产业成果被任意套用、抄袭、复制或盗用，促成设计产业企业专有技术应用的有偿收费。此外，在完成"北京市设计高新技术企业扶持政策研究"课题的基础上，与相关主管部门加强沟通，推进设计产业企业进入高新技术企业认定工作，为设计产业企业创新提供有力支撑。

针对北京市建设世界城市的特殊需求，完善各专业领域工程建设设计标准体系。依照北京建设"国家首都、世界城市、历史名城、宜居城市"的发展定位要求，着力推进与工程勘察设计产业相关的北京市地方技术标准的制修订工作，学习、消化、吸收国际先进的工程建设相关标准，形成较完整的工程勘察设计标准体系，以满足新理念、新技术、新设备、新材料等创新成果在工程建设中推广应用的需求。同时，鼓励设计产业企业积极参加相关领域的国家、行业，乃至国际标准的编制工作，提高设计产业企业在国际竞争中的能力。

完善企业内部的科技创新管理机制，使企业成为工程应用技术创新主体。"十二五"期间，设计产业企业要完善企业内部科技创新管理体制机制，建立优秀的创新人才队伍；以项目为载体，以工程应用技术研发为核心，把科技创新贯彻到实践"人文北京、科技北京、绿色北京"建设的各个方面；要把握设计产业企业在工程应用创新中的主导地位，全面推进设计理念创新、新技术的集成创新和引进消化吸收再创新。同时，依托首都创新资源密集优势，集成和整合各方面创新资源，积极承接和参加国家科技重大专项，全面提升首都设计产业自主创新能力。

加强国内、国际同行业的交流与合作，促进科技创新水平的跨越式提升。积极开展国际科技合作，加强国际、国内科技信息服务和交流，了解行业技术发展新动态和行业前沿技术，以增强自主创新能力和提高科技竞争力。要充分利用国际科技资源，为北京城市建设服务，逐步形成"以我为主，双赢互利；为我所用，支撑创新；政府引导，多方参与；统筹集成，突出重点；全员参与，着力提升"的国际科技合作新态势。充分发挥设计行业协会的作用，加强设计产业单位与高等院校、科研院所、专业学会、行业协会等方面的技术交流和合作。积极组织开展设计产业单位之间的各种学术交流活动，鼓励和支持围绕工程项目开展各种技术合作，搭建科技合作交流平台，提高科技研究效率和应用水平。

努力培养和聚集一批优秀科技创新人才，为行业科技创新水平的持续提升奠定基础。完善人才培养和激励机制，促进优秀人才脱颖而出。依托在京的国家重大科研项目、重大工程项目、重大国际合作项目以及重点学科和科研基地建设，加大人才培养力度、综合发展，促进中青年科技人员迅速成长为专业领域带头人，形成一批懂技术、有丰富项目经验、具有国际化视野的复合型创新人才和团队。通过加大政府、行业以及公司奖励等多种方式，增强对关键岗位、技术创新核心骨干人才的吸引和激励，大力培养、引进和使用人才，为行业科技创新水平的持续提升奠定基础。

第二节　打造城市设计产业的市场环境

一　"北京设计"发展的环境

1. 北京设计在科学发展的轨道上快速平稳发展

设计行业作为城市建设的灵魂，不仅为农林、工交、能源、建筑等行业工程建设项目提供全过程技术和管理服务，同时，在城市文化设施与文化技术的建设与应用、文化产业与文化服务的丰富与提升、文化资源与文化形态的辐射力和影响力等层面的文化软实力建设上，也起着核心的引领和推动作用。长期以来，北京市勘察测绘设计行业在服务北京城市建设、实施"新北京、新奥运"的战略构想中发挥了重要作用，在引领全国行业发展、推动企业承担社会责任中做出了表率。

设计行业是国家转变经济发展方式、调整产业结构、培养新型产业的一支重要力量，是首都现代化、城市化及经济社会发展中最重要的行业之一，起着基础性、先导性的引领作用。北京设计行业门类齐全，大型设计央企总部云集，建筑设计院士、大师和高端人才集聚，对全国形成网络辐射效应，不仅引领了北京城市建设，同时对京津冀区域发展和全国城市化、工业化形成有力推进。近年来，北京建筑设计行业立足"国家首都、国际城市、文化名城、宜居城市"的定位，着力科学规划引导科学发展，合理布局城市空间结构，促进首都城市规划建设水平和综合承载力的显著提升；着力完善城市功能，建筑设计了一批保障性住宅、多条轨道交通及城市道路，缓解了人口快速增长的压力；着力提高服务能力，应用绿色设计理念，设计了一批污水处理设施、垃圾处理填埋场、水电气热等能源保障设施，缓解了资源与环境压力；着力提升古都风貌保护水平，不断创新古建筑保护方式方法，将具有北京历史文化内涵的"人文设计"理念融入古都风貌保护过程中。

2. 设计引擎由文化软实力和科技创新双轮驱动

根据约瑟夫-奈的观点,软实力主要来自三种资源:文化、政治价值观及外交政策。所谓"文化软实力",就是以文化为基础的国家软实力。与政治价值观和外交政策相比,文化作为国家软实力具有更为基本的意义。研究认为,文化软实力主要指的是基于悠久的历史和文化传统优势而表现出来的、能够对经济发展和社会进步起到推动性作用的文化影响力。它不仅包括文化精神价值的传播、吸引等方面,还包括文化物质价值的投资与拓展,以及文化管理体制的不断完善等。

根据北京精神提升行业核心价值观,增强设计文化的思想内涵和文化底蕴,打造"北京设计"品牌,凸显行业文化软实力的任务,以期在工程技术层面之外,补充、探讨、研究北京精神在设计文化建设上的贯彻,引领国内设计行业的国际化水平。

北京市规划委员会制定的"十二五"时期建筑设计行业注重行业核心价值观的凝练和引导,增强工程建筑设计的思想内涵和文化底蕴,通过引进培养一流的人才、汇集一流的思想、打造一流的作品、成就一流的企业,打造"北京设计"品牌,凸显北京精神与建筑设计的融合。

建筑设计水平是国家重要的软实力。改革开放以来,中西方文化交流增多,中国建筑设计整体水平不断提高。特别是北京奥运会打造了一批既有时代特征、又具民族特色的首都新地标,提升了北京的国际影响力,将北京的建筑设计推到了一个新的高潮。但是,在西方建筑设计思想以及大量的西方建筑仿制品的冲击下,一些城市的特色在消失,地域特征在弱化,建筑设计的文化素质有待进一步提升。

通过创建北京的建筑设计与规划流派,形成北京特色设计理论体系,增强建筑设计师的思想内涵、文化底蕴及历史责任感,创建北京建筑设计作品特有的文化内涵,注重其对历史文化的传承,从而提高北京建筑设计精品数量,凸显北京建筑设计行业的文化软实力。

北京设计文化应充分利用其良好的外部环境，发挥独创性、创新性，一方面能立足自己，回归对本土文化的关心，树立"精品意识"，规划设计延续历史文化名城的传统建筑的风貌，注重"以人为本"，把北京人民心灵深处的文化诉求用建筑设计作品表现出来。另一方面又要与现代生活相融合，体现时代特征、北京精神，顺应国际化趋势，开拓多元发展与跨文化发展。

二 "北京设计"发展条件

1. 外部政策环境

2010年，北京市突出从中国特色世界城市的高度，努力提高首都科学发展水平，加快实施人文北京、科技北京、绿色北京发展战略，在城市规划建设方面，要求着力提高城乡规划建设管理水平，确保体现高水平、高标准和国际视野，努力成为精品和世界一流的规划设计；在文化上要着力加强首都文化建设，"进一步加强基层文化设施建设，加强公共文化服务体系建设"。

2010年6月2日，北京市通过《全面推进北京设计产业发展工作方案》，强调要在北京实施"首都设计创新提升计划"，并成立"申都委员会"，向联合国教科文组织申报"世界设计之都"。"首都设计创新提升计划"将利用3年时间，培育设计产业50强企业，建设3~5个设计产业集聚区，到2012年，设计产业服务收入突破1300亿元。城市规划、建筑设计等融合了较多创意元素，符合上述设计产业范畴，北京市打造"设计之都"为这些设计产业企业提供了新的发展机遇。

2011年，中央提出"发挥首都全国文化中心示范作用"，北京市通过了《关于发挥文化中心作用，加快建设中国特色社会主义先进文化之都的意见》，确立了"发挥首都全国文化中心示范作用，建设中国特色社会主义先进文化之都"的宏伟目标。一方面大力弘扬"北京精神"，努力在认知、践行、引领上下功夫；另一方面在文化体制和文化产业方面进行改革，培养文化企业和文化人才，推动文化创业产业发展，大力建设公共文化体系。

2. 行业内部发展的需求

2011 年 8 月，北京市规划委员会发布《北京市'十二五'时期工程勘察设计产业发展规划》（以下简称《规划》），《规划》指出，未来五年行业发展的目标：秉承"人文、科技、绿色"三大理念，着力打造"北京设计"品牌，按照建设"中国特色世界城市"的要求，以提升文化软实力为手段，以科技创新为驱动力，以打造行业人才高地为基础，加快推进国际化进程，全面推升设计产业质量和水平，真正发挥设计产业的作用，使之成为城市风貌的塑造者、科技创新和文化创意的践行者、经济发展的促进者、宜居生活的服务者，使行业地位和影响力得到新的提升。

根据《北京市城市总体规划（2004～2020）》关于建设"中国特色世界城市"和人文北京、科技北京和绿色北京的战略构想，以及《北京市"十二五"时期工程勘察设计产业发展规划》要求增强内涵底蕴，凸显文化软实力的任务，通过比较研究国际国内设计产业与测绘行业文化发展的内涵和底蕴，凝练北京设计产业的核心价值观，创建北京所属的设计产业文化与规划流派；同时，从行业自身文化建设的角度出发，发现并解决行业"文化自信"，提升并引领国内勘测行业的国际化水平，开发并创造北京设计资源，以更好地服务国民经济发展和满足大众文化需求，凸显勘测行业文化软实力。

北京设计文化软实力主要体现在两方面。

一是加强行业"文化自觉"，以新的市场需求为导向，制度创新为关键，充分发挥北京地域、人才、科技、资金等优势，提炼行业文化，总结行业核心价值观，从而增强行业内部人员的核心价值观和使命感，强化行业职业精神塑造，提升行业自身能力。

二是通过创建"文化自信"，形成北京所属的设计产业文化流派和特色设计理论体系，增强设计产业师的思想内涵、文化底蕴及历史责任感，创建北京设计产业作品特有的文化内涵，注重其对历史文化的传承，从而提高北京设计产业精品数量，凸显北京设计产业的文化软实力。

"中国特色世界城市"对设计产业的文化软实力提出了更高要求，因此，提升设计产业作品的文化内涵，增强设计产业精品数量成为北京设计产业打造"北京设计"的首要任务。设计产业作品将更加注重文化内涵，历史文化的传承，秉承"科技、绿色、人文"理念，使"精心设计、诚信设计、一流设计"成为"北京设计"的内涵诠释。

第三节　城市设计产业的品牌与推广

一　设计产业的城市"名片"功能

北京设计产业立足"国家首都、国际城市、文化名城、宜居城市"定位的外部环境，着力科学规划引导城市发展，促进首都城市规划建设水平和综合承载力的提升，完善城市人口、资源、环境与城市综合发展。

"精心、诚信、一流"为核心，依托北京历史文化传承，以独创性、创新性为先导，一方面立足"文化自觉"，回归对本土文化的关心，树立"精品意识"，规划设计延续历史文化名城的传统建筑的风貌，注重"文化传承"，把北京人民对城市文化诉求用设计产业作品表现出来。另一方面又要与现代生活相融合，体现"创新科技"，顺应国际化趋势，开拓"多元发展与跨文化发展"。

坚持科学发展观，服务工程建设。将绿色、节能、节水等先进理念和技术充分融入工程勘察设计产业项目，促进节能减排、推动资源优化配置，适应国家经济发展方式转变的需要，为工程建设提供全过程的技术和管理服务支持。

强化创新驱动，实现可持续发展。以创新服务城市建设、以创新引领行业发展，不断推进工程勘察设计产业管理创新与技术创新，提升企业信息化管理水平，让创新成为北京市工程勘察设计产业实现持续发展的重要内驱力。

促进人才集聚，保证行业的高端辐射优势。建立和完善适应工程勘察设计产业特点的人才机制，创新人才培养、使用与激励机制，营造健康的行业发展环境，发挥北京市的区位集聚优势，使人才成为行业发展的基础、成为行业兴盛的原动力。

加快国际化进程，提升行业竞争力。提升行业国际化水平，积极推动工程勘察设计产业与国际接轨，加强国际交流，创造国际合作机会，通过"走出去"与"引进来"为北京市设计产业的国际化进程增速，实现行业内企业与国际的充分接轨，促进行业内企业综合竞争力的快速提升。

增强内涵底蕴，凸显文化软实力。注重行业核心价值观的凝练和引导，增强工程勘察设计产业的思想内涵和文化底蕴，通过引进培养一流的人才、汇集一流的思想、打造一流的作品、成就一流的企业，凸显工程勘察设计产业的文化软实力。

北京市设计的理念可以概括为"四个面向"，即"面向北京、面向人文、面向发展、面向创新"。

"面向北京"：①北京设计理念，是以北京地区的勘察测绘设计产业的具体需求入手；②以支撑北京地区的文化创意产业发展的具体需求入手；③必须以北京地区的从业单位作为参与勘察测绘设计运营和管理的主体方。

"面向人文"：①主要以市场化而非强制性的行政化手段，作为设计产业创新和革新的主要动力；②要以"以人为本"的理念，进行勘察测绘设计的自我更新和发展；③要以人文的方式，协调和组织各类资源，完善管理机制。

"面向发展"：①勘察测绘设计的建设需要面向首都经济文化建设的未来发展需求；②勘察测绘设计的产品创新必须根据科学技术的发展规律；③勘察测绘设计的建设必须面向将来业务拓展和模式多样

性提前一步设计。

"面向创新"：①制度创新，即在勘察测绘设计行政管理和制度保障上，给出新思路新方法；②管理创新，即在日常运营和主体管理方面，理顺管理机制，提升运营质量；③技术创新，即面向未来勘察测绘设计技术的发展和业务拓展的需求，整合各种关联技术，实现平台技术水平的进一步提升，为开展更多勘察测绘设计业务提供技术支撑和保障；④模式创新，在合理成熟的技术支撑下，利用技术支撑提供新型的产品、服务，开创出新的产业领域，并获得持续的表现。

二　城市设计与文化功能

北京在构建世界城市的过程中，设计品牌打造可以为世界城市建设提供精神导引和激励作用、提供优质的制度伦理安排、提供优秀的人才支持。相对于其他设计产业和设计行业而言，北京设计产业的文化软实力有其特殊的优势：北京的城市建筑与城市规划设计传承了深厚的历史文化，可为世界城市建设构筑深厚的价值底蕴，北京的集聚优势能够为世界城市建设提供人才支持与资金支持，北京多元而且包容的设计文化有助于形成和谐的、充满活力的大都市品格。

（1）构建价值体系

社会主义核心价值体系是社会主义制度的内在精神，是整合和凝聚社会各阶层、各利益群体思想的有力武器，也是"北京设计"文化软实力的核心内容。

"北京设计"提升文化软实力的核心任务就是构建社会主义核心价值体系。一要建立社会主义核心价值理念（见表8-1）。二要推动行业公正公开。完善实践养成机制，把社会主义核心价值体系的要求转化成具体的、可操作的日常行为规范，使各人行为有所依从；形成行业构建社会主义核心价值体系的强大合力。

（2）扬弃文化传统

文化传统是"北京设计"提升文化软实力过程中逐步形成和完

善的规范、秩序和理念等要素的综合，是由多种文化要素交融渗透。北京正处在全面实现小康并向基本实现现代化迈进的重要时期，处在加快转变发展方式、推动转型升级的关键阶段。

这一过程必然会对"北京设计"文化传统的扬弃提出新的更高要求，让"北京设计"文化传统通过有效的集体努力和制度安排而再现、复活，从容地融入与当代城市规划与建筑设计现代化进程相适应的价值体系中。从北京的发展阶段来看，急需要做的是加强文化遗产保护与传承，提高"北京设计"文化创新途径、加强优秀设计文化展示和传播等。

（3）优化文化生态

文化生态是物质文化、制度文化和精神文化构成的"文化圈"与人、社会、自然之间形成的动态平衡的结构，是"以文'化'人"的生态，是制度生态的文化反映。文化生态是否优化的衡量标准是，看文化生态是推动还是阻碍社会发展。多年来，"北京设计"遵循文化发展规律，以文化现代化为"标尺"，对"北京设计"文化进行整体测量和评估，建立面对北京市、本行业、本国和世界的多重文化参照维度，优化文化生态，提升文化软实力。

（4）创新文化建设

创新文化建设是一个系统工程，涉及观念更新、制度安排和环境建设，需要领导重视、纳入规划、强化投入和社会参与等。创新"北京设计"的文化建设，一是要营造良好氛围，凝聚创新理念。要坚持把"推进'精心、一流、国际化'"作为共同理想；二是要加强能力建设，提升创新水平。要按照《北京市"十二五"时期工程勘察设计产业发展规划》的要求，加强创新支撑。要把创意产业前瞻性技术研究和关键技术攻关作为重大专项和成果转化项目，要明确设计企业为高新技术企业，要建立和完善设计资源共享机制，抓好科技基础条件平台建设，形成科技资源共建共享、互利共赢的局面。

表8-1 北京市设计企业文化理念统计

企业名称	经营理念	企业愿景	企业精神	质量方针	企业使命	核心价值观	经营方针
中国建筑设计研究院	质量树品牌 服务赢市场 管理求效益 创新促发展	成为传承建筑文化和以建设科技服务为核心的国际知名企业集团	求实 敬业 创新		传承中华文化 打造中国设计 促进科技进步 引领行业发展	诚信服务 创建美好	以首都建设服务为主、立足北京、面向全国
北京市工业设计研究院	诚信为本 质量至上 人才兴院			精心设计,周到服务,科学管理,持续改进			
北京市建筑设计研究院	建筑服务社会	建设中国卓越的民用建筑设计企业		以科学的管理,优化的设计,良好的质量为顾客提供高完成度的建筑设计产品			开放,合作,创新,共赢
北京市设计产业研究院有限公司	为顾客规避风险,创造价值	以现代产权制度为框架,以优秀科技人才队伍为后盾,以有存育的核心专长为动力,对社会和利益相关方负责,国内领先、国际知名的专业化、国际化科技企业			为人类奠定安全、经济、高质量生活的坚实基础,规避工程建设与投资人的风险,促进工程建设与岩土环境的协调和可持续发展	为顾客提供高质量的产品和服务	

续 表

企业名称	经营理念	企业愿景	企业精神	质量方针	企业使命	核心价值观	经营方针
铁道第三勘察设计产业院	以人为本科学规范		唯物求实精心设计团结协作艰苦创新	以质量求生存，以科技求发展		效益优先，利国利民	诚信至上，共谋发展
清华大学建筑设计研究院		精心设计，创作精品，超越自我，创建一流					
中国建筑	中国建筑，服务跨越五洲；过程精品，质量重于泰山；绿色建造，环境和谐为本；生命至上，安全运营第一	培育具有国际竞争力的世界一流企业					
北京市市政工程勘察设计研究总院			创新、诚信、和谐、卓越				
北京首钢设计院	以人为本、以诚取信	创建国际型工程公司	求实、创新、自强				团结自信、敬业有为

续表

企业名称	经营理念	企业愿景	企业精神	质量方针	企业使命	核心价值观	经营方针
北京城建设计总院	以人为本、资源共享、绿色环保		精心设计 雷厉风行 唯实创新 力求卓越	精心设计,诚信第一,持续改进,顾客满意			
中冶京诚工程技术有限公司	诚信社会为本 客户满意为荣	创新提升价值 京城建造未来	诚信、创新 增长、高效				做大承包、强化设计,适度多元化,发展增长
北京市测绘设计研究院	开放、包容、合作,共赢	建设具有"一流的人才、一流的环境、一流的业绩"的,权威的,科技主导型空间数据型与地理信息服务机构					
中科院建筑设计研究院				精心设计,科学管理,造就人才,持续创新			
中国中元国际工程公司	质量是生命,创优工程,诚信服务,保护环境,珍爱生命						

后　记

　　钟灵毓秀，方能征俊朗之规模；敦品积学，方能垂大匠之方圆。年近不惑，一直跋涉在学术创新的途中，在我大学毕业不久，发生了两件让我震撼的事件，一是英国爱丁堡大学罗斯林学院的胚胎学家伊恩·威尔穆特（Ian Wilmut）的科研小组克隆诞生了多莉（Dolly）羊。第二是世界象棋冠军卡斯帕罗夫被 IBM 的象棋游戏软件程序深蓝（Deep Blue）击败。科技的创新会让人飞越无限，对这些超出我观察所及的领域，是带领我的研究工作从一个"飞地"到另一个"飞地"的精神力量。

　　感谢求学生涯的硕士导师，中国传媒大学传媒经济研究所周鸿铎教授；博士生导师，华中科技大学经济学院汪小勤教授；博士后合作导师，中国科学院地理科学与资源研究所刘彦随研究员，弟子鲁钝，点滴进步全部依赖老师的培育。在研究的过程中，感谢北京市规划委员会委员叶大华教授级高工，他以设计产业为主线，连续多年的资助课题展开调查研究，并且亲身参与其中。感谢我寄身的北京市社会科学院，寄望社科院继续加强营造宽容民主的学术氛围和淡泊功利的学术取向，造就恢弘的思想气度和博大的学术气象。感谢谭维克院长，他是一个能看穿表面的人。感谢周航副院长、赵弘副院长、许传玺副院长、殷爱平组长，他们为本书的研究工作提供了诸多帮助和支持。

　　感谢把我领进科研之门的景体华研究员。

　　感谢我的学术团队兰晓、陈静、方方、王忠做出的贡献。感谢多次参加小型学术研讨会的王介勇、陈秧分、李节严，为本书的写作提供了宝贵的意见建议。

　　本著作获得北京市哲学社会科学基金项目《北京市构建现代产业体系研究（编号 11JGB008）》、北京市文化发展专项资金项目《北京文化资源调查与文化资源数字化应用示范（宣统筹第一批）》、北京市社会科学院重点项目《北京市生产性服务业新兴业态培育研究》、北京市社科联 2012 年度决策咨询重点项目的资助，在此深致谢忱。

图书在版编目（CIP）数据

设计服务业：新兴市场与产业升级/梁昊光著.
—北京：社会科学文献出版社，2013.9
ISBN 978 - 7 - 5097 - 5074 - 2

Ⅰ.①设⋯　Ⅱ.①梁⋯　Ⅲ.①设计 - 服务业 -
研究　Ⅳ.①TB21 ②F719

中国版本图书馆 CIP 数据核字（2013）第 218321 号

设计服务业
——新兴市场与产业升级

著　　者 / 梁昊光

出 版 人 / 谢寿光
出 版 者 / 社会科学文献出版社
地　　址 / 北京市西城区北三环中路甲 29 号院 3 号楼华龙大厦
邮政编码 / 100029

责任部门 / 皮书出版中心 （010）59367131　　　　责任编辑 / 周映希
电子信箱 / pishubu@ ssap. cn　　　　　　　　　责任校对 / 王　芳
项目统筹 / 周映希　　　　　　　　　　　　　　责任印制 / 岳　阳
经　　销 / 社会科学文献出版社市场营销中心 （010）59367081　 59367089
读者服务 / 读者服务中心 （010）59367028

印　　装 / 北京季蜂印刷有限公司
开　　本 / 787mm×1092mm　1/16　　　　　　　印　　张 / 21.25
版　　次 / 2013 年 9 月第 1 版　　　　　　　　 字　　数 / 289 千字
印　　次 / 2013 年 9 月第 1 次印刷
书　　号 / ISBN 978 - 7 - 5097 - 5074 - 2
定　　价 / 65.00 元